エリア・スタディーズ 171

ルクセンブルクを知るための50章

田原憲和
木戸紗織（編著）

明石書店

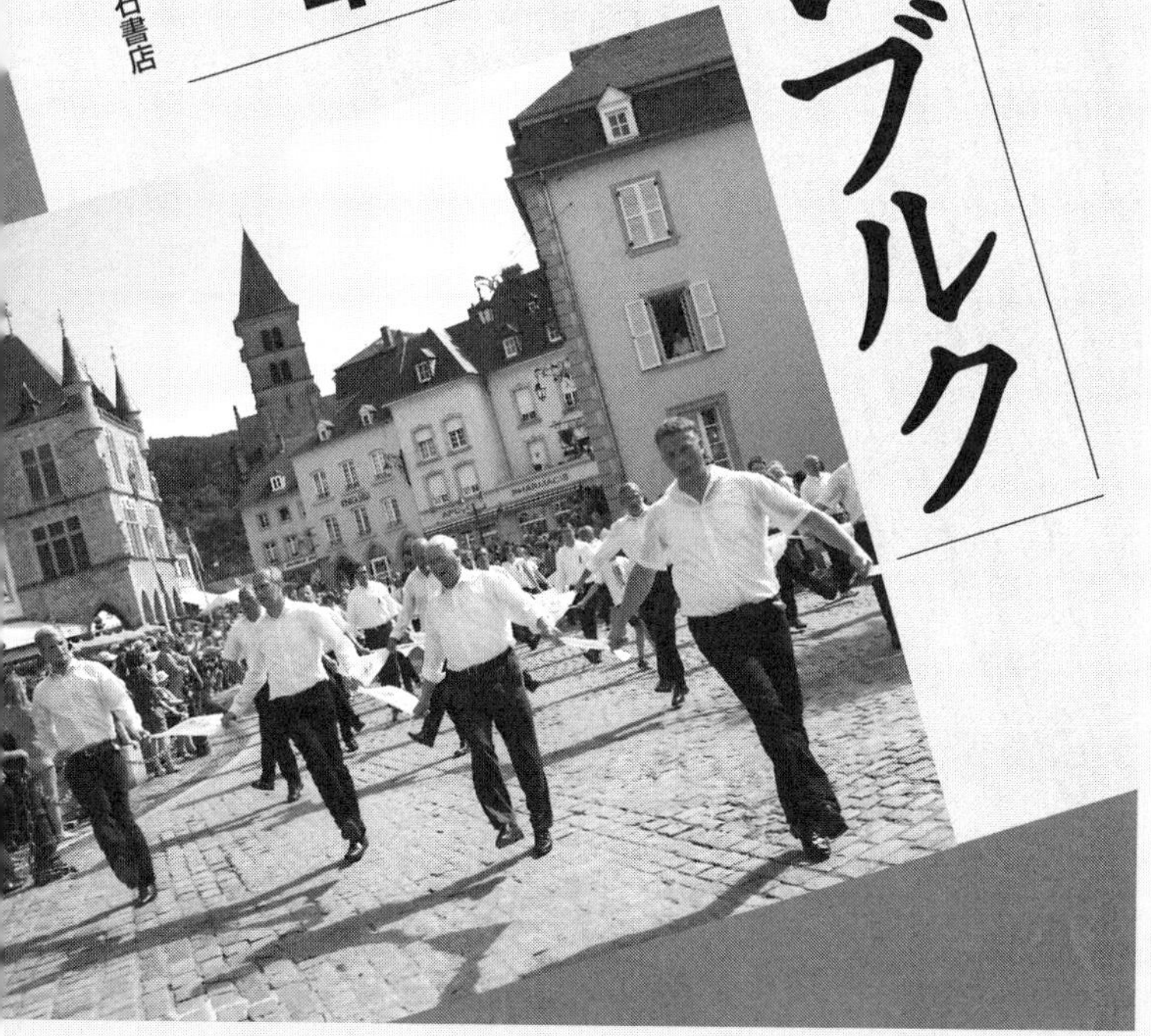

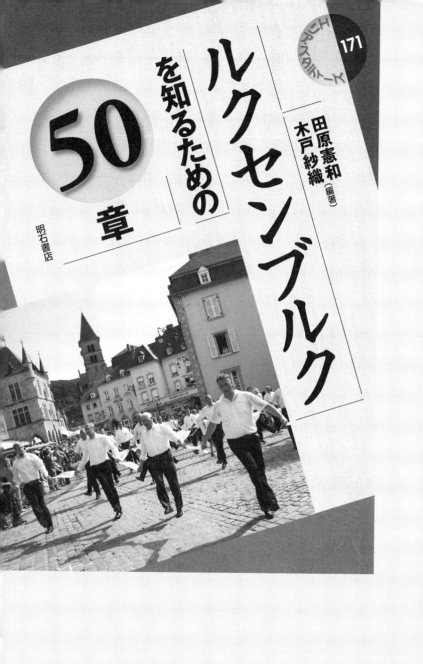

まえがき

「ルクセンブルクってドイツのどのあたりにあるんですか？」「ルクセンブルクはドイツの都市だと思っていました」。これまで筆者は幾度となくこのような発言を耳にした。もちろん、ルクセンブルクはれっきとした独立国であり、ドイツの一部ではない。しかし、このような誤解を受けるのもやむを得まい。たしかに日本においてルクセンブルクはマイナーな国であり、「ブルク」という地名がドイツの都市を連想させるのもうなずける。そんなとき、ベネルクスの「ルクス」だと説明すると伝わることが多い。もしかすると「ルクセンブルク」という国名よりも、「ベネルクス」という呼称の方が有名なのかもしれない。

ベネルクス――いうまでもなくこれはベルギー、オランダ（ネーデルランド）、ルクセンブルクをまとめた呼称である。ベネルクスという呼称が初めて公式に用いられたのは、1948年に発効したベネルクス経済同盟だ。この背景には小国が結束することで大国に対抗するといった図式があるのだが、この三つの小国の中でもルクセンブルクはとりわけ小さい。地図で確認すると、その小ささがよくわかるだろう。日本国内で発行されているガイドブックでは、たいていベルギーと、あるいはオランダおよびベルギーとセットになっている（しかも、巻末のおまけ程度の扱いであることも多い）。

しかしながら、この国には多くの魅力が詰まっている。そこで本書では14名の執筆者たちが、これまで日本ではほとんど知られていなかったこの小さな国について、ときには学問的に、ときには著者の体験を交えながら紹介している。

本書の構成は、総論の第Ⅰ部「ルクセンブルクとは」に始まり、第Ⅱ部「多言語社会としてのルクセンブルク」、第Ⅲ部「歴史」、第Ⅳ部「政治と経済」、第Ⅴ部「国際社会の中のルクセンブルク」、第Ⅵ部「社会と暮らし」、第Ⅶ部「文化と芸術」、第Ⅷ部「都市」となっている。多くの読者にとって馴染みが薄いルクセンブルクの基本事項を第Ⅰ部で確認し、第Ⅱ部以降でさまざまな側面からより深く知っていただこうという思いからこのような構成になった。

各論の始まりである第Ⅱ部は「多言語社会としてのルクセンブルク」である。これをみて、小さな国なのに言語がたくさんあるのか、と不思議に思われるかもしれない。そう、ルクセンブルクは三つの言語が話されている多言語社会なのである。そしてこれらの言語は、歴史にも文化にも深く関係している。「多言語社会」は、ルクセンブルクを知るうえで最も特徴的であり、なおかつ重要なキーワードであるといえよう。まずは基本的な知識として、ルクセンブルクの三つの公用語がどのような位置付けで、どのように使用されているのかを知っていただきたい。そうすれば、この後のテーマについてもより理解を深めることができるだろう。

第Ⅲ部では、ルクセンブルクの歴史をひも解いていく。中世ヨーロッパにおいてルクセンブルク家は名門貴族の一つであり、何人もの神聖ローマ帝国皇帝を輩出している。地方の小さな勢力であったルクセンブルク家がいかにして発展し没落したか、そして居並ぶ列強の間で小国がいかにして生き残ったのかをたどっていこう。

第Ⅳ部では、政治と経済の面からルクセンブルクをみていく。実は、この小さな国は国民一人あたりのＧＤＰが世界一である。かつては鉄鋼業が、現在では金融業がルクセンブルク経済を支えているが、近年では最先端の情報通信技術や宇宙産業なども発展してきている。こうした話題が日本の新聞に掲載される機会も増えてきたので、目にされたことがあるかもしれない。

第Ｖ部は「国際社会の中のルクセンブルク」である。ルクセンブルクはヨーロッパ諸国の中でもとりわけ小さな国だが、ＥＵの発展はルクセンブルク抜きでは語れないほど、この小国が果たした役割は大きい。なぜルクセンブルクは欧州の統合に尽力したのか、そこにはさまざまな思惑があったのである。

第Ⅵ部「社会と暮らし」では、ルクセンブルクでの日常生活に密着したさまざまな話題を扱っている。ルクセンブルクの学校や教会など、日本にいると（そして現地にいても）なかなか知ることが難しい話題から、ルクセンブルクの国民的スポーツともいえる自転車ロードレースや、近年大手の百貨店などでちらほらと見かけるようになったルクセンブルクワインなど、盛りだくさんである。

第Ⅶ部「文化と芸術」では、ルクセンブルク語の文学や音楽など、日本ではまだ紹介されていない文化芸術の一端を取り上げている。ルクセンブルクの文化芸術には魅力的なものも少なくないが、まだ日本語で読める本や資料がないのが残念だ。

最後の第Ⅷ部では、興味深い七つの都市と一つの地域について、さまざまな角度から述べている。ルクセンブルクを訪れる前に、是非ともご一読いただきたい部分である。

以上、本書には50の章と13のコラムが収められている。これらを貫いているのは、多くの方にルクセンブルクのことを知ってもらいたいという、編者および執筆者一同の思いである。各章の担当者は、偶然か必然かを問わずそれぞれがルクセンブルクに関わり、あるいは関心を寄せてきた。その過程において経験し知り得たこの国の魅力を伝えることができれば、私たちにとってこれ以上の喜びはない。本書を読んで興味を持ったものがあれば、積極的にアプローチしてみてほしい。インターネットを使えば、日本にいながらルクセンブルクのワインを飲んだり、音楽を聴いたり、最新の景気動向を調べたりすることができる。もちろん、現地へ行ってルクセンブルク語を学んだり、伝統行事に参加したりするのもいいだろう。この本が、ルクセンブルクと日本の読者とをつなぐきっかけになれば幸いである。

最後に、本書の刊行にあたって適切に編集作業を取り仕切ってくださった明石書店編集部の兼子千亜紀さん、綿密なチェックと編集作業をしてくださった田島俊之さんに、心よりの謝意を表したい。

２０１８年11月

田原憲和、木戸紗織

ルクセンブルクと日本の基本情報（2017年）

	ルクセンブルク	日本
面積（km^2）	2 586	377 930
人口（千人）	584	127 484
人口密度（km^2 あたり）	225.3	349.7
男女比（女性 100 人に対する男性の数）	101.0	95.4
人口増加率（%）	2.2	− 0.1
出生率	1.5	1.4
平均寿命（女性 / 男性）	83.4 / 78.8	86.4 / 80.0
年齢別人口分布（0 〜 14 歳 /60 歳以上の割合）	16.4 / 19.6	12.9 / 33.4
首都	ルクセンブルク市	東京
首都人口（千人）	106.7	38 001.0
都市人口（%）	90.2	93.5
都市人口増加率（%）	1.7	0.6
GDP（百万ドル）	56 802	4 383 076
GDP 成長率（%）	3.5	1.2
国民 1 人あたり GDP（ドル）	100 160.8	34 628.7
産業従事者：農業（%）	1.3	3.7
産業従事者：工業（%）	10.2	26.5
産業従事者：サービス業（%）	88.5	69.8
失業率（%）	5.6	3.0
就労率（女性 / 男性、%）	52.0 / 65.5	48.9 / 69.7
消費者物価指数（2000=100）	136	100
輸出額（百万ドル）	12 838	644 932
輸入額（百万ドル）	19 124	606 924
医療費（対 GDP、%）	6.9	10.2
医師の人数（人口千人あたり）	2.9	2.3
教育関係の政府支出（対 GDP、%）	4.1	3.6
殺人発生率（人口 10 万人あたり）	0.7	0.3
女性国会議員の割合（%）	28.3	9.3
携帯電話利用者（住民 100 人あたり）	148.5	125.0
インターネット利用者（住民 100 人あたり）	97.3	93.3
研究開発費支出（対 GDP、%）	1.3	3.6
絶滅危惧種の数	11	404
植林面積（%）	33.5	68.5
推定 CO_2 排出量（100 万 t/ 人口 1 人あたり t）	9.7 / 17.3	1 214.0 / 9.6
エネルギー生産量（PJ）	6	1 114
人口 1 人あたりエネルギー供給量（GJ）	290	146
移民ストック（千人 / 全人口比%）	249.3 / 44.0	2 043.9 / 1.6
来訪国外旅行者数（千人）	1 090	19 737

［出典：国連統計データベース UNdata、United Nations Statistics Division］

ルクセンブルクの地図

イギリス
オランダ
ベルギー
ドイツ
ルクセン
ブルク
フランス
スイス
オーストリア
イタリア

トロワヴィエルジュ
クナイフ
《ベルギー》
クレルヴォー
ヴィルツ川
クレルヴ川
ヴィルツ
エスリング地方
ウール川
〈ディーキルヒ
広域行政区〉
ディーキルヒ
《ドイツ》
シュール川
エッテルブルック
ザウアー川
アッタルト川
エヒタナハ
メルシュ
グートランド地方
〈グレーヴェンマハ
広域行政区〉
グレーヴェンマハ
〈ルクセンブルク
広域行政区〉
アルゼット川
ルクセンブルク市
モーゼル川
ペタンジュ
ディフェルダンジュ
シェンゲン
エッシュ＝シュル
＝アルゼット
デュドランジュ
《フランス》

ルクセンブルクを知るための50章

目次

Ⅲ　歴史

IV 政治と経済

V 国際社会の中のルクセンブルク

VI 社会と暮らし

Ⅶ　文化と芸術

Ⅷ　都　市

＊本文中、特に出所の記載のない写真については、原則として執筆者の撮影・提供による。

ルクセンブルク市内の街角にある建物。出窓には、「我々はあるがままでありたい」という意味のルクセンブルク語が記されている。大国の間で次々と帰属が変わったこの国にとって、独立は長年の夢であった。現在、この言葉は国の標語にもなっている。
［撮影：木戸紗織］

I

ルクセンブルクとは

1

ルクセンブルクのあらまし

★欧州の小国は世界の中心へ★

ルクセンブルク大公国（以下ルクセンブルク）は欧州の中央部に位置し、ドイツ、ベルギー、フランスと国境を接する。領土面積は約２５８６平方キロメートルと、神奈川県よりもわずかに大きい程度の小国である。しかし、小国とはいえ独立した主権国家であり、国際社会においてもその役割はけっして小さくない。たとえば、国際連合や世界保健機関（ＷＨＯ）、国際通貨基金（ＩＭＦ）、世界銀行などの国際機関に創立時からその名を連ねる。なかでも欧州統合の進展においては、ドイツとフランスの仲介役を積極的に買って出ることで存在感を示してきた（→27、28章）。ピエール・ヴェルナー、ジャック・サンテール、ジャン＝クロード・ユンカーなど、ルクセンブルク人の有力な政治家が欧州においても要人として力を発揮してきたこと、ブリュッセル、ストラスブールと並んで欧州の中枢機関が軒を連ねていることからも、この国が小国でありながらも重要な位置を占めていることがわかる。

政治体制は立憲君主制に基づく議会制民主主義をとっており、世界で唯一の大公国である。現在のアンリ大公は、前大公のジャンより２０００年10月に譲位された。ジャンは第二次世界大戦中に義勇兵として連合軍に参加し、また、ジャンの母である当時のシャルロット女大公は亡命先からBBCを通じ、国民に向けてルクセンブルク語でナチスへの抵抗を呼びかけた（↓16章）。こうしたことから、大公家はルクセンブルク人の国民意識と強く結びつき、今日でも国家の独立の象徴として民衆から敬愛を受ける存在となっている。

ルクセンブルクは言語的にはドイツ語系（ゲルマン語系）に属しているが、歴史的な経緯からドイツ語とともにフランス語が公的な分野で用いられてきた。また、19世紀以来、母語であるドイツ語方言（モーゼル・フランケン方言）を独自の「ルクセンブルク語」として育成してきた（↓4、5章）。ルクセンブルク語は国民統合の象徴的な存在であるとともに、話者どうしであれば社会的な地位や立場を問わず用いられる言語である。19世紀末以降、ルクセンブルクの教育制度ではルクセンブルク語が母語であることを前提に、ドイツ語、フランス語を習得することが求められていた。その結果、程度の差こそあれ大人になれば3言語を使いこなすようになる。これら3言語を使いこなし、東西に開かれたヨーロッパ人像を希求することで、大国に挟まれた小国が独自性を発揮することにつながってきた。また、音楽、文学、映画、演劇などさまざまな文化活動においても、この多言語性は重要な要素となっている。

人口は2018年現在60万2千人で、そのうち半分近い47・8％に相当する約28万8千人が外国人である。国名と同じ名の首都ルクセンブルク市にいたっては、人口の約70％が外国人である。外国人のうち最も多くを占めるのがポルトガル人（人口の約16％）で、フランス人（同8％）、イタリア人（同4％）、ベルギー人（同3％）、ドイツ人（同2％）と続く。欧州連合以外の出身者も含め、外国人住民の数は増加の一途をたどっており、人口の半数を超えるのも時間の問題である。さらに、毎日17万人以上が国外から通勤しており、越境通勤者が労働力の3分の1を担っている（↓26章）。このように多様な人々が共生している社会だが、ゼノフォビア（外国人嫌悪）のような大きな問題は発生していない。しかし、社会経済的な格差も含め、特にルクセンブルクに定住する移民の社会統合は課題の一つとなっている。ルクセンブルクは多民族・多文化社会そのものであり、国境なき欧州の実験場とも捉えられている。

また、ルクセンブルクの経済活動は非常に活発である。世界一ともいわれる一人あたりの国内総生産（ＧＤＰ）は10万ドルを超えている。１９７０年代初頭までは製鉄業が産業の中核を担ってきたが、産業が製鉄一辺倒であることに危機感を持っていたルクセンブルク政府は、第二次世界大戦後の早い時期に産業の多角化や外国からの投資を推し進め、西側諸国の企業を誘致した。さらに税制上の優遇措置を設けて国際企業の欧州本社をルクセンブルクに設置するよう促した結果、日本の楽天などを誘致することに成功している。また、情報通信産業にも力を入れ、ＲＴＬグループや衛星会社ＳＥＳという二大メディアグループを擁する（↓24章）。今日では第三次産業が国内産業の87％を占めるに至っている。このように経済的な成功を収めることができたのは、小国であるために政策の舵取りがしやすいこと、欧州の中心都市の一つであること、そして忘れてはいけないのが、フランス語、ドイツ語に加え、国際語としての英語が多くの場面で使用可能であるということである。

宗教については、ローマ・カトリックが社会に根づいている（↓31章）。たとえば、国内最大の新聞である『ルクセンブルガー・ヴォルト』紙やその発行主体である最大の出版社サン・ポールも、カトリック教会と強く結びついている。また、これまで多くの移民を受け入れてきたにもかかわらず大きな混乱が生じていない理由の一つに、移民の出身国であるイタリアやポルトガルも同様にカトリック信者が多数を占め、文化を共有していることも指摘される。

ルクセンブルクの名が歴史に初めて登場するのは、９６３年にジークフリート伯爵の名とともに登場する「リュシリンブルフク」（「小さな城」の意味）であり、ジークフリートは中世のルクセンブルク家の祖とされる。その後ルクセンブルク家の領土は、現在の地図からは考えられないほどの拡大を遂げる。しかし15世紀に王家が途絶えてから、ルクセンブルクはブルゴーニュ公、ハプスブルク家、フランスと支配者が変わり、１８１５年にはオランダ国王の私有する土地に、１８３０年のベルギー革命ではベルギーの一部となった。領土に関しては、フランス、プロイセン、ベルギーへの領土の割譲を経て、１８３９年のロンドン協定の結果、現在の国境線を有する近代国家が誕生した（↓12、13章）。この当時、国家を運営していくための制度も整備されておらず、国民の間にはほとんど「ルクセンブルク人」としての国民意識は根づいていなかったといってよい。その後、ほかの欧州諸国のナショナリズムの興隆に呼応するように国民意識が醸成され、第二次世界大戦のナチス・ドイツによる支配を通じて、ルクセンブルク人としての国民意識は決定的なものとなった。

小国でありながら大きなバックグラウンドを持ち、小国であるがゆえに列強の間で強かにふるまう。国民意識は強固でありながらも、外に対しては常に開かれている。これがまさに現在に生きるルクセンブルクの姿であろう。

（小川　敦）

2

地理・地形・気候

★狭い国土の中の多様性★

ルクセンブルクは小国である。とはいえ「小国」という言葉から連想される国はかなりの個人差があるだろう。ヨーロッパの中で面積を比較すると、ルクセンブルクはバチカン市国、モナコ、サンマリノ、リヒテンシュタイン、マルタに次いで6番目に小さい。アジアの国や地域との比較では、ルクセンブルクの面積はシンガポールの約3倍、香港の約2倍で、ブルネイの半分以下である。2586平方キロメートルというその面積は、日本の都道府県では神奈川県や佐賀県よりも少し広い程度である。オランダやベルギーなども一般に小国と表現されることも多いが、ルクセンブルクからの視点ではこれらの国も大国である。面積だけを比較しても、オランダはルクセンブルクの14倍以上、ベルギーはルクセンブルクの12倍以上であり、ルクセンブルクと隣接するベルギーのリュクサンブール州だけで、ルクセンブルクの面積をはるかに上回っている。

ルクセンブルクを観察する際には、まずはこうした狭い領土しか有していない小国であるということを念頭におくことが必要だろう。さらに、標高の国内最高地点と最低地点の差が430メートルほどしかない。しかしながら、こうした統計上のデータから想像するよりも、それぞれの地域ははるかに多様な表情を見せてくれる。

ルクセンブルクは地形から、北部のエスリング地方と南部のグートランド地方に分けることができる。全般的に、北部は山がちで標高４００メートルから５００メートルほどの丘陵地帯が広がっている。その一方、南部は平坦で標高が低い。ルクセンブルクの国土のおよそ3分の1が北部のエスリング地方にあたるが、ここはフランス、ベルギー、ルクセンブルクの3国にまたがって広がるアルデンヌと呼ばれる地域になる。エスリング地方では渓谷と急峻な崖がこの地域特有の風景をつくり出しており、その崖にはオークの森や松林が広がっている。ただし、最北部のトロワヴィエルジュ付近では森林が少なくなる。ルクセンブルクの中でも最も冷涼で雨も多い（年間で１０００ミリメートルほどの降水量がある）この地域では、土地の大部分が耕地として利用されている。また、ルクセンブルクの最高地点はトロワヴィエルジュに近いヴァルダンジュにあるクナイフという丘で、標高は５６０メートルである。

一方、南部のグートランド地方は、鉱物資源の豊富な盆地を有している。とりわけグートランド地方南部の「ミネット」と呼ばれている地域では鉄鉱石が採掘され、近代ルクセンブルクの発展の原動力となった。全般的に平坦な地形であり、広い地域で農業が営まれている。

ルクセンブルクは、ケッペンの気候区分では西岸海洋性気候に分類される。ただし、これはケッペンの定義に当てはめるとこれに分類されるということであり、けっして西岸海洋性気候の典型的な特徴が見られるわけではない。最も寒い1月の平均気温は0度前後、夏の平均気温は20度を下回る程度であり、比較的過ごしやすいといえる。ただし、降水量はさほどでもないものの年間を通じて雨の日が多く、特に冬は毎日のようにぐずついた天気が続く。エスリング地方の方がグートランド地方よりも平均して2度前後気温が低く、降水量も北部の方が多い。小さな国にしては地域によって一定の気候の相違が見られる。

このように、南部のグートランド地方の方が温暖な気候で、土地が平坦かつ鉱物資源も獲得できるというように、人間が生活するには好ましい条件がそろっていることから、人口も多くが南部に集中している。人口57万人のこの国最大の都市は南部に位置する首都ルクセンブルク市で、およそ11万5千人である。南部にはほかにも、ルクセンブルク第2の人口を有する工業都市エッシュ・シュル・アルゼット（3万4千人）、同じく工業都市のディフェルダンジュ（2万5千人）およびデュドランジュ（1万8千人）がある。それに対し北部で最大の人口を有するのはエッテルブルックで、人口はおよそ7100人である。次いでディーキルヒの6900人、ヴィルツの4800人、フィアンデンの1900人、クレルヴォーの1300人となっており、1万人以上の人口を有する都市は北部には存在しない。

次に、ルクセンブルクを流れる川に目をやってみよう。最も有名なのは、国際河川のモーゼル川だ。フランスのロレーヌ地方から流れてきたモーゼル川はルクセンブルクとドイツの国境を形成したのち、東のドイツの方向に流れていく。これにウール川とザウアー川を加えた三つの川が、ドイツとの国境を形成している。さらに、ルクセンブルクを横断するように流れるシュール川やヴィルツ川は、この地域の複雑な地形を生み出した。首都ルクセンブルク市の崖下では、ペトリュス川とアルゼット川が合流し、さらにルクセンブルクの中心を南から北へと貫くように流れていく。ルクセンブルク市内では小川に毛の生えたようなこれらの川が、この深い谷を生んだ原動力となったとは、にわかに信じがたいほどである。

最後に、ルクセンブルクと隣国との国境についてみておこう。ドイツとの国境は、前述のように３本の川による自然境界が大半を占めているのでわかりやすい。ベルギーとの国境線は、１８３１年のロンドン条約によって決定された。一部の例外はあるものの、国境はドイツ語とフランス語の境界線に沿って引かれた。フランスとの国境線も明確な自然国境などはない。ルクセンブルクとフランスの国境線は、１６５９年のピレネー条約により画定したものである。かつてルクセンブルク公国の領土であったティオンヴィルなどの地域が、フランスに編入されたことによる。東ロレーヌと呼ばれるこの地域では、ルクセンブルク語と類似したドイツ語方言が話されているなど、文化的にも近いものがある。

このように、小国とはいえルクセンブルクの各地をめぐると、それぞれの特徴がはっきりとみえてくる。ルクセンブルクの地理的な多様性が、小国ながらも複雑な歴史や異なる文化を生み出した源ともいえるだろう。

（田原憲和）

II

多言語社会としてのルクセンブルク

3

多言語社会ルクセンブルク

★三つの言語を使い分ける社会★

鉄道や自動車、飛行機でルクセンブルクに入ると、公共の表示がすべてフランス語になり、ここがフランス語圏であることを視覚的に思い知らされる。飲食店や売店の店員は、日本からの客にはフランス語、または英語で話しかけてくれるであろう。しかし人々の話す言葉によく耳を傾けてみると、フランス語だけでなく、ルクセンブルク特有の言語であるルクセンブルク語、さらにはポルトガル語、ドイツ語、英語、スペイン語、中国語など、さまざまな言語が聞こえてくる。また、売店の新聞や雑誌コーナーをのぞいてみれば、そこで主に用いられているのは（外国からのものを除けば）ドイツ語かフランス語である。この多言語状態こそが、ルクセンブルクの大きな特色なのである。本章では、どの分野でどの言語が用いられているのか、みていきたい。

日本における日本語、フランスにおけるフランス語のように、近代国家においては社会で支配的に用いられる言語が存在することが多い。この言語は必ずしも一つであるとは限らず、その様子はさまざまである。たとえば隣国ベルギーではフランス語（ワロン語）、オランダ語（フラマン語）、ドイツ語が用いられるが、フランス語圏ではフランス語が、オランダ語圏ではオランダ語だけが公的に用いられる。地域によって公用語が異なるのだ。一方、イタリアに目を向けると、イタリア語はイタリア全土の公用語であるが、たとえばボルツァーノ自治県（南チロル）ではイタリア語とともにドイツ語も、地域によってはラディン語も公用語である。イタリアの大部分ではイタリア語のみが公用語であっても、地域によっては他の言語も公的に用いられるのだ。一方ルクセンブルクでは、公的、もしくは社会で支配的な言語はフランス語、ドイツ語、ルクセンブルク語であり、これら3言語は公用語でもある。ベルギーと異なり、これら3言語は国全体で、誰もが用いる言語となっている。というのも、ルクセンブルク語はルクセンブルク人の母語であり、東西の大言語であるドイツ語、フランス語を順に教育で身につけるのがルクセンブルク人であるとされてきたためである。

3言語が使用されるといっても、場面ごとに使用される言語が異なるのが通常である。ルクセンブルクの多言語使用は社会制度と密接に結びついており、歴史的に形成されてきたものである。

19世紀に現在の近代国家が成立して以降、元来ドイツ語の一方言にすぎなかったルクセンブルクのドイツ語は、国民意識の醸成とともに徐々にドイツ語から独立し、ルクセンブルク語はルクセンブルク人固有の言語として認識されるに至った。ルクセンブルク語というルクセンブルク人のアイデンティティ、独立の象徴として捉えられている。１９８４年に成立した言語法によって法的に認められ、フランス語、ドイツ語とならぶ公用語となった。ルクセンブルク語はルクセンブルク語話者どうしならば、そして話し言葉であれば、社会階層や場面に関係なく用いられる。ルクセンブルク語によるラジオやテレビ放送も存在するなど、広範囲に使用される。一方、書き言葉として用いられることは、

1980年代まではほとんどなかった。ところが、近年は電子メールに加えインターネット上のソーシャルメディア等において、ルクセンブルク語を書くことが頻繁に行われるようになっており、今後ルクセンブルク語が書き言葉としてもより多くの場面で用いられるようになる見込みは大いにある。

一方、フランス語とドイツ語も社会的に重要な位置を占める。フランス語は歴史的に、ドイツ語よりも威信性の高い言語とされてきた。これは、1839年にフランス語圏（現在のベルギー領リュクサンブール州）を失って以降も、フランス語を公的に用いてきたことからもわかる。今日でも政府レベルの文書はほとんどがフランス語である。ルクセンブルク政府のウェブサイトがフランス語でつくられているのがその証左であろう。また、唯一の立法の言語であり、法律はフランス語で書かれたものだけが有効とされる。公共の表示をはじめ、町を歩いていて一般的に目にする言語でもある。教育においては日本の小学校2年生相当から教えられ、高校レベル、特に大学進学を前提としたリセの上級クラスでは授業の媒介言語となる。ドイツ語に近いルクセンブルク語を母語とする多くのルクセンブルク人にとって、フランス語の習得はドイツ語に比べ難しく、その習得の度合いは学歴や社会階層と強く結びつく傾向にある。

このように威信性の高いフランス語であるが、一方で生活に密着した言語であることも忘れてはならない。2017年の時点で、人口の約47・7％が外国人であり、さらに労働力の3分の1を国外からの越境通勤者に頼る今日、国内に住む外国人、特にフランス人のみならず、ポルトガル人やイタリア人のようなロマンス語を母語とする人々とのコミュニケーション手段としても用いられ、結果として最も多くの人が理解できる言語としての機能を担っている。したがって（特に外国人住民の多い都市部

街角の標識
ルクセンブルク語、ドイツ語、フランス語、英語の4つの言語で書かれている。
［撮影：田原憲和］

において）フランス語抜きの生活は考えられなくなっている。

ドイツ語は、長年にわたってフランス語と並んで公用語であるが、中央省庁の文書がドイツ語で書かれることはまれであり、公共表示でドイツ語を目にすることもあまりないなど、フランス語と比較して公的な性格は強くない。一方、地方行政の文書では、ドイツ語は頻繁に用いられる。地方自治体の広報誌を開いてみれば、フランス語に比べてドイツ語が多用されていることがわかる。ドイツ語は生活と密接に関わった場面で用いられるのだ。これは、元来ドイツ語の方言とされてきたルクセンブルク語を母語とする民衆にとって、ドイツ語による読み書きはフランス語によるそれに比べて容易であること、すなわち誰もが理解できる書き言葉であることに起因する。したがって、新聞等のジャーナリズムではドイツ語が多く用いられてきた。ルクセンブルク最大の新聞である『ヴォルト』紙も、記事の多くはドイツ語で書かれている（↓9章）。

ドイツ人のようなドイツ語圏出身者との会話以外では、ドイツ語は耳にすることすらまれである。ドイツ語は読み書きに用いられても、口頭で用いられる場面はきわめて限定されるためである。ドイツ語が話される数少ない場面の一つに、学校教育が挙げられる（↓8章）。学校教育では、ルクセンブルク語が児童の母語であることを前提として、まずドイツ語の読み書きの習得が行われる。そのうえでフランス語を身につけるのである。また、日本の小学校や中学校に相当する学年では、ほとんどはドイツ語が授業の言語となる。このように、ドイツ語はなかなか見えづらいが、重要な位置を占めるのである。

これら3言語以外にも、国際共通語としての英語、移民の言語であるポルトガル語、旧ユーゴスラビアの諸言語などが実際にはさまざまな場面で用いられている。ルクセンブルク社会はさらに多言語化している。

（小川　敦）

4

言語法

★三つの公用語とその関係★

ルクセンブルクは公的な場でフランス語、ドイツ語、ルクセンブルク語が用いられる多言語社会であるが、公用語の法的な規定について本章では述べたい。1839年にロンドン協定が結ばれ、ルクセンブルクは西側のフランス語圏を失うとともに、現在のドイツ語（ゲルマン語）圏のみからなる国家となった。しかしフランス語は公的な性格の強い言語であり続け、1848年には憲法に、フランス語とドイツ語の両言語が公用語であると明記された。1940年、ナチス・ドイツに占領されると、フランス語は公用語としても姿を消した。ナチスによるドイツ化政策と圧政は、ドイツ語に対する感情の悪化とともに、フランス語、そして何よりルクセンブルク土着のドイツ語方言であるルクセンブルク語への意識の高揚を引き起こした。1945年に第二次世界大戦が終わり、1948年には憲法改正が行われるが、終戦直後のドイツ語に対する反発は依然強く、これまで同様にドイツ語をフランス語と並ぶ公用語の地位に据えておいてよいのか疑問視された。一方、ドイツ語はルクセンブルクの民衆に広く理解される言語であり、重要であることには変わりはなく、感情と実用のバランスで意見は割れた。結局憲法には「法で定める」とのみ書かれ、言語に関する規定は棚上げとなった。
1948年に棚上げされた言語に関する規定を埋めることになったのは、1984年に成立した、5条からなる言語法であった（正式名称は「言語の規制に関する1948年2月24日の法」）。この法律では、「公用語」という用語は用いられていない。公的な言語使用について、国語、立法言語、行政言語、司法言語と四つのカテゴリーに分けて規定されており、「国語」以外は公用語に含むものとして考えられている。言語法本文は以下の通りである。

第1条　国語
ルクセンブルク国民の国語はルクセンブルク語である。
第2条　立法言語
法令および施行規則はフランス語で起草される。法令および規則に翻訳が付される場合、フランス語の条文のみが有効である。（以下省略）
第3条　行政言語および司法言語
訴訟的であれ、非訴訟的であれ行政に関して、また司法に関して、フランス語、ドイツ語、またはルクセンブルク語を使用することができる。ただし、特定分野に関する特別な規定についてはこの限りではない。
第4条　行政上の申請書
申請書がルクセンブルク語、フランス語、ドイツ語で作成されている場合、行政機関は可能な限りその回答に申請者の選択する言語を使用するものとする。

第５条　廃止規定

（省略）

言語の使用について法で定める際には、現状を追認する場合と、新たなルールを設ける場合の双方が考えられるが、本言語法は第1条～第３条が現状追認、第４条で新たな規定を設けるものとなっている。

この言語法の特徴として、第1に、初めて法律でルクセンブルク語の地位を保証したことが挙げられる。第1条では、ルクセンブルク人の唯一の国語、すなわちルクセンブルク人の統合の象徴としての言語はルクセンブルク語であると宣言している。口頭言語に限定するとはいえ、ルクセンブルク語話者どうしでは階層や場面を問わず、ルクセンブルク語によるコミュニケーションがすでに成立していたことを考慮すれば、この条文は現状を追認するだけのものであるが、さらにもう一つ大きな意味を持つ。すなわち、「ルクセンブルク語はドイツ語の方言である」と考える国外の者、特に東のドイツ語圏の人々に対して、ルクセンブルク語の存在そのものを宣言する効果を持たせようとした。

第2条では、立法の言語として唯一用いてよいのはフランス語であるとされている。言語法が成立する以前から今日まで、一貫して法律はフランス語で書かれている。これはナポレオン法典の影響下にあるルクセンブルクにおいて、法の言語としてのフランス語の威信性の高さを意味している。ルクセンブルク語が国民を代表する言語であるにもかかわらず、法律の言語にルクセンブルク語が入り込む余地はいっさいないのだ。第3条では、行政や司法において3言語はどれを用いてもよいとされている。実際の使用では、書記言語としてのフランス語とドイツ語、口頭言語としてのルクセンブルク語というように用いられ方は異なっているが、包括的に規定したと考えられる。すでにお気づきのことと思われるが、次の第4条を含め、法律の条文をみる限り、「ドイツ語でなければならない」という分野が存在しないこともこの法律の特徴である。

第4条は、特に紆余曲折を経てつくられたものであった。現在、ルクセンブルク語は書記言語としても少しずつ浸透しつつあるが、言語法が議論されていた1980年代当時、フランス語やドイツ語の読み書きに慣れた役人にとってルクセンブルク語を用いて書面で回答を行うのはほぼ不可能であり、きわめて非現実的だったためである。この条文には、将来的に役人にルクセンブルク語で読み書きする能力を身につけてほしい、すなわち書記言語としてルクセンブルク語に標準語を与え、育成してほしいという一部の人びとの願いが込められていた。結局、「可能な限り」という文言を入れることで妥協がはかられた。

1984年に成立した言語法は、条文の多くが現状の追認であった。とはいえ、後にルクセンブルク語が独立した言語として意識されたり語られたりする際、法の後ろ盾があることの意味はけっして小さくないと考えられる。

では、なぜ1984年になって言語法がつくられたのであろうか。直接の原因は、1980年3月に当時の西ドイツで発行されていた右翼的な新聞である『ドイツ国民新聞』に、ある1本の記事が掲載されたことであった。この記事には、ナチス・ドイツとルクセンブルクの関わりに触れながら、ルクセンブルク人は小学校でドイツ語を習うこと、それにもかかわらず役人の言語を理解するためにフランス語を勉強させられていること、さらには土着のドイツ語方言をルクセンブルク語などと呼んでいること、などが書かれていた。この新聞記事を受けて、議会は強い抗議とともに言語法制定へと進んだ。しかし、当該の新聞記事はきっかけの一つでしかない。言語法制定を強く働きかけたのは、１９７１年に設立され、ルクセンブルク語の地位向上、特に書記言語としての使用領域の拡大を訴え続けてきた、言語擁護団体「ルクセンブルク語アクション」であった。この団体はさまざまな場で、ルクセンブルク語を用いるように働きかけていた。一例として、新聞の死亡広告をルクセンブルク語で書くのは、この団体による運動の成果である。ルクセンブルク語アクションによるルクセンブルク語プロパガンダの大きなメルクマールとなったのが、言語法であったと考えるべきであろう。

（小川　敦）

5

多言語社会成立の背景

★ドイツ語国家からルクセンブルク語国家へ★

ルクセンブルクのような小国が、どのような経緯でドイツ語、フランス語、ルクセンブルク語という三つの公用語を持つに至ったのか。ベルギーやスイスのように、国家の領域が複数の言語圏にまたがっているからであろうか。それともフランスやアメリカのように、国内に少数言語が話されているコミュニティーが存在しているのであろうか。あるいは旧植民地諸国のように、宗主国の言語と地域の言語が並存しているのだろうか。いや、ルクセンブルクの状況は、これらのいずれにも該当しない。ルクセンブルクのような多言語国家は、他に類をみないものなのである。

歴史的にルクセンブルクの国土は変化しているので、まずは現在の領域に限定してみよう。現在のルクセンブルクは、ごくわずかな例外を除きほぼ全ての地域が元来よりドイツ語圏に属している。独立当時のルクセンブルクは、まぎれもなくドイツ語の国家だったのだ。ここで二つの疑問点が浮かび上がってくる。どうしてフランス語を公用語として維持したのか、そしてどこからルクセンブルク語が現れてきたのかということである。

まずは一つ目の疑問点からみていこう。そもそもルクセンブルク宮中にフランス語が入ってきたのは、13世紀はじめ頃である。この当時からヨーロッパの宮廷ではフランス語が浸透しつつあったが、ルクセンブルクもその例外ではなかった。しかし、現在までこれを維持するに至ったのは、やはりフランス革命の影響が大きいといえる。フランス革命時にルクセンブルクはフランスの支配下に入っていた。１７９５年から１８１３年という20年にも満たない短い期間ではあったが、ここで初めてフランス語が強制されることになった。それまでのハプスブルク家支配の時代から、状況が一変したのである。全ての行政用語がフランス語となったことから、フランス語を自在に操ることのできる貴族などの上流階級の人々は、民衆に対してかなり優越的な立場になった。このときの経験が、フランス語を行政用語として維持しようとする素地を形成したのだといわれる。実際に１８３９年に国内のフランス語圏を喪失した後も、ドイツ語とならびフランス語を公用語として維持し続けている。

ドイツ語とフランス語を横の関係とするならば、ドイツ語とルクセンブルク語は縦の関係といえよう。１８３９年の独立当時のルクセンブルクは、ほぼ全てがドイツ語圏であった。現在は領土のほぼ全てがルクセンブルク語圏である。もちろん、この2百年近くの期間で、国内の民族が全て入れ替わったわけではない。独立当時には、そもそもルクセンブルク語という概念は希薄だったのである。あくまでもドイツ語の中の変種、ドイツ語の方言がルクセンブルクで話されているのであって、それがドイツ語とは異なる言語であるとは誰も考えていなかった。それが、方言での詩や文学、演劇などを通じ、19世紀後半までにはかなりの程度、ルクセンブルク語の存在が一般庶民の間でも意識化され、目に見えるようになっていた（↓38章）。これまで書き言葉としてドイツ語を、話し言葉としてドイツ語ルクセンブルク方言を用いるという構図であったために、この両者を明確に切り分けて考えることができなかったが、文字で書かれたドイツ語ルクセンブルク方言が物理的に出現することでドイツ語との隔たりが明確になり、徐々にこれらに対する意識が切り離されるようになってきたのである。ルクセンブルク語はその後も多様な分野で書き言葉として用いられ、今日では辞書や正書法、教科書なども多く出版されている。この契機となったのが１９８４年のいわゆる「言語法」であることは、疑いのない事実である。

このようにして生まれた3言語併用国家であるが、常に順風満帆だったわけではない。１８１５年の最初の独立時には、ルクセンブルクはフランス語圏も有していた。面積としてはフランス語圏の方が広かったものの、人口はドイツ語圏の方が多かった。しかし、行政言語としては主としてフランス語が用いられていたため、どちらかというとフランス語偏重の国家であった。この当時のルクセンブルクは独立国とはいえ、国家元首のルクセンブルク大公はオランダ国王を兼ねており、オランダ王ギョーム1世により、あたかもオランダの一部であるかのような運営が行われていた。そのため、これまで行われてきたルクセンブルクの上級学校におけるドイツ語教育が廃止され、代わってオランダ語が初等教育に導入されるに至るのである。

こうした「オランダ化」を阻んだのが、皮肉にもルクセンブルクの分割であった。１８３０年に革命により事実上ベルギーがオランダから独立すると、ルクセンブルク人もこれに同調し、首都ルクセンブルク市を除く全ての地域がベルギーの一部となって独立するのである。オランダの支配下に残された首都ルクセンブルク市では、しかしながら言語環境の面では好転する。オランダ王がルクセンブルクの独自性を認め、ドイツ語教育を復活させたのである。一方のベルギーに編入された地域では、ベルギー政府の政策により、以前よりも強力にフランス語化が推進されたのとは対照的である。

この分断は１８３９年に解消されたが、すでに述べたようにその際にルクセンブルクはほぼ全てのフランス語圏をベルギーに割譲した。こうして、オランダにとどまった首都ルクセンブルク市と、ベルギーへの編入を志向し一時的には事実上ベルギーの一部として存在した首都以外の地域が、９年の時を経て合流した。フランス語圏は失ったが、フランス語は失わなかった。それほど、当時の支配層にとってフランス語は大きな存在だったのだろう。

ドイツ語もまた喪失の危機に瀕したことがある。二度の戦争でドイツに蹂躙されたこともあり、第二次世界大戦後のルクセンブルク人のドイツ語に対する嫌悪感は沸騰していた。ドイツ語を公用語から除外するという動きもあったが、当時も今も庶民にとって最も身近な書き言葉はドイツ語である。そうした事情もあり、第二次世界大戦後の混乱期においても、庶民からドイツ語を奪うことはできなかったのだ。

こうして、フランス語とドイツ語が維持されつつ、ルクセンブルク語が新たに生み出されたのである。多言語国家ルクセンブルクはときに特定の言語に偏りつつも、現在までその状態を維持し続けているのである。


（田原憲和）

6

家庭や街中で使われる言語

★三つの公用語が使われる場面★

多くの外国人が暮らすルクセンブルクでは、人々の家庭環境もさまざまであり、使用する言語やその使い分けも千差万別といってよい。人口の半数近くを外国人が占めているため、両親や祖父母の世代までさかのぼってルクセンブルク人だけで構成される家庭を見つけるのは、それなりに骨が折れる。さらに、ルクセンブルク語内部にも大きく分けて四つの方言があるため、家族全員が同じ方言地域出身のルクセンブルク語母語話者を探すとなると、さらにハードルが上がる。ルクセンブルク語母語話者のみによって構成される家庭とそうでない家庭では、話される言語はどう違うのだろう。さらに街中ではどうだろうか。

家族のすべての構成員がルクセンブルク人である家庭では通常、家庭内にいる場合はルクセンブルク語を使用する。ただし、「どの」ルクセンブルク語を使用するかが家庭ごとに異なる可能性がある。たとえば、両親ともに同じ方言地域出身で同じ地域で暮らしている場合、家庭内ではその地域の方言が話される。両親の出身地が異なる場合や、もとの出身地とは別の地域で生活している場合には、「超地域的な」ルクセンブルク語が話されることが多い。1984年にやっと言語として独立したルクセンブルク語には、まだ確固とした「標準語」がない。しかしながら、方言地域を越えてどのルクセンブルク語母語話者にでも通じるような言葉の体系があり、これが超地域的な言語として位置づけられている。共働きが多く経済的に裕福なことが多いルクセンブルク人の家庭では、ベビーシッターを雇ったり、週に1、2回の頻度で清掃業者を雇って自宅を掃除してもらったりすることも珍しくない。これらの人々はフランス語を話す外国人であることが多いため、家庭内でもフランス語を使用することがある。

片方の親がルクセンブルク語母語話者で、もう片方が別の言語の母語話者の家庭では、通常二つの言語が使用されるが、その比率は両親の語学力によってさまざまである。両親ともに外国人の家庭でも、同様のことがいえる。子供が学校などでルクセンブルク語を覚えて帰ってくるため、親も必要性を感じてルクセンブルク語を学び始めることが多い。とりわけ幼児教育の段階では、親どうしの付き合いも密になるため、ルクセンブルク人の親と親密なコミュニケーションを図るためにもルクセンブルク語を学ぼうとする外国人が増えている。最近では、市民向けのルクセンブルク語講座が多く開講されている。

以上をふまえて街中での言語使用についてまず大まかに捉えるならば、首都では多くの場合フランス語が用いられ、それに次いでルクセンブルク語が使用されるといえる。これは、首都でより多くの外国人が生活し、働いているためだと考えられる。フランスやベルギーなど近隣諸国から日中だけルクセンブルクに働きに来る、越境労働者も少なくない。これらの外国人はロマンス語圏出身の人々が多く、コミュニケーションのための言語としてフランス語を選択する場合が多い。主な接客業には外国人労働者が従事することが多いため、特に首都ルクセンブルク市の街中ではフランス語の使用が多くなる。

少し郊外に出ると、ルクセンブルク人の割合が高くなり、ルクセンブルク語が使用される場面が増える。歴史的に鉄鋼業で栄えた南部のミネット地方には今も多くの外国人が生活しているが、数世代にわたってルクセンブルクで暮らしている家族も多く、外国人であっても簡単なルクセンブルク語が話せる人が多い。首都に比べるとルクセンブルク語が使われやすい環境だといえる。

首都であっても、駅のインフォメーションや郵便局など、公共機関では窓口でルクセンブルク人が対応してくれることが多い。最近はスーパーのレジなどの接客業でも、高齢者にも対応できるようルクセンブルク語が話せることを採用条件に掲げる店も増えてきた。興味深いのは、ルクセンブルクに住む外国人の中には、ルクセンブルク語は話せても大言語であるドイツ語が話せない人々が多くいることである。街中で、もしくは友人知人間の口頭コミュニケーションにおいてドイツ語が使用される場面は非常に少なく、基本的には会話のメンバーの中にドイツ語母語話者が混じっている場合に限られる。ただし、ドイツ語母語話者でルクセンブルクに来ている外国人はたいてい、日常会話程度のフランス語は話すことができるため、買い物や簡単なおしゃべり程度ではドイツ語をほとんど使わない。銀行などでは、ドイツ語も話せる職員が窓口で対応しているため、ルクセンブルクで生活していてドイツ語をいちばん耳にするのは銀行だといえるかもしれない。

地域ごとに使用言語が異なるベルギーやスイスと異なり、場面や話し相手によって使用言語を切り替えるルクセンブルクでは、ある特定の言語ができなければならないという制約がない。その代わりに、初対面の人に会うたびに、その人が何語を話す、あるいは得意とする人なのか、いちいち探りを入れながら話を進めていく手間がかかる。ルクセンブルクの公用語の中で最も多くの人に通じるのがフランス語なので、まずはフランス語で話しかけることが多い。もしフランス語が通じなければ、途中で英語に切り替える。最初はフランス語で話していても、お互いによりコミュニケーションをとりやすい言語をほかに見つけることができれば、その言語に切り替える。しかしながら、多言語社会のルクセンブルクにおいて重要なのは、自分を最もよく表現できる言語と、相手が最もよく理解できる言語の折り合いをつけるということである。ルクセンブルク語を聞いて理解することはできても話すのが苦手なら、必ずしもルクセンブルク語を話さなくてよい場合もある。スーパーなどで、客がルクセンブルク語で話しかけるのに対して店員がフランス語で応じるというのも、よく見かける光景である。

ところで、日本人がルクセンブルクで初対面の相手にドイツ語で話しかけると、相手を不必要に驚かせることがある。ルクセンブルクに住むアジア人は、ルクセンブルク社会により溶け込んでいればフランス語を、場合によってはルクセンブルク語も話すことができ、そうでなければ英語を話すことが多いが、ドイツ語を話すことは稀である。フランス語や英語を用いるのが普通の街中という文脈の中で、外国人であるアジア人がわざわざドイツ語を話すということは、相手の予想に大きく反することなのである。さらにその相手にしても、そもそもドイツ語を話せない人である可能性も高い。もちろん話している途中で、「実は、いちばん得意なのはドイツ語で……」と断って、可能であれば言語を切り替えてもらうことはできるが、スムーズに会話を始めようと思えばフランス語か英語で話しかけるのが無難である。そうでないと、どうしてドイツ語を話すのか、どこ出身でどういう経緯でルクセンブルクに来たのかなどを延々と説明することになり、いつまでたっても本題に入れないなどということにもなりかねない。

（西出佳代）

7

公的空間で使われる言語

★三つの公用語使用の変化と英語★

1984年の言語法制定以来、ルクセンブルク語、フランス語、ドイツ語の3言語が法的に公用語と規定されている。言語法が制定された1980年代は、公的な場での書き言葉としてはフランス語とドイツ語が、話し言葉としては主にルクセンブルク語が用いられることが想定されていた。また、ルクセンブルク語を解さない相手にはフランス語を用いることも通常とされていた。ルクセンブルク語はこの言語法で初めて法的に国語とされ、公用語として定められたが、その背景にはルクセンブルク語は元来ドイツ語の方言であり、書き言葉として整備されておらず、書き言葉としての使用に相応しくないと考えられていたことがある。一方、1839年の近代国家成立でフランス語圏を領有しなくなったにもかかわらず、フランス語は高い地位を保ち続けている。またドイツ語は最も民衆に近い書き言葉として、フランス語とともに公用語の地位を保ってきた。しかし、社会の変容とともにこの言語使用は徐々に変化しており、それは公的な場においても例外ではない。

ルクセンブルク国内に入ればすぐにわかるが、公共の表示など、目に見える場所で用いられる言語はほとんどフランス語である。また、法律もフランス語で書かれたものだけが正式とされるなど、フランス語は最も公的な色彩を帯びた言語である。上級官庁の文書もフランス語が主体である。では、ルクセンブルク語やドイツ語は用いられないのかというと、けっしてそのようなことはない。やや古いが、ルクセンブルク大学のフェーレンらによる2009年の調査報告によれば、民間部門であれ公的部門であれフランス語は80％以上で「業務上必要不可欠な言語」とされているのに対し、ドイツ語は民間部門では40％強、公的部門は60％弱とされている。ルクセンブルク語は民間部門で45％ほど、公的部門で70％強となっている。この数字から、ドイツ語は民間よりも公の場で用いられることがうかがえる。ルクセンブルク語の使用が多いのは、日常業務の話し言葉として用いること、また2000年代に入ってから電子メールなどで、積極的にルクセンブルク語を読み書きする機会が増えつつあることが背景にあると考えられる。なお、英語は民間部門で40％弱、公的部門で30％強となっている。

2018年現在、ルクセンブルク政府は政府関係ウェブサイトの全面リニューアルに乗り出しており、政府のポータルサイトやいくつかの情報はフランス語、ドイツ語、ルクセンブルク語、英語で発信し始めている。特にルクセンブルク語による情報発信は、政府が当該言語を国民統合の言語として重視し、書記言語としても使用する方針を続けていることにも対応している（2017年には「ルクセンブルク語促進戦略」を発表している）。各省庁によってウェブサイトで用いられる言語はさまざまであるが、その際にフランス語を欠くことはない。

国家レベルの文書ではフランス語が用いられることが多く、ドイツ語は補助的な役割を担うことが多いが、地方自治体の文書のやりとりでは、フランス語のみならずドイツ語、近年ではルクセンブルク語も用いられる（もちろんフランス語の優位は変わらない）。これは筆者の個人的な経験であるが、2011年11月にルクセンブルク市内の警察署にて警察官に、文書で用いる言語について質問を投げかけたところ、警察署内部ではドイツ語を用いることが多く、上級官庁に提出する文書は通常フランス語で作成しなければならないとのことであった。

ここで、民衆と自治体をつなぐ媒体である、自治体広報誌についてもみてみよう。自治体広報誌では、かつてはフランス語とドイツ語が用いられてきた。ルクセンブルク語を公用語の一つとして定めた言語法が成立した1980年代であっても、ルクセンブルク語がこのような公的な媒体で用いられることはほぼあり得ない話であった。たとえば第2の都市エッシュ最大の広報誌では、フランス語とドイツ語の記事が主体である。しかし、近年はルクセンブルク語を読み書きする機会が大幅に増加したこともあり、各自治体の広報誌ではルクセンブルク語で書かれた記事が漸次増加している。その分減少傾向にあるのがドイツ語の記事であり、フランス語で書かれた記事は相変わらず多い。特に地方議会の議事録や予算についての報告は、首都ルクセンブルク市から小規模な自治体にいたるまで、フランス語とドイツ語の両言語併記が通例とされてきた。筆者は2012年に小規模地方自治体の広報誌における使用言語について調べたのだが、この時点では議事録等についてはまだフランス語とドイツ語だけが用いられていた。しかし数年を経た今日、これらについてもフランス語とルクセンブルクで書かれるケースがみられるようになった。数十年前には考えられなかった、公的な書き言葉としてのルクセンブルク語の使用が、地方レベルでもみられるようになったのである。自治体からの各種情報の発信でも、フランス語、ドイツ語に加えてルクセンブルク語が多く用いられるようになっている。

フランス語は公的な性格の強い言語であるというだけでなく、主にロマンス語圏出身の住民のための日常言語であることから、最も多くの住民に情報を届ける言語となっている。また、ルクセンブルク語は2000年以降に書き言葉としても多く使用されるようになり、近年は公的な文書でも用いられるようになっている。一方、かつて民衆の多くが読み書きできる言語であったドイツ語は、使用される機会が徐々に減少する傾向にあり、今後さらに減少する可能性がある。

最後に、国際語である英語についてもみてみたい。住民の約半数が外国籍で、近年はロマンス語圏出身者以外の外国人も多く住むこともあり、小国が国際社会で生きていくためには英語によるサービスは欠かせないものとなっている。前述のルクセンブルク政府ポータルサイトでは、ルクセンブルク語とともに英語のページがつくられており、国家レベルでは英語でも発信を始めている。また、役所や官公庁への電子申請および申請用紙に関する情報を集積したウェブサイトは、個人向けと企業向けのどちらもフランス語、ドイツ語、英語の3言語で準備されている。しかし申請書自体はフランス語とドイツ語、またはフランス語のみということも多い。今後必要とされる場合には、英語での対応が増えるものと思われる。また、首都ルクセンブルク市が発行する雑誌『CITY』は、フランス語と英語の2言語併記である。これは住民の半分以上が外国籍である首都ならではの特徴であるが、住民に最もよく届く言語として、フランス語と英語が選択されたのだ。

外国籍住民の大幅な増加といった人口動態の大きな変化や、欧州統合の進展、経済のグローバル化によって、公用語である3言語の使用は公的分野でも変化しつつある。ここに英語が加わることで、今後さらに変化を遂げることが予想される。

（小川 敦）

8

学校教育で使われる言語

★多言語教育の実態★

フランス語、ドイツ語、ルクセンブルク語を公用語とするルクセンブルクにおいては、これら3言語の完全な修得が学校教育の大きな課題となる。この章では、学校種ごとの言語教育および言語使用の実態と外国人児童生徒に関わる問題について紹介する。

まず幼児教育についてであるが、2年間の幼稚園への通学が義務化されているだけでなく、ほとんどの自治体がそれに先立つ1年間の保育コースを設置しており、実質的に3年間の幼児教育が行われている（↓29章）。使用される言語はルクセンブルク語であるが、これは特に外国人の子どもたちに対しては、小学校での授業言語であるドイツ語の修得を容易にすることを目的にしたものである。これはルクセンブルク語が言語系統のうえでドイツ語に近いということを前提にしており、実際ルクセンブルク語を母語とする子どもは、小学校入学前にドイツ語のテレビ番組の視聴などを通して、ドイツ語の受動的能力を身に付けると言われている。

小学校（6年制）では、体育や図画工作、音楽の授業以外は、基本的にドイツ語で授業が行われる。教師は、1年生（ルクセ

小学校における言語科目の週あたり時間数（全学年週28時間授業）

	1年	2年前半	2年後半	3年	4年	5年	6年
ルクセンブルク語	1	1	1	1	1	1	1
フランス語	−	−	3	7	7	7	7
ドイツ語	8	9	8	5	5	5	5

ンブルクの教育システム上では3年生にあたるが、この章ではわかりやすいように日本の学年で表記する）にはルクセンブルク語を使ってもいいことになっているが、実際にはどの学年、どの科目においても、ルクセンブルク語が使われることがあると聞く。また、授業時間以外の教師と児童の会話には、ルクセンブルク語が用いられる。上の表に示すように、言語科目の時間数は多く、低学年ではドイツ語に、中学年以降はフランス語に重点が置かれている。

ドイツ語とフランス語の修得を優先するため、科目としてのルクセンブルク語は週1時間しか割り当てられておらず、しかも中等教育の下級学年までしか行われない。そのため、学校教育だけでルクセンブルク語の正書法を身に付けるのはむずかしく、個人的な電子メールやブログ、ウェブ新聞の記事へのコメントなどに広く使われるルクセンブルク語には、正書法に基づかない綴り方が多くみられる。ルクセンブルク語の授業では、文学作品の鑑賞が行われるようで、年齢層に応じた副読本が教育省によって刊行され、児童生徒全員に配られている。たくさんの絵が挿入された、見ているだけで楽しくなる本である。

中等教育の学校には、大学進学を前提とする7年制のリセ（一般にリセ・クラシックともいわれる）と、普通教育とならび職業教育も行うリセ・テクニック（コースや分野により5〜7年制）の2種類があり、どちらに進学するかは小学校の成績で決定される（↓29章）。どちらの学校に進むにせよ、中等教育3年目までが義務教育である。

3、4年生向け読本

リセの授業で使用される言語は、下級3学年では基本的にドイツ語であり、上級4学年ではフランス語である。ただし、数学の授業では最初からフランス語が使われ、また言語科目は当該の言語で行われる。このシステムにより、リセの生徒は、たとえば生物学あるいは歴史学といった科目を、下級学年と上級学年では別の言語で習うことになる。リセ卒業後の大学進学先は、ドイツ語圏にもフランス語圏にも開かれている。

リセでは、小学校に引き続き言語科目の比重が大きく、たとえば第4言語（英語またはラテン語）が導入される2年生の時間割では、週あたりフランス語が6時間、英語またはラテン語が6時間、ドイツ語が4時間となっている（約15%いるラテン語選択者は、後に英語も履修する）。上級学年のカリキュラムは、八つに分かれるコースにより大きく異なるが、理科系のコースの生徒でもフランス語、ドイツ語、英語を3時間ずつ履修する。現代語コースの生徒にいたっては、これら3言語が5時間ずつに加え、その他の言語も5時間学ぶ。つまり、週20時間も語学の授業を受けることになる。

一方、リセ・テクニックにおいては、リセとは異なり、授業で使用される言語は、下級3学年のみならず、4年生以降の一般教育科目でも基本的にドイツ語である。ただし、職業に直結した専門科目では、分野の需要に応じてフランス語が使われる場合もあるようである。

リセ・テクニックの言語科目の時間数は、リセと比べると少なく、たとえば2年生においてはフランス語、ドイツ語、英語ともに4時間ずつである。3年生になると、成績が中位および下位のクラスの言語科目の時間数は、全体で7~8時間とさらに少なくなり、下位クラスでは英語の授業は行われない。

4年生以降の学年の言語教育は、分野により大きく異なる。言語科目の時間数がやや多い商業・事務や観光の分野を除き、一般に4、5年生ではフランス語、ドイツ語、英語が2~3時間ずつ学ばれ、6、7年生においては、英語に加えてフランス語かドイツ語のどちらか一つが選択される場合が多い。ただし、手工業従事者を養成するコースでは、言語科目は分野の需要に応じてフランス語かドイツ語の一つだけを、4年生または4、5年生で履修する。

以上が幼児教育から中等教育までの言語教育と、授業で使用される言語についての概要である。ルクセンブルク人がEUの中でも群を抜いて高い言語能力を持つことが各種調査で示されているが、たしかにリセではそれを支える言語教育が実施されているといえる。ただし、リセに進学できるのは半数弱の生徒たちであり、それ以外の生徒たちが進むコースの中には、あまり言語教育に力を入れているとはいえないものもある。

最後に、ルクセンブルクが抱える最大の教育問題を挙げる。ルクセンブルクでは、人口の約半数を外国人が占めている。学校に通う外国人の子どもたちは、特に家庭で話される言語とは別に三つの言語を修得しなければならない場合には、大きな困難に直面することになる。外国人の中で最大多数を占めるポルトガル人の子どもたちが、ドイツ語で授業が行われる小学校での教育につまずき、その後の進路に不利な状況にあえいでいるという指摘が以前からなされていて、国会でも何度か議論の対象になっている。ポルトガル人にとってドイツ語よりも修得が容易なフランス語で初等教育を行う制度も設定すべきであると主張する識者たちもいる。他方、地域ごとに公用語を定めるベルギーやスイスと異なり、ルクセンブルクは国民全体が多言語話者であることを前提にした社会であることから、フランス語による識字教育を受けた子どもたちがドイツ語をあまり修得しなかった場合、言語による社会の分断が起こることを危惧する人たちもいる。さらには、ルクセンブルク語をきちんと教育すべきであるという声も聞かれる。言語教育をめぐる今後の議論の行方が注目される。

（田村建一）

9

メディアで使われる言語

★ルクセンブルクにおける新聞とテレビ、ラジオ★

ルクセンブルクの代表的な新聞は、1848年創刊の『ルクセンブルガー・ヴォルト』紙である。この新聞は、記事によって使用言語が異なる多言語新聞であるが、ドイツ語で書かれた記事が大半を占めている。次いでフランス語の記事が多く、ルクセンブルク語で書かれた記事は2％ほどである。伝統的にルクセンブルク語が使用されるのは誕生・死亡告知など、比較的私的な情報が掲載される欄である。

1913年創刊の『ターゲブラット』紙も、2番目に大きな新聞として広く購読されている。この新聞の使用言語はドイツ語とフランス語である。フランス語のみが使用される新聞には『コティディアン』紙があるが、ルクセンブルクの主な新聞でドイツ語のみが使用される新聞はない。ドイツ語が読める読者層として考えられるのはルクセンブルク人（ルクセンブルク語母語話者）であり、この読者層はフランス語も高いレベルで読みこなすことができる。ドイツ語のみに使用言語を限定する必要がないため、フランス語圏等で取材を行った記事はフランス語で、それ以外の記事はドイツ語で執筆するなど、記事によって使用言語が異なっていると考えられる。

ルクセンブルクには、さらに広告料を主な収入源とした無料新聞もいくつかある。代表的な無料新聞は、フランス語のみが使用される『エッセンシャル』紙である。無料新聞は、駅やバス停などに置かれて自由に持ち帰ることができるようになっており、通勤途中の電車やバスの中などで眺めることができる。ひとつひとつの記事は短いため、詳しい情報を知るのには向かないが、その日の主な

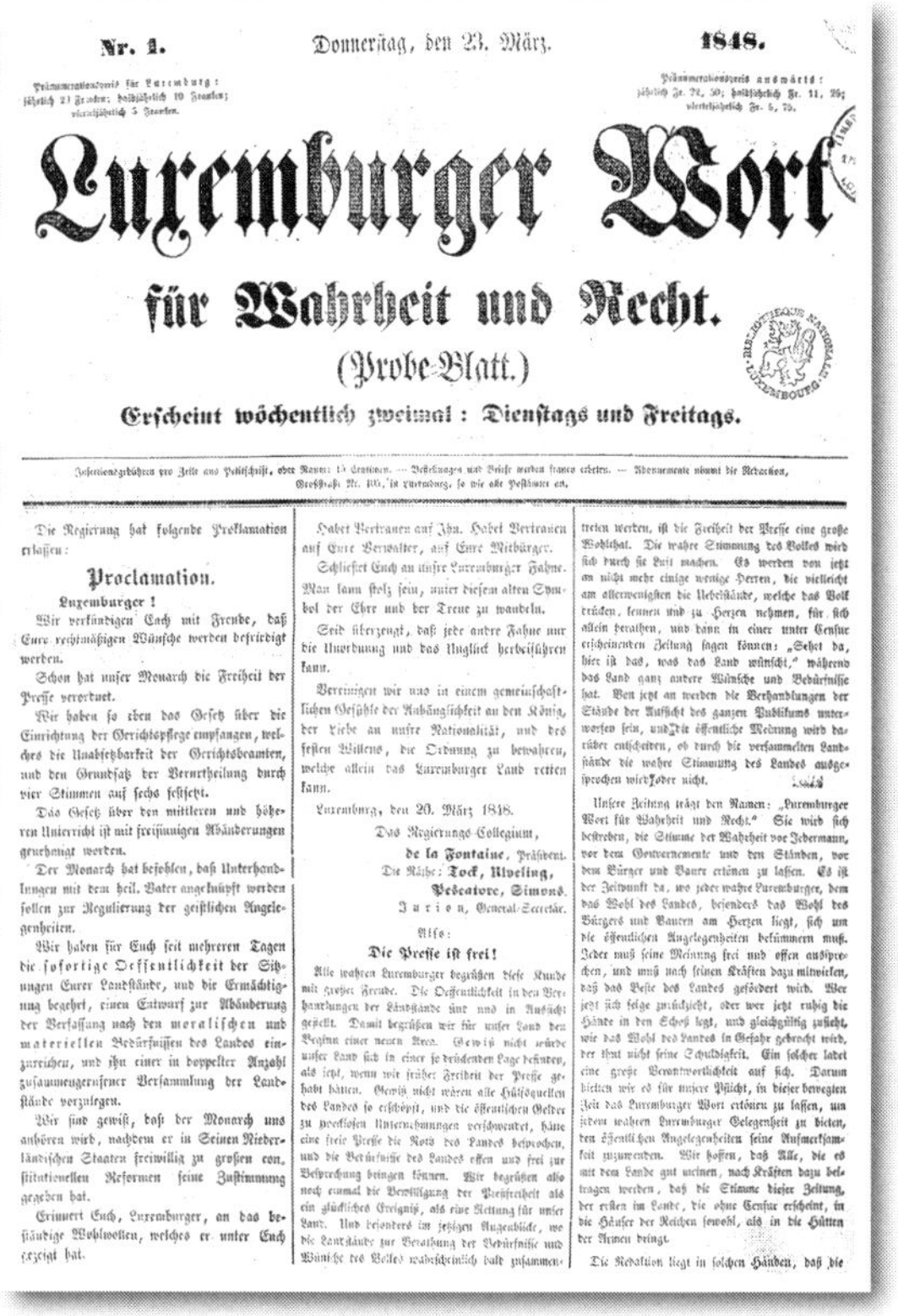

Nr. 1. Donnerstag, den 23. März 1848.

Luxemburger Wort
für Wahrheit und Recht.
(Probe-Blatt.)
Erscheint wöchentlich zweimal: Dienstags und Freitags.

Die Regierung hat folgende Proklamation erlassen:

Proclamation.

Luxemburger!

Wir verkündigen Euch mit Freude, daß Eure rechtmäßigen Wünsche werden befriedigt werden.

Schon hat unser Monarch die Freiheit der Presse verordnet.

Wir haben so eben das Gesetz über die Einrichtung der Gerichtspflege empfangen, welches die Unabsetzbarkeit der Gerichtsbeamten, und den Grundsatz der Verurtheilung durch vier Stimmen auf sechs festsetzt.

Das Gesetz über den mittleren und höheren Unterricht ist mit freisinnigen Abänderungen genehmigt worden.

Der Monarch hat befohlen, daß Unterhandlungen mit dem heil. Vater angeknüpft werden sollen zur Regulierung der geistlichen Angelegenheiten.

Wir haben für Euch seit mehreren Tagen die sofortige Oeffentlichkeit der Sitzungen Eurer Landstände, und die Ermächtigung begehrt, einen Entwurf zur Abänderung der Verfassung nach den moralischen und materiellen Bedürfnissen des Landes einzureichen, und ihn einer in doppelter Anzahl zusammengerufener Versammlung der Landstände vorzulegen.

Wir sind gewiß, daß der Monarch uns anhören wird, nachdem er in Seinen Niederländischen Staaten freiwillig zu großen constitutionellen Reformen seine Zustimmung gegeben hat.

Erinnert Euch, Luxemburger, an das beständige Wohlwollen, welches er unter Euch gezeigt hat.

Habet Vertrauen auf Ihn. Habet Vertrauen auf Eure Verwalter, auf Eure Mitbürger.

Schließet Euch an unsre Luxemburger Fahne. Man kann stolz sein, unter diesem alten Symbol der Ehre und der Treue zu wandeln.

Seid überzeugt, daß jede andre Fahne nur die Unordnung und das Unglück herbeiführen kann.

Vereinigen wir uns in einem gemeinschaftlichen Gefühle der Anhänglichkeit an den König, der Liebe an unsre Nationalität, und des festen Willens, die Ordnung zu bewahren, welche allein das Luxemburger Land retten kann.

Luxemburg, den 20. März 1848.

Das Regierungs-Collegium,
de la Fontaine, Präsident.
Die Räthe: Tock, Ulveling, Pescatore, Simons.
Jurion, General-Secretär.

Also:

Die Presse ist frei!

Alle wahren Luxemburger begrüßen diese Kunde mit großer Freude. Die Oeffentlichkeit in den Verhandlungen der Landstände ist uns in Aussicht gestellt. Damit begrüßen wir für unser Land den Beginn einer neuen Aera. Gewiß nicht würde unser Land sich in einer so drückenden Lage befinden, als jetzt, wenn wir früher Freiheit der Presse gehabt hätten. Gewiß nicht wären alle Hülfsquellen des Landes so erschöpft, und die öffentlichen Gelder zu zwecklosen Unternehmungen verschwendet, hätte eine freie Presse die Noth des Landes besprochen, und die Bedürfnisse des Landes offen und frei zur Besprechung bringen können. Wir begrüßen also noch einmal die Bewilligung der Preßfreiheit als ein glückliches Ereigniß, als eine Rettung für unser Land. Und besonders im jetzigen Augenblicke, wo die Landstände zur Berathung der Bedürfnisse und Wünsche des Volkes wahrscheinlich bald zusammentreten werden, ist die Freiheit der Presse eine große Wohlthat. Die wahre Stimmung des Volkes wird sich durch sie Luft machen. Es werden von jetzt an nicht mehr einige wenige Herren, die vielleicht am allerwenigsten die Uebelstände, welche das Volk drücken, kennen und zu Herzen nehmen, für sich allein berathen, und dann in einer unter Censur erscheinenden Zeitung sagen können: „Sehet da, hier ist das, was das Land wünscht," während das Land ganz andere Wünsche und Bedürfnisse hat. Von jetzt an werden die Verhandlungen der Stände der Aufsicht des ganzen Publikums unterworfen sein, und die öffentliche Meinung wird darüber entscheiden, ob durch die versammelten Landstände die wahre Stimmung des Landes ausgesprochen wird oder nicht.

Unsere Zeitung trägt den Namen: „Luxemburger Wort für Wahrheit und Recht." Sie wird sich bestreben, die Stimme der Wahrheit vor Jedermann, vor dem Gouvernemente und den Ständen, vor dem Bürger und Baure ertönen zu lassen. Es ist der Zeitpunkt da, wo jeder wahre Luxemburger, dem das Wohl des Landes, besonders das Wohl des Bürgers und Bauern am Herzen liegt, sich um die öffentlichen Angelegenheiten bekümmern muß. Jeder muß seine Meinung frei und offen aussprechen, und muß nach seinen Kräften dazu mitwirken, daß das Beste des Landes gefördert wird. Wer jetzt sich feige zurückzieht, oder wer jetzt ruhig die Hände in den Schoß legt, und gleichgültig zusieht, wie das Wohl des Landes in Gefahr gebracht wird, der thut nicht seine Schuldigkeit. Ein solcher ladet eine große Verantwortlichkeit auf sich. Darum hielten wir es für unsere Pflicht, in dieser bewegten Zeit das Luxemburger Wort ertönen zu lassen, um jedem wahren Luxemburger Gelegenheit zu bieten, den öffentlichen Angelegenheiten seine Aufmerksamkeit zuzuwenden. Wir hoffen, daß Alle, die es mit dem Lande gut meinen, nach Kräften dazu beitragen werden, daß die Stimme dieser Zeitung, der ersten im Lande, die ohne Censur erscheint, in die Häuser der Reichen sowohl, als in die Hütten der Armen dringt.

Die Redaktion liegt in solchen Händen, daß die

『ルクセンブルガー・ヴォルト』紙創刊号

ニュースやテレビ番組、天気予報など、大まかなトピックをおさえることができる新聞である。

上記の新聞のほかに、ルクセンブルクのキヨスクではドイツやフランスの新聞も販売されている。ドイツやフランス本国で購入するよりは値段が若干高くなるが、国際情勢を各国の視点で捉えたいときなどに手軽に参照することができる。ルクセンブルク人は記事の内容等によって新聞を選んで購読するが、言語の中で最も好んで購読されるのは、ドイツ語を主な使用言語とする新聞である。彼らの母語のルクセンブルク語がドイツ語と同じゲルマン語に属しており、初等教育における使用言語がドイツ語であることから、比較的楽に読むことができる言語として選択されていると考えられる。

ルクセンブルクの最初の放送局は、1931年設立のラジオ・ルクセンブルクと、1955年設立のテレビ・ルクセンブルクである。現在は二つが統合され、ラジオ・テレビ・ルクセンブルク（以下、RTL）がルクセンブルクの代表的な民営放送局となっている。ルクセンブルク語で放送された最初のテレビ番組は、1969年から1991年の間に放送された、「ほら、ちょっと見て」（Hei elei, kuck elei）である。当時は一日中ルクセンブルク語で放送する放送局はなく、この番組は毎週日曜日13時00分～13時45分（後に13時00分～15時00分に拡張）に放送されていた。現在もルクセンブルク語で放送を行っている放送局はRTLだけであるが、終日ルクセンブルク語による放送が行われている。同放送局では、ニュースやドキュメンタリー、料理番組や、子供向けのアニメ番組など、さまざまなジャンルの番組を提供している。2012年から「ほら、ちょっと見て」も再放送されており、放送当時のルクセンブルク社会を知ることができる視聴覚資料として興味深い。

ラジオ番組としては、ルクセンブルクの歴史学者、方言学者、そして作家でもあるアラン・アッテンが担当する「シュプローホマテス」が、ルクセンブルク語の慣用句など言語に関わる問題を扱っており、興味深い。代表的なラジオ局にはＲＴＬのほか、エルドラジオやラジオ１００・７などがある。エルドラジオは比較的若者向けの番組で、流行のポップソング等を流しており、ルクセンブルクの大衆文化を垣間見ることができる。ラジオ１００・７は、教養人などにも人気のある局で、内容が充実した興味深い番組が多い。これらの放送局の番組も、基本的にはルクセンブルク語のものが多い。

ルクセンブルクでは、隣接したドイツやフランスなどのテレビやラジオ番組も視聴できる。ロマンス語系の言語を母語とする人々は、フランス語で提供される番組を視聴することが多いが、語学学校でルクセンブルク語を学習している人などは、積極的にＲＴＬを視聴することも多い。ルクセンブルク人はＲＴＬも視聴するが、ルクセンブルク語の放送局は限られているため、番組の内容等に応じて外国の番組もよく視聴する。

新聞にも共通していえることだが、ドイツに占領された第二次世界大戦の記憶を持つ高齢の世代では、フランス語が好まれる傾向がある一方、若い世代ではメディア受容の言語としてドイツ語が好まれている。ドイツ語は話し言葉の領域ではほとんど使用されることがないが、メディア受容のための言語としてその地位を確保しているといえる。

（西出佳代）

10

ルクセンブルク語のこれまでとこれから

★方言なのか、言語なのか★

「ルクセンブルク語はどういう言語なのか」という質問を受けると、筆者は迷わずに「ルクセンブルク語はドイツ語に似た言語である」と答える。「ではルクセンブルク語はドイツ語の方言なのか」と続けられると、いささか回答に窮するのである。

ルクセンブルクではいわゆる「言語法」によって、ルクセンブルク語が国語およびフランス語、ドイツ語とならび公用語の一つとして規定されていることから、ルクセンブルク語はまぎれもなく「言語」であるといえる。しかしながら、国境を越えたドイツ側で話されている言語も、ルクセンブルク語とほとんど変わらない。しかし国境の向こう側では、それはドイツ語の「方言」なのだ。方言学的にみると、ルクセンブルク語はドイツ語方言の一つであるモーゼルフランケン方言の特徴を持ち合わせているのだ。

とはいえ、島国である日本に住む私たちにとって、このような感覚はなかなかわかりにくい面もある。そこで、現在の日本で長崎県だけが別の独立国家、長崎国として存在していると仮想してみよう。長崎国の国語は長崎語となる。標準日本語とはかなり異なる特徴があるものの、相互理解は可能である。そして国境を接する佐賀県の方言とは、「日本語」の方言区分上ではともに肥薩方言であり、かなり近い特徴を持っている。しかし、それは国境より西側では「長崎語」であり、東側では「佐賀弁」なのだ。このように考えることで、ルクセンブルク（語）とドイツ（語）の関係を感覚的に理解していただけるだろうか。

では、そのルクセンブルク語は、ドイツ語と比較してどのような特徴を持っているのだろうか。細かな点を挙げていくと切りがないが、最も特徴的なのはフランス語から入ってきた語彙がドイツ語以上に頻繁に使用される点であろう。たとえばルクセンブルク人どうしがあいさつする際には、Bonjour! あるいは Gudde Moien! という言葉が交わされることが多い。前者はフランス語の Bonjour! に、後者はドイツ語の Guten Morgen! に相当する（ただし、ドイツ語の Guten Morgen は「おはよう」であるのに対し、ルクセンブルク語の Gudde Moien は「こんにちは」の意味でも用いられる）。次に、この二人が互いにお礼を言う際には Merci! となるが、これはフランス語の表現と同じである（ドイツ語では Danke! となる）。より丁寧にお礼を言いたい場合は Villmools Merci! となるが、このときはドイツ語由来の（つまり、ドイツ語方言＝ルクセンブルク語の）表現である villmools とフランス語由来の Merci が同時に用いられる。そしてこの二人が別れ際に交わすあいさつは Äddi!「バイバイ」である。これはフランス語の Adieu! に由来する。ただし、フランス語の Adieu! は長期間あるいは永久の別れの際に交わされる言葉であり、ルクセンブルク語の Äddi! に相当するフランス語は Au revoir! になる。また、ドイツ語にも Ade! という言葉があるが、「バイバイ」の意味で用いられるのは Tschüs! である。

では、今度は観光客になった気分でまわりを見渡してみることにしよう。ルクセンブルク滞在の最終日は、ホテルのReceptioun（フロント、仏 réception、独 Rezeption）で勧められたレストランで食事をしよう。ホテルのSortie（出口、仏 sortie、独 Ausgang）から目的のレストランは目と鼻の先だ。Garçon（ボーイ、仏 garçon、独 Kellner）に案内され、席に着く。さっそくEntrée（前菜、仏 entrée、独 Vorspeise）のサラダが出てきた。Choufleur（カリフラワー、仏 chou-fleur、独 Blumenkohl）とKornischong（キュウリ、仏 cornichon、独 Gurke）が美味だ。Haaptplat（メインディッシュ、仏 plat de résistance、独 Hauptgericht）のDinde（七面鳥、仏 dinde、独 Pute）もなかなかのもの。食後のDessert（デザート、仏 dessert、独 Nachtisch / Dessert）はお腹に入りそうにないので、代わりにOrangëjus（オレンジジュース、仏 jus d'orange、独 Orangensaft）をいただき、ホテルに帰る。明日に備え、Wallis（スーツケース、仏 valise、独 Koffer）に荷物を詰めてから寝ることにしよう。

さて、今日はいよいよDepart（出発、仏 depart、独 Abfahrt）だ。宿泊しているホテルから最寄りのArrêt（停留所、仏 arrêt、独 Haltestelle）までは歩いて2分だ。そこからバスに15分も乗るとGare（駅、仏 gare、独 Bahnhof）に到着する。Entrée（入口、仏 entrée、独 Eingang）から駅に入ると右手にGuichet（窓口、仏 guichet、独 Schalter）がある。ここでBilljee（切符、仏 billet、独 Fahrschein）を購入する。まだ少し時間があるので、向かい側のSall d'attente（待合室、仏 salle d'attente、独 Wartezimmer）で時間をつぶそう。そうこうするうちに列車のArrivée（到着、仏 arrivée、独 Ankunft）の時間になった。そろそろQuai（プラットホーム、仏 quai、独 Bahnsteig）に出ることにしよう。Äddi, Lëtzebuerg!（バイバイ、ルクセンブルク！）

いかがだろうか。ここではフランス語に類似したルクセンブルク語の単語を意図的に挙げているが、これらの中にはかなり日常的に用いるような語彙も多く含まれている。ドイツ語の中にもフランス語由来の外来語が入ってきているが、それ以上にルクセンブルク語には、フランス語由来の外来語が多く存在しているのである。

外来語の存在は、その言語の文化圏との交流の歴史の証である。ルクセンブルクはまさにフランス語圏との交流の最前線であることから、ルクセンブルク語は各地のドイツ語方言と比較してはるかに多くのフランス語由来の語を取り入れるに至ったのであろう。

（田原憲和）

11

言語の境界地域ルクセンブルク

★言語接触の影響の有無★

一般に、言語接触のみによってある言語の特徴を説明しようとするのは困難な場合が多い。この章では、ゲルマン圏とロマンス語圏の境界に位置するルクセンブルクの言語について、発音、語彙、文法の特徴をいくつか観察してみよう。

ルクセンブルク語はドイツ語と系統が同じゲルマン語の一つで、ロマンス語に属すフランス語とは本来系統が異なっている。しかし、ドイツ語の知識がある日本人がルクセンブルク語を聞くと、フランス語に響きが似ているようだと感じることがあるようである。たしかにルクセンブルク語とフランス語には似た音があるが、詳細に観察すると異なる音である場合も多い。母音についていえば、深めのア母音が最も似ているといえる。ルクセンブルク語の短母音の［ア］（[ɑ]）は、少し喉の奥で発音される［オ］に近い音で、たとえばフランス語で「フランス」と発音したときの奥まった母音（後舌母音）の発音と似ている（[フロンス]のように聞こえる）。ただし、フランス語の音は呼気を鼻に流す鼻母音［ɑ］であるのに対し、ルクセンブルク語のア母音［ɑ］は鼻母音ではない。ルクセンブルク語のアが後舌母音として発音されるのは、同言語には前舌の母音が多く存在するために、母音の数が少ない後舌の領域にア母音が寄ってしまったからだと考えられる。これは、ルクセンブルク語内部で起きた変化であり、音質の似た母音の存在と言語接触とは、少なくとも直接的な関係はないと考えられる。

子音については、<ch> で綴られる音がドイツ語では［ヒ］（[ç]）と発音される一方、ルクセンブルク語ではフランス語の <ch> の発音、すなわち［シュ］（[ʃ]）の発音に近いと指摘されることがある。しかしながら厳密にいうと、ルクセンブルク語の <ch> の発音は日本語の［シ］（[ɕ]）の発音に近い。そもそも［ヒ］（[ç]）という発音自体が世界の言語をみても比較的稀にしか観察されない音であるため、ルクセンブルク語がこの音を持っていないからといって、フランス語の影響と断定することはできない。発音を観察すると、ルクセンブルク語とフランス語には似た発音が母音と子音ともに存在し、ちょっと耳にした印象では言語接触の影響を考えたくなるのもうなずける。しかし実際には、言語接触の影響を強く主張できる根拠を持つ音はない。

一方、語彙のレベルでは、フランス語からの借用語や借用表現が多い。たとえば「こんにちは！」というあいさつの表現には、ルクセンブルク語本来の Moien!［モイエン］という形があるのに加えて、フランス語由来の Bonjour! という形がある。後者は、フランス語的な［ボンジュール］という発音ではなく、ルクセンブルク語訛りの［ボンジョウエ］という発音になることが多い。フランス語のあいさつが訛ったものでおもしろいほかの例は、Äddi! である。これは、フランス語の“Adieu!”［アデュー］というあいさつが訛ったもので、ルクセンブルク語では［アッディ］と発音される。現代フランス語では、このあいさつは長期間もしくは永遠に別れる相手に対して用いられる表現だが、ルクセンブルク語では日常的に使われるため、発音だけでなく用法も異なっているといえる。首都のルクセンブルク市周辺では、特にフランス語からの借用語が使用されることが多い。たとえば、飛行機はルクセンブルク語で Fliger［フリージャー］というが、首都周辺の人々はフランス語風に Avion［アヴィヨン］と言うことが多いそうである。フランス語の語彙を多用する首都周辺の人々は、ほかの地域のルクセンブルク人からは「気取っている」と思われることもあるようだ。

ルクセンブルク語の文法は、基本的にはドイツ語と近いゲルマン語の特徴を持っている。特徴の一つとしては、ルクセンブルク語は助動詞と過去分詞を用いた現在完了の形式で過去時制を表すことが挙げられる。たとえば、現在完了の意味が強く出る英語では I have seen her yesterday. などと言うことはできないが、ルクセンブルク語では「昨日」にあたる過去時制を表す副詞を現在完了を用いた文の中で用いることができる。この現象はフランス語（特に口語）やドイツ語、北部のイタリア語方言を中心に観察されるため、言語接触の影響を主張する研究者も多い。しかしながら、これはヨーロッパの中心部で広範囲にわたって起きる現象であり、ルクセンブルクのようなゲルマン語圏とロマンス語圏の狭間における特有の言語接触という文脈で例示するには、あまり適切とはいえない現象である。

最後に、名詞に対する修飾要素がどのような形で現れるのかについて、いくつか例を挙げる。まず、ドイツ語はさまざまな修飾要素をつないで長く複雑な複合名詞を形成する傾向があるが（Damen + Mannschaft → Damenmannschaft、女性チーム」）、これに対してフランス語は、英語の of にあたる前置詞 de を使って修飾要素を外に出す傾向がある（équipe de femmes、女性（の）チーム）。ルクセンブルク語母語話者が話すドイツ語では、一部フランス語の語彙を用いながら、ドイツ語風の複合語をつくる場合がある（Damenequipe、女子チーム）。さらに、ルクセンブルク語においては、本来のゲルマン語の要素を用いながら、フランス語のように前置詞句で名詞を修飾する構造をとる例が少なくない（ドイツ語のHammerstiel「ハンマーの柄」は、ルクセンブルク語ではStill vum Hummerとなる）。以上のような例には、翻訳借用と呼ばれる現象が関係している可能性があり、この現象自体は言語接触地域に特有というわけではない。しかしながら、ルクセンブルク人が話す各言語においてこのような表現が著しく混在する傾向にあるのなら、それは言語接触の影響といえるだろう。

（西出佳代）

ルクセンブルク語の地域変種

コラム1 田村建一

ほかの国々と同様、ルクセンブルクにおいても国語であるルクセンブルク語にはいくつかの地域変種があり、それらの違いが話者の間で意識されている（以下、地域変種を方言と記す）。

ルクセンブルク語は、大きく次の四つの方言に分けられる。

（1）中部方言（標準語の基になった方言で、首都ルクセンブルク市と、その北の地域で話される）

（2）南部方言（フランスとの国境沿いにあり、製鉄業の中心であるエッシュ・シュル・アルゼットなどで話される）

（3）東部方言（エヒタナハやフィアンデンなど、ドイツとの国境沿いで話される）

（4）北部方言（北西部のヴィルツや北部のクレルヴォーなどで話される）

この中で標準語との違いが最も顕著なのは北部方言であるが、そこでは、たとえば「今日」を意味する標準語 haut（ハウト）に対する北部方言 hokt（ホクト）のように、標準語にはない k／g が語中に含まれる語が多数存在する。この特徴は、ケルンを中心とする地域で話されるドイツ語リプアリア方言にもみられるものであり、このことからルクセンブルク語がドイツ語の方言連続体に連なるものであることがわかる。ちなみにこの語に対応する標準ドイツ語は heute（ホイテ）である。

一般に方言の使用は、世代や性差，社会階層（職業等）などの社会的属性と密接に関わり、特に若い世代の女性、また学歴の高い人ほど使用しないと見なされている。しかし、筆者が2014年に行った北部方言地域での調査によると、幼稚園や小学校、リセの教員といった高学歴の若い女性の中にも、日常主として方言を話す人たちがいる。北部方言は、以前は「田舎、

北部地方の小都市ヴィルツ

農民」というイメージと結びついていたようであるが、現在では家族や地域とのつながりを表す象徴になっていると思われる。ただし、若い人たちの中には、子どものときには話していた方言を話さなくなった人たちも多くいるようである。

北部方言を話す人たちの多くは、親しい者どうしの電子メールや携帯メールでのやり取りにおいても方言を使用する。つまり方言で文章を書くということであるが、もちろん方言には正書法がないので、人によってさまざまな表記の仕方がみられる。ある若い小学校教員(女性)は、学校のウェブサイトに掲載される保護者向けの連絡文書や報告文書にも、北部方言を使用するという。彼女によると、「標準語よりも方言の方が、親しみをもって読んでもらえる」からだそうである。

こうした事実には、ルクセンブルク特有の多

言語状況が大きく関与していると思われる。すなわち、文章語に関しては一般にフランス語やドイツ語が公的領域で使用され、ルクセンブルク語は主として私的領域で使用されるのであるが、方言話者にとっては、同じルクセンブルク語の中でも、標準語ではなくふだん話している方言こそが相手との親密な関係を築くための手段として機能するのではないであろうか。

III

歴史

12

ルクセンブルク家の起こりと拡大

——★小領主からヨーロッパの一大勢力へ★——

現在のルクセンブルクの地が初めて「ルクセンブルク」という名で記録されたのは、963年にアルデンヌ伯ジークフリートがトリーアの聖マクシミン修道院と交わした契約書においてである。これは、現在のルクセンブルク市旧市街付近にあたる三方をアルゼット川に挟まれたリュシリンブルフク（小さな城）と呼ばれた崖地と、ルクセンブルク中央部のフランの土地を交換するという内容である。

アルデンヌ家の祖であるロタリンギア宮中伯ウィゲリックと、西フランク王の孫クニグンデとの間に生まれたジークフリートは、ルクセンブルク家の始祖とされる。ただし、ルクセンブルク伯を名乗りだしたのは、ジークフリートの曾孫の5代目コンラート1世からのことである。

9代目で盲目伯の異名を持つハインリッヒ4世は、父ジョフロワの死後ナミュール伯の地位も受け継いでいた。ハインリッヒ4世はなかなか世継ぎに恵まれなかったが、彼が72歳のときにようやく娘エルムジンデが生まれた。しかし、彼はすでに甥のエノー伯ボードゥアン5世を後継に指名しており、神聖ローマ皇帝フリードリッヒ1世も承認していた。そのため、

１１９６年にハインリッヒ４世が没した後、ナミュール伯の地位がボードゥアン５世に継承されることとなる。

一方、ルクセンブルク伯の地位は、神聖ローマ皇帝ハインリッヒ６世により皇帝の弟のブルゴーニュ伯オトン1世が継承することになった。しかしながらこれを食い止めたのが、エルムジンデの夫バル伯ティポー1世であった。交渉の結果、翌１１９７年にルクセンブルク伯の地位がエルムジンデとティポー1世のもとに戻ってくる。このとき、エルムジンデはまだ11歳である。

ジークフリートの肖像画
wikimedia commons

わずか３歳のときに30歳近く年上のティポー1世と結婚したエルムジンデは、27歳でこの夫を失うものの、その３か月後にはリンブルク公ヴァルラム４世と再婚する。その結果、アルロン辺境伯領がルクセンブルク伯支配下に加わる。

こうして、ルクセンブルク家は徐々にその所領を広げていく。また、同時にルクセンブルクに対するフランスの影響が強まる。ルクセンブルク宮中でフランス語が使用されるようになってきたのは、この時代からである。

さて、ルクセンブルク家の勢力が一気に拡大したのは、エルムジンデとその再婚相手であるヴァルラム４世の曾孫、ハインリッヒ７世の時代である。フランス生まれのハインリッヒ7世は、青少年期をフランス宮廷で過ごす。さらに、20歳のときにはフランス王フィリップ4世から騎士叙任の刀礼を授けられ、フランス騎士の一員となる。ハインリッヒ7世はドイツ王国に属する諸侯の一人でもあるため、形式上とはいえドイツ王とフランス王の両者に仕える立場であった。

1308年にハプスブルク家出身の神聖ローマ皇帝アルブレヒト1世が暗殺されると、新皇帝としてハインリッヒ7世が選出された。このときフランス王フィリップ4世は、自らの弟シャルル・ドゥ・ヴァロアを次の皇帝にしようと暗躍したが、選帝侯の一人でハインリッヒ7世の弟のトリア大司教バルドゥインの活動が実を結び、ハインリッヒ7世の選出という結果となったのである。

神聖ローマ皇帝となったハインリッヒ7世は、息子のヨハンをボヘミア王につけるために、亡きボヘミア王ヴァーツラフ3世の妹エリシュカとヨハンを結婚させる。これにより、豊かなボヘミアの地がルクセンブルク家の支配下に加わった。ヨハンとエリシュカの結婚式の後、ヨハンはエリシュカを伴ってボヘミアの首都プラハに向かう。しかしその出発を待たずに、ハインリッヒ7世はローマに向け出発する。ローマで皇帝戴冠式を行うためである。1312年にローマのラテラノ宮で戴冠することができたが、翌1313年にマラリアを患い、この世を去ることとなる。

ハインリッヒ7世からルクセンブルク伯を継承したヨハンは、このときまだ17歳であった。ヨハンは戦争に明け暮れ、ボヘミア内政にはほとんど興味を抱かなかったとされる。ボヘミア王としては評判の芳しくないヨハンであるが、それに対してヨハンの息子にして神聖ローマ皇帝のカール4世は「ボヘミアの父」と称されるほど、ボヘミア王として高く評価されている。

カール4世は1316年にプラハで生まれた。このときはまだヴァーツラフという名であった。フランス王シャルル4世の王妃が父ヨハンの妹だという縁もあり、ヴァーツラフが7歳のときにフランス宮廷へ送られる。フランス王シャルルは男児がいなかったこともあってか、ヴァーツラフを非常に可愛がり、自らと同じシャルルという名を与えた。シャルルとは、ドイツ語風にいうとカール、チェコ語風にいうとカレルである。ドイツ語圏最古の大学であるプラハのカレル大学、プラハのヴルタヴァ（モルダウ）川にかかるカレル橋は、カール4世の名に由来する。

カール4世は1333年、父ヨハンよりモラヴィア伯に任じられるとともに、ボヘミアの管理運営

カール4世
wikimedia commons

を委ねられた。ヨハン没後はルクセンブルク伯およびボヘミア王の地位を継承する。父ヨハンとは対照的にカール4世は内政に力を注ぎ、大学の設立（カレル大学）、プラハ市街の拡張（新市街）、カレル橋やカレルシュテイン城の建造、プラハ司教座の設置、鉱山開発権を国王の占有から領主に与えることによる開発の促進など、さまざまな業績を残している。

また、結婚政策により、低シレジアのシフィドニツァ公領などをボヘミア王国領に組み入れ、さらにブランデンブルク辺境伯領も獲得した。こうして、現在のチェコ、スロバキアからポーランド南部に至る広大な領地を得ることで、ルクセンブルク家はヨーロッパ随一の勢力となる。さらに、国王選挙に関する大綱を明文化し、選帝侯の身分や権利などに関する条項を含め、「金印勅書」という名称で帝国法として交付したことも、歴史的には大きな意味のある業績である。

華々しくヨーロッパの表舞台に登場したルクセンブルク家であったが、その栄華は長く続かなかった。カール4世の子で、神聖ローマ皇帝にしてボヘミア王、さらにはハンガリー王であったジギスムントの死をもって、その勢力は急激に衰える。ジギスムントには男子の後継者がいなかったため、ジギスムントの娘であるエリーザベトの夫、アルブレヒト2世がボヘミアおよびハンガリーを継承した。こうして、130年弱続いたルクセンブルク家によるボヘミア支配は終焉を迎えるのである。

（田原憲和）

コラム2

抵当物件時代

田原憲和

1310年にハインリッヒ7世の息子ヨハンがボヘミア王位を獲得し、ヨハンの息子の神聖ローマ皇帝カール4世の時代に最盛期を迎えたルクセンブルク家であるが、その発祥の地であるルクセンブルクはこの時代から軽視され始める。カール4世の息子ヴェンツェル2世の統治期の1388年から、ルクセンブルクは借金の抵当として次から次へと所有権が移動する。1461年にチューリンゲン方伯ヴィルヘルム3世が自らの継承権の主張を放棄するまでの約70年間は、ルクセンブルク史において「抵当物件時代」と称される。

ヴェンツェル2世は神聖ローマ皇帝にも選出されたが（神聖ローマ皇帝としてはヴェンツェル）、怠慢王との異名を与えられるほどに凡庸であり、ほとんど皇帝らしい成果を残さなかった。その結果、1400年に神聖ローマ皇帝を廃位させられてしまったほどである。

そのヴェンツェル2世とは対照的に、いとこのモラビア辺境伯ヨープストは野心家で貴族からの信奉も厚かった。ヴェンツェル2世は1388年、ルクセンブルクを担保にヨープストから6万4千グルデンの借金をする。ヨープストは非常にしたたかで、ヴェンツェル2世の異母弟のハンガリー王およびブランデンブルク選帝侯（のちに神聖ローマ皇帝）のジギスムントに対して50万グルデンを融資する代わりに、ブランデンブルク辺境伯領の獲得にも成功する。

優れた実業家としての一面もあわせ持っていたといわれるヨープストは、1402年、オルレアン公ルイ1世にルクセンブルクを転売する。しかしながら、ルイ1世は1407年、対立し

モラビア辺境伯ヨープストの銅像
wikimedia commons

ていたブルゴーニュ公ジャン1世の配下の者にパリで暗殺される。その結果、ルクセンブルクは再びヨープストの元に戻る。

一方で、ルクセンブルクの買い戻し権は、1409年にヴェンツェル2世から姪（異母弟ヨハンの娘）のエリーザベトに移る。エリーザベトは同年にブラバント公アントワーヌと結婚しているが、ヴェンツェル2世はその持参金を支払えず、アントワーヌとエリーザベトの要求を呑まざるをえなかったのだ。そして債権者であるヨープストが1411年に没すると、ルクセンブルクの地およびルクセンブルク公の地位はエリーザベトのものとなる。

　しかしこの後、ルクセンブルク公の地位はさらに迷走する。ルクセンブルク女公エリーザベトの二人の子はともに夭折し、夫のアントワーヌも1415年に戦死する。1419年にはバイエルン公ヨハン3世と再婚するも、子を儲けることはなく、継承権を有する子孫が不在という状態となる。そこでエリーザベトは1441年、ブルゴーニュ公フィリップ3世との間で、借金のかたとして自らの死後にルクセンブルクの継承権を引き渡すというヘスディン協約を結ぶ。フィリップ3世は1443年にルクセンブルクを武力で制圧し、実権を握った。

　ところが、エリーザベトは引き続きルクセンブルク公の地位を主張する。1451年にエリーザベトが没した後も争いは続く。彼女の同名のいとこ（伯父ジギスムントの娘）のエリーザベトは、神聖ローマ皇帝のアルブレヒト2世との間に息子ラディスラウスを儲けていた。ラディスラウスの義兄（姉アンナの夫）にあたるチューリンゲン方伯ヴィルヘルム3世が、当初はラディスラウスが、そしてラディスラウスの死後はヴィルヘルム3世自らがルクセンブルク公の継承権所有者であると主張し、フィリップ3世と争ったものの、1461年にヴィルヘルム3世が権利を放棄したことで、この状態が解消されたのである。

13

ブルゴーニュ公国の支配下から大公国成立まで

——★ベネルクスあるいは南ネーデルラントとしての統一体★——

ルクセンブルクにとって理想的な統一体とはいったいどのようなものなのか。15世紀から19世紀にかけてのルクセンブルクは、まさにこの問いのもとにあった。

ルクセンブルクは1443年にブルゴーニュ公国の支配下に置かれた。1477年、ヴァロア・ブルゴーニュ家5代目当主のマリーが、ハプスブルク家出身でのちの神聖ローマ皇帝となるマクシミリアン（神聖ローマ皇帝としてはマクシミリアン1世）と結婚したことで、ハプスブルク帝国の支配下に組み込まれるようになる。そのハプスブルク帝国絶頂期に君臨した神聖ローマ皇帝カール5世の統治下で、ネーデルラントが統一されることになる。

ハプスブルク帝国の支配下では、ネーデルラント17州は任命された総督のもとで一体的に運営された。ネーデルラント17州は現在のベルギー、オランダ、ルクセンブルクの領域とかなりの部分で重なっており、ホラント伯爵領やブランバント侯爵領とならび、ルクセンブルク公国もここに組み込まれていた。

現在のベネルクス3国の枠組みで落ち着いたかにみえたルクセンブルクの地位を揺るがしたのは、1517年にドイツで火がついた宗教改革であった。現在のオランダにあたるネーデルラント17州の北部では、改革派であるカルヴァン派が急速に広まる。ただし、当時の君主であるカール5世の生まれ故郷がネーデルラントということもあり、比較的温和な政策がとられていた。状況が一変したのは、フェリペ2世の時代になってからである。

1555年にカール5世は退位し、弟のフェルディナントがオーストリアと神聖ローマ帝国の領土を、息子のフェリペ2世がスペインとネーデルラントを継承した。ネーデルラントを継承したフェリペ2世は厳格なカトリック教徒であったため、プロテスタントを強硬に弾圧した。フェリペ2世はスペイン王として絶対王政を敷いており、ネーデルラントも同様に恐怖政治で治めようとしたのである。しかし、元来自治意識の強いネーデルラントの地では反発も大きかった。1566年にフランドルで起こり、ネーデルラント全土に広がった反カトリックの暴動は鎮圧されたものの、その後も騒乱が続き、80年戦争へとつながっていく。

1579年にはカルヴァン派が強い北部7州が、スペインに対する軍事同盟である「ユトレヒト同盟」を結成した。同年、ネーデルラント総督に就任したパルマ公アレッサンドロ・ファルネーゼは、カトリックが支配的な南部ネーデルラントを取り込もうとした。ファルネーゼはアラス同盟を結成し、最終的には南部10州をスペインに帰順させた。

これにより、ネーデルラント17州は宗教によって完全に二つに分離された。この後、北部7州はネーデルラント連邦共和国として黄金時代を迎えることになるが、南部10州は依然としてスペイン統治下に置かれ続けることとなる。

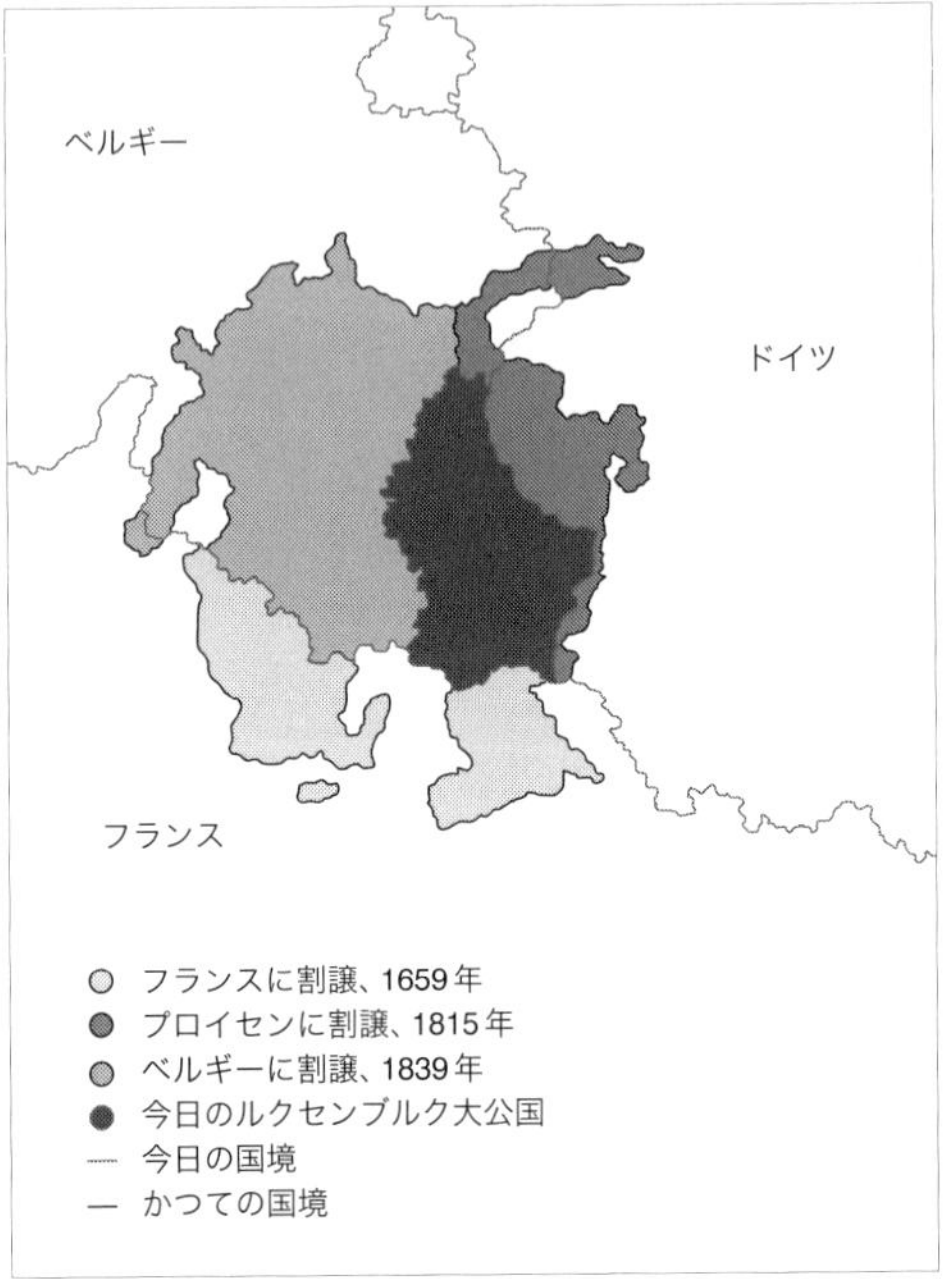

ルクセンブルクの分割

南部ネーデルラントが独立国となるのは、1790年のブラバント革命を待たねばならない。しかし、1790年1月に成立したベルギー合州国は国家としての体をなしておらず、同年の12月には再びハプスブルク帝国の支配下に逆戻りしてしまう。ルクセンブルクとベルギーはもはや運命共同体のように、その歴史を重ねていくのである。

この両国の地位は、大国間のさまざまな思惑と駆け引きに翻弄される。ナポレオン体制に終止符を打った1815年のウィーン会議により、新たな国際秩序が成立した。その結果、ベルギーとルクセンブルクは分離される。すなわち、ベルギーはオランダ王国の一部になり、ルクセンブルクはルクセンブルク大公国として晴れて独立国家となるのである。とはいえ、ルクセンブルク大公はオランダ王が兼務する形であったため、この両国はともに同じ君主をいただく同君連合という関係であった。そのうえ、オランダ王ウィレム1世（ルクセンブルク大公としてはギョーム1世）はルクセンブルクに対してオランダ憲法を適用させようとするなど、その扱いはあたかもルクセンブルクがオランダ王国の1州であるかのようであった。結果的に、ベルギー、オランダ、ルクセンブルクの3国は事実上再統一された。

しかしながら、やはりこの3国の中では、宗教という明確な壁が存在していた。ウィレム1世は壁の向こう側である北部のオランダを無条件で優遇したため、南部のベルギーとルクセンブルクでは国王に対する不満が鬱積し、1830年にこれがついに爆発する。これが音楽革命ともいわれるベルギー独立革命である。

ギョーム1世
wikimedia commons

1830年8月25日にブリュッセルのラ・モネ歌劇場で、ダニエル・オーベール作《ポルティチの唖娘》が上演された。これは1647年7月7日にナポリで勃発したスペインに対する反乱を題材にしたもので、19世紀のヨーロッパでは人気のある作品であった。このオペラに触発された観衆らが劇場を出て、政府関連の建物などを包囲した。この運動は瞬く間に広がり、独立運動に発展する。そして同年10月4日に、ベルギーの独立が宣言されるに至るのである。

オランダ優遇政策のもとで、ルクセンブルクの住民はベルギーの住民と共通の不満を抱いていた。ルクセンブルク人たちがベルギーの独立運動に同調するのもまた必然であった。ブリュッセルを中心に展開された市街戦では、オランダ軍を撤退させることに成功した。ただし、ルクセンブルク市はほかの地域と比べ、オランダ王に対して忠誠心を抱く住民が多く、また交通の要衝であるルクセンブルク市に強大なプロイセン軍が駐留していたこともあり、ルクセンブルク市の住民はベルギー独立革命には参加しなかった。

こうして、ルクセンブルク大公国は、ベルギーとともに新ベルギー王国の一部として独立したルクセンブルクの大半の地域と、オランダ王国の一部として留まるルクセンブルク市に分断される。しかしながら、この状態はやはり長くは続かなかった。ベルギーに帰属していた旧ルクセンブルクの地域にはフランス語圏もドイツ語圏も含まれていたが、１８３９年のロンドン条約により、フランス語圏のみがベルギーに編入され、ドイツ語圏は新ルクセンブルク大公国として独立することとなる。１４７７年から運命共同体として歩んできたベルギーとルクセンブルクがこうして完全に分離され、ベルギーになれなかったルクセンブルクと、ベルギーになるのを拒絶したルクセンブルクが再会するのである。

（田原憲和）

14

19世紀から第一次世界大戦に至るまで

★ルクセンブルクの真の独立とは★

東西冷戦の象徴的な存在であったベルリンの壁が崩壊する約8か月前の1989年4月、東欧諸国に響く民主化の足音が大きくなりつつあるなか、ルクセンブルクでは建国150周年記念式典が盛大に執り行われた。これは、1839年4月19日、ロンドン会議によりルクセンブルク大公国の独立が決定してから150周年を祝福するものであった。ルクセンブルクにはいくつかの歴史的に重要な転換点がある。ジークフリートがルクセンブルクの地を入手した963年（なお、1963年にこの1000周年を記念する硬貨が発行されている）、ウィーン会議によりルクセンブルク大公国として独立を果たした1815年、そしてロンドン会議によりフランス語圏を失った1839年などが代表的であるが、現在のルクセンブルクではこの1839年を独立の年としている。

対外的には1815年のウィーン会議によって、ルクセンブルクは国家として確かに独立していた。しかしながら、為政者も国民も、この独立という立場を事実としてよく理解できていなかった。その結果がオランダ王兼ルクセンブルク大公ギヨーム1世のルクセンブルクをオランダと一体的に運営するというルクセンブルク政策や、ベルギー革命時にベルギーとともにオランダからの独立を志向したルクセンブルク人の行動に表れている。

ルクセンブルクは1839年のロンドン会議により、改めてその独立が決定された。1815年の独立時にはフランス語圏を有していたルクセンブルクであるが、ロンドン会議によりフランス語圏はベルギーに編入され、ドイツ語（今日のルクセンブルク語）圏のみがルクセンブルク大公国の領土とされた。このとき、ベルギーに編入されたフランス語圏の人口は約16万人、面積は約4440平方キロメートルである。これは、人口の約半分と面積の60％以上を失ったことになる。ベルギーに編入されることを志向しつつもルクセンブルクにとどまることになった、しかもオランダ王がルクセンブルク大公を兼ねるという同君連合に引きずり戻された多くのルクセンブルク人にとって、この独立は必ずしも好意的に受け入れられるものではなかった。

長らく他国の支配下に置かれ、しかも辺境の地に位置していたこの地は、当時のヨーロッパの中でも最も後進的で貧しい国の一つであった。ルクセンブルクは独立直後、その後の歴史にも大きな影響を与えることとなった一つの大きな決断を迫られることになる。それは、1834年に発足したドイツ関税同盟に参加するか、あるいはベルギーと通商条約を結ぶか、すなわち、経済面でのパートナーとしてドイツを選ぶかベルギーを選ぶかという決断である。国民感情としてはベルギーを支持する動きが優勢であった。ベルギーとともに歩んできた歴史的記憶、あるいはベルギーに編入されることを志向しつつもそれが叶わなかった多くの国民の感情から、これは当然の成り行きであった。また、依然としてルクセンブルク市に駐屯するプロイセン軍の権威主義、軍国主義に対する反発もあった。しかし、オランダ王でもあるギョーム1世が考慮するのは、第一にオランダの立場であった。オランダ王としてプロイセンとの対立を避けたかったギョーム1世は、独断でプロイセンと交渉し、ドイツ関税同盟への加盟条約に署名する。そして1842年から正式にドイツ関税同盟に加盟することになる。当初はこれに好意的ではなかったルクセンブルク人であったが、ドイツ関税同盟に加盟した1842年にはルクセンブルク南部で鉄鉱石の鉱床が発見され、経済的にもその恩恵を受ける。これ以降、精神的にはベルギーを志向しながらも、政治的には直接的あるいはオランダを介して間接的に、ドイツの影響下に置かれることになる。

ところで、ルクセンブルクとオランダ王との関係は、ルクセンブルクの地はオランダ王個人の所有物であるという1815年のウィーン会議での決定以降、変わることなく維持されてきた。これに目をつけたのがフランス皇帝ナポレオン3世である。1867年、ナポレオン3世はオランダ王ギョーム3世に対して、3百万フローリンでルクセンブルクの売却を申し入れた。オランダ国民もギョーム3世もこれに好意的な態度を示し、ルクセンブルクがフランスに売却される一歩手前まで事態は進行した。それを食い止めたのはプロイセンのビスマルクであった。そしてプロイセンとフランスに加えイギリスやロシアなど当時のヨーロッパ列強が協議して結ばれたロンドン条約により、列強が共同保証するという形でルクセンブルクは非武装永世中立国となった。1815年、1839年の二度の独立時もそうであったが、ここでもやはりルクセンブルクとしての意思ではなく、列強の駆け引きによってルクセンブルクの地位が決定されたのである。それでも、ロンドン条約はルクセンブルクの真の独立にとって悪いことばかりではなかった。この条約により、約50年間にわたりルクセンブルク

アドルフ大公
wikimedia commons

市に駐留していたプロイセン軍が撤退したことで、ドイツに対する政治的隷属からは解放されることになる。

19世紀も終わりを迎えつつあった1890年も、ルクセンブルクの真の独立にとっては重要な転換期であった。3代目ルクセンブルク大公のギョーム3世が、男子の継承者なくして没したのである。オランダ王位は女子も継承権があったことから、ギョーム3世の娘であるウィルヘルミナがオランダ王の地位を受け継いだ。しかしながら、当時のルクセンブルク大公位は男子のみが継承権を有するものとされていたことから、1815年から数えて75年にわたるオランダとルクセンブルクの同君連合を維持することが不可能となった。そのため、ナッサウ家（ウィルヘルミナはオラニエ・ナッサウ家）の取り決めにより、ウィルヘルミナの母の叔父にあたるナッサウ・ヴァイスブルク家のアドルフがルクセンブルク大公の地位に就いた。

こうして、ルクセンブルクはオランダ王室との直接的な関係を解消し、独自の王室を持つに至った。19世紀後半には独自の文学や文化も広がりをみせつつあった（→38章）この国は、このころになってようやく真の独立国家として出帆したといえるだろう。

（田原憲和）

15

第一次世界大戦から戦間期にかけて

★新たな国家像の形成へ向けて★

1867年に結ばれたロンドン条約により、ヨーロッパ列強の相互保証のもとでルクセンブルクは非武装永世中立国となった。平時においては、軍事に費用や人材を費やす必要がなくなるために、この非武装中立政策はルクセンブルクにとって利益をもたらした。しかしながら、情勢が不安定になってくると、この政策が国家の存亡に大きな影響を与えることになるという諸刃の剣でもある。イギリス、フランス、ロシア、プロイセン、オーストリア＝ハンガリー、イタリアの6か国が相互保証する形で成立したルクセンブルクの永世中立は、第一次世界大戦勃発とともに不安定なものになってくる。

第一次世界大戦は、オーストリア＝ハンガリー二重帝国の皇太子が暗殺されたいわゆるサラエボ事件をきっかけとして勃発した。サラエボ事件の当事者であるオーストリア＝ハンガリーが1914年7月28日にセルビアに対して宣戦布告し、互いの同盟国を巻き込んで世界規模の戦争となった。オーストリア＝ハンガリー、オスマントルコ、ブルガリアとともに同盟国としてこの戦争に深く関わったドイツは、8月2日に永世中立国であるルクセンブルクに侵攻する。ルクセンブルクは非武装

マリー・アデライド女大公
wikimedia commons

であったためにこれに抵抗する術もなく、ドイツ軍に占領されてしまう。ルクセンブルク政府はドイツ政府に対して抗議をしたものの、中立国としての立場を崩さなかった。マリー・アデライド女大公を含むルクセンブルク首脳も、外国に亡命することなく国内に留まり続けたのである。

一方のドイツは、ルクセンブルクを軍事的に支配したものの、内政には深く関わらなかった。実質的にはドイツに支配されつつも、ルクセンブルクの政府や大公家は存続していたのである。ドイツ占領下においても、ルクセンブルク議会の選挙は行われていた。しかし、こうしたことがある疑念を呼ぶ。すなわち、マリー・アデライド女大公がドイツに協力しているのではないかという疑念である。ルクセンブルクは中立政策を維持していたものの、それが国民や連合国側からの反感を買うことになり、戦後の大公退位へとつながっていく。

第一次世界大戦後、マリー・アデライド女大公は連合国や国民からの支持を失っていた。この勢いに乗じ、１９１８年11月、左派勢力が君主制廃止を求める動議を議会に提出した。これは賛成19、反対21、棄権3という僅差で否決され、かろうじて大公家の存続がかなった。あと一歩のところで野望をくじかれた左派勢力には、暴力的手段に訴えるしか道は残されていなかった。1919年1月、左派勢力がクーデターを企て、人民委員会を組織して共和国樹立を宣言する。しかし、決起した志願兵はわずかであり、国民の支持を得られなかった。そして混乱を恐れたフランス軍の介入により鎮圧された。左派勢力が読み違えていたのは、国民が反発していたのはドイツに協力した（とみなされている）マリー・アデライド女大公に対してのみであり、大公家や君主制に対するものではなかったということである。実際、マリー・アデライド女大公退位後に行われた国民投票では、80％弱の国民が君主制を支持している。

この国民投票は、君主制か共和制かという国家体制に関することと、ベルギーとの経済同盟とフランスとの経済同盟のいずれかを選択するという経済体制に関することを問うものであった。これは第一次世界大戦後のルクセンブルクのあり方を決定する、重要な国民投票であった。結果としては70％以上の国民がフランスとの経済同盟を支持した。しかし、フランスがこれを拒否した結果、ルクセンブルクはベルギーとの経済同盟を構築する以外に選択肢はなくなった。

ルクセンブルクは内陸国であり国内の市場規模は小さいことから、隣国との経済的なつながりは国家を運営していくうえで不可欠である。ルクセンブルクは1839年の独立以降、ずっと経済活動の支柱でもあったドイツ関税同盟を離脱し、1921年にベルギー・ルクセンブルク経済同盟協定を締結した。1839年のロンドン会議でベルギーと分割して独立させられてから80年あまり、ようやくルクセンブルクとベルギーが経済同盟という形で接近することとなった。しかし、この80年という年

エミール・マイリッシュ
wikimedia commons

月は、国民の意識を変えるには十分な期間であった。国民投票ではフランスとの経済同盟構築を支持した国民が圧倒的多数であったし、1915年にベルギーがルクセンブルクの領土をベルギーに取り戻すという宣言をした際には、ルクセンブルク国民からの大きな反発があった。

それでも結果的には、ベルギーとの経済同盟はルクセンブルクにとってよい選択であった。かつてのドイツ関税同盟時代はドイツに対して完全に従属的な立場であり、ルクセンブルクに発言権はなかった。しかしベルギーとの経済同盟においては、一定の発言権を付与されており、対等に近い2国間協定であった。これ以降、ルクセンブルクは中立を維持しながらも、国際連盟などの国際機関にも積極的に関与し、小国ながらも国際的に一定の発言権を獲得しようとする。これは国家間だけではなく、民間においても同様であった。その代表的な人物として、アルベット製鉄所の経営者であったエミール・マイリッシュが挙げられよう。

ドイツ関税同盟からベルギーとの経済同盟への移行で、製鉄業はとりわけ大きな影響を受けた。さらに、1923年のフランスによるルール占領で、ドイツとフランスの対立が激化したことにより、ルクセンブルクの製鉄業も大きな損害を被った。こうした中でエミール・マイリッシュは両国の仲介を図り、1926年に主要製鉄国であるドイツ、フランス、ベルギー、ルクセンブルクに鉄鋼生産量を割り当てて生産量を規制する国際鉄鋼協約締結にこぎつけた。これはひとえに、ドイツ語とフランス語に精通した典型的なルクセンブルク人として、中立的な立場で尽力したエミール・マイリッシュの功績である。

このエミール・マイリッシュの活動に代表されるように、大国に翻弄され、大国の意思によって運命が決まってきたというこれまでの立場から、周辺国と協調し、国際機関で俯瞰的立場から影響力を発揮しつつ自国の独立と繁栄を維持するという、現在のルクセンブルクの立場へと移行しつつあったのがこの時代といえよう。

（田原憲和）

16

第二次世界大戦の苦難

★ゲルマン化政策とレジスタンス★

1940年5月10日、ヒトラー率いるナチス・ドイツの軍隊は国境を越えてルクセンブルクに侵攻し、ルクセンブルクのほぼ全土がその日のうちにドイツの占領下に入った。ドイツによる侵略を経験した第一次世界大戦終結から約20年後のことであった。

ドイツ軍の先陣がルクセンブルク市へと迫る中、わずかの差で大公家は逃げ切り、フランスへと脱出した。大公家はポルトガルを経て、英国のロンドンへと移った。ロンドンでは亡命政府がつくられる。さらに、大公家はより安全なカナダのフランス語圏の都市、モントリオールへと移った。大公家だけでなく、有力な閣僚であるジョゼフ・ベッシュもロンドンへ、ピエール・デュポンはその後モントリオールへと亡命した。亡命政府はロンドンとモントリオールの2拠点に分散し、やや不便を強いられたが、その一方で亡命政府の動向はルクセンブルクの存在を世界に知らしめることになった。閣僚の一人であり、戦後に音声学者のジャン・フェルテスとともにルクセンブルク語の改革に乗り出したことでも知られるニコラ・マルグは、ドイツ軍に捕らえられ、家族とともにシュレジエンへと強制移住させられた。

　1940年6月14日にドイツ軍はパリを占領し、フランスを降伏させた。フランスがあっけなく降伏したことは、ルクセンブルクでは落胆を持って受け止められた。1940年7月末、ナチス・ドイツはコブレンツからルクセンブルクまで含めた「モーゼル大管区」を設置し、その長官《ガウライター》にグスタフ・ジーモンを任命した。1940年8月以降、ジーモンはルクセンブルクをドイツの一部とすべく、この国の徹底したゲルマン化政策に乗り出した。公用語はドイツ語のみとし、フランス語の使用や教育は禁止された。新聞、雑誌、書物、広告、公共表示などすべてがドイツ語に統一され、地名や道路名もすべてドイツ語となった。ルクセンブルク人のファースト・ネームはフランス語であることが多いが、1941年1月には名字も含めて名前をすべてドイツ語へと変更させられた（↓17章）。ドイツ的な文化と同時にフランス的な文化をも享受できること、それこそがドイツでもなくフランスでもないルクセンブルクであるという自己認識が上層階級を中心に共有されていたため、ドイツ的なもの一色に染め上げられることは屈辱的と受け止められた。

　一方、シャルロット女大公は1940年9月5日、英国BBC放送を通じて初めてルクセンブルク語でルクセンブルク国民に向けて語りかけた。当時、大公家が民衆語のルクセンブルク語を用いることは考えられないことだったこともあり、放送は反ナチスのレジスタンスの大きな心の支えとなった。1941年からは週に一度、1943年からは毎日、女大公の声がBBCを通じて放送された。

　ジーモンの政策は政党や憲法の禁止、国会や各種行政委員会の廃止に及び、名実ともに国家の解体であった。また、1935年にダミアン・クラッツェンベルクによって設立された対ナチス協力団体

シャルロット女大公
wikimedia commons

である「ルクセンブルク・ドイツ文学芸術協会」（ＧＥＤＥＬＩＴ）は、１９４０年６月に「ドイツ国民運動」へと置き換わった。この団体は「ルクセンブルク人よ、血の声を聞け！　その声は人種も言語も君はドイツ人だと言っている。名誉あるルクセンブルク！　本当のルクセンブルクとは純粋なドイツにほかならないのだ」というかけ声のもと、ジーモン率いるナチスから全面的な協力を得て運動を拡大した。１９４１年９月には、ドイツ国民運動の加入数は７万人（当時の全人口は29万人）と発表された。この中には積極的にナチスに協力した者もいたが、これだけの数の人々が対独協力者となったわけではなく、公務員や教師をはじめ多くの者は生活を維持するために加入せざるを得なかったと考えるべきであろう。

ドイツ国民運動の参加者数が発表されたすぐ後の１９４１年10月、ジーモンは国勢調査を試みた。この調査では「国籍」、「母語」、「民族」についても問われ、たとえば低地ドイツ語やルクセンブルク語のような方言は言語ではなく、母語には相当しないこと、バイエルン人やルクセンブルク人などの「種族」は民族には該当しないこと、これらを記入すれば罰せられる旨が質問紙に記載されていた。

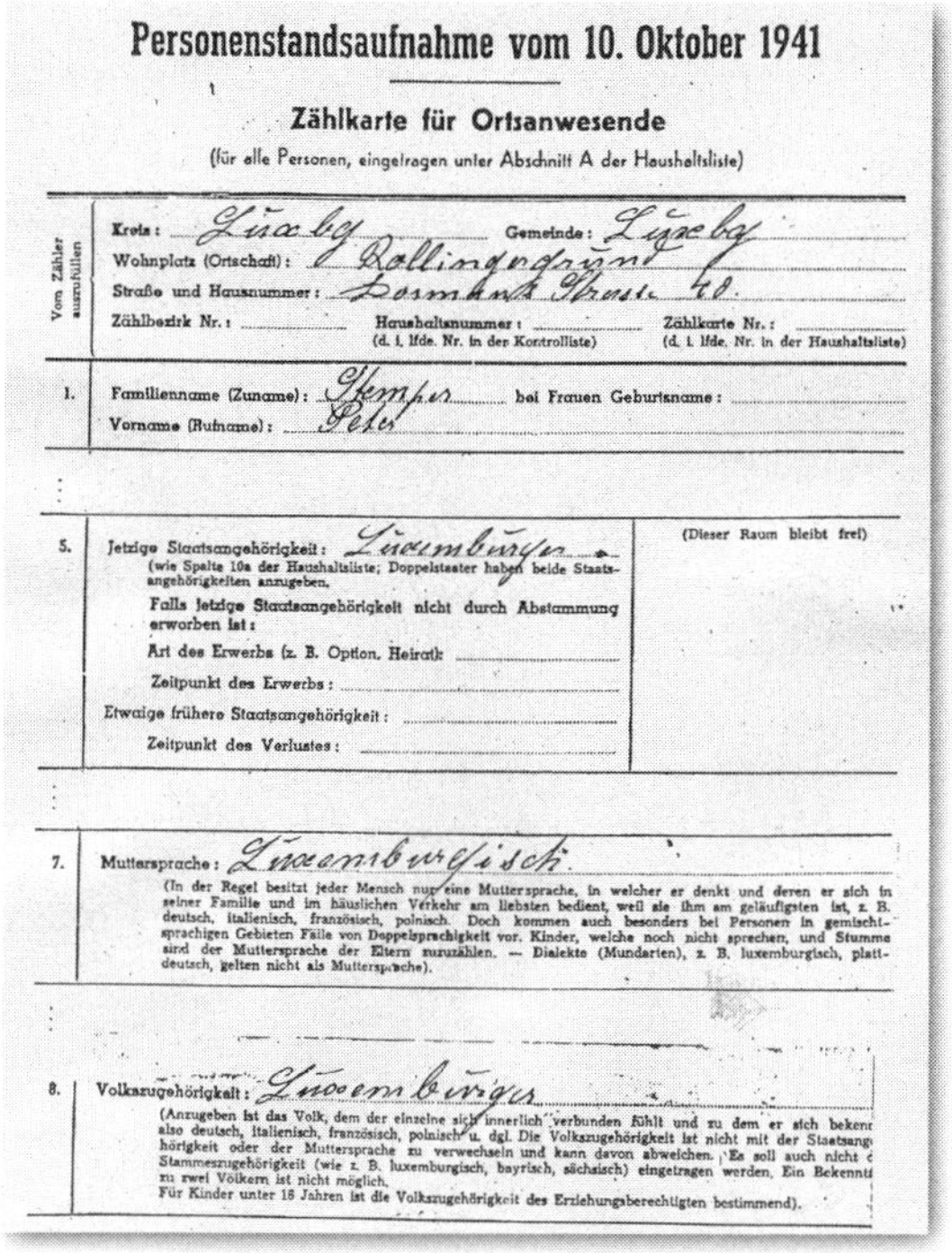

Personenstandsaufnahme vom 10. Oktober 1941

Zählkarte für Ortsanwesende

(für alle Personen, eingetragen unter Abschnitt A der Haushaltsliste)

Vom Zähler auszufüllen

Kreis: ………… Gemeinde: …………

Wohnplatz (Ortschaft): Rollingergrund

Straße und Hausnummer: ………… 40.

Zählbezirk Nr.: ………… Haushaltsnummer: ………… (d. i. lfde. Nr. in der Kontrolliste) Zählkarte Nr.: ………… (d. i. lfde. Nr. in der Haushaltsliste)

1. Familienname (Zuname): Stemper bei Frauen Geburtsname: …………

Vorname (Rufname): Peter

5. Jetzige Staatsangehörigkeit: Luxemburger

(wie Spalte 10a der Haushaltsliste; Doppelstaater haben beide Staatsangehörigkeiten anzugeben.

Falls jetzige Staatsangehörigkeit nicht durch Abstammung erworben ist:

Art des Erwerbs (z. B. Option, Heirat): …………

Zeitpunkt des Erwerbs: …………

Etwaige frühere Staatsangehörigkeit: …………

Zeitpunkt des Verlustes: …………

(Dieser Raum bleibt frei)

7. Muttersprache: Luxemburgisch

(In der Regel besitzt jeder Mensch nur eine Muttersprache, in welcher er denkt und deren er sich in seiner Familie und im häuslichen Verkehr am liebsten bedient, weil sie ihm am geläufigsten ist, z. B. deutsch, italienisch, französisch, polnisch. Doch kommen auch besonders bei Personen in gemischtsprachigen Gebieten Fälle von Doppelsprachigkeit vor. Kinder, welche noch nicht sprechen, und Stumme sind der Muttersprache der Eltern zuzuzählen. — Dialekte (Mundarten), z. B. luxemburgisch, plattdeutsch, gelten nicht als Muttersprache).

8. Volkszugehörigkeit: Luxemburger

(Anzugeben ist das Volk, dem der einzelne sich innerlich verbunden fühlt und zu dem er sich bekenn… also deutsch, italienisch, französisch, polnisch u. dgl. Die Volkszugehörigkeit ist nicht mit der Staatsange… hörigkeit oder der Muttersprache zu verwechseln und kann davon abweichen. Es soll auch nicht … Stammeszugehörigkeit (wie z. B. luxemburgisch, bayrisch, sächsisch) eingetragen werden. Ein Bekennt… zu zwei Völkern ist nicht möglich.
Für Kinder unter 18 Jahren ist die Volkszugehörigkeit des Erziehungsberechtigten bestimmend).

ナチスによる国勢調査の質問紙

ジーモンの目論見ではこれらの3項目すべてに「ドイツ」とはずであり、国勢調査は単なる統計調査ではなく、ゲルマン化政策成功の宣伝に用いられ、対独協力の踏み絵とされるのは明白であった。ところが10月10日の本調査の数日前に行われた予備調査で、95％以上の回答者が3項目について「ルクセンブルク」と記入し抵抗を示すことが判明したため、ジーモンは急遽方針を転換し、国勢調査は事実上中止に追い込まれた。この事件は武装した支配者であるナチス・ドイツに対する民衆の抵抗が成功したことを意味し、ルクセンブルク国民にとって歴史上の重要なメルクマールとなった。同時に、ルクセンブルク語がドイツ語の一方言ではなく、独立した言語であるという意識が定着した事象であったことも見逃せない。

1942年8月30日には、ナチス・ドイツによる徴兵がルクセンブルク、アルザス、ロレーヌで同時に開始された。きわめて強権的に行われた徴兵制度であったため、工場から学校に至るまで、ルクセンブルク全土でストライキが行われた。大管区長官のジーモンはこの事態に対して暴力的な手段で対応、多くのルクセンブルク人を逮捕し、形式的な裁判で21人に死刑判決を下した。合計で10211人のルクセンブルク人が徴兵され、2848人が戦場で死亡した。また、3510名は脱走したとされる。ナチスの政策に協力しない者、脱走兵の家族などは、近くのヒンツェルトをはじめとする強制収容所へ送られた。ユダヤ人にはさらに悲惨な運命が待っていた。戦前にはユダヤ人は国内に約3900人いたとされるが、そのうち1300人がホロコーストの犠牲となった。

なお、レジスタンスがいた一方で、ナチスに積極的に協力した者もいたことは記さねばならない。ルクセンブルクでの国家社会主義ドイツ労働者党への参加者は、約4千人いたとされる。

1944年9月10日、ルクセンブルクはアメリカ合衆国軍によってひとたび解放された。しかしドイツは1944年12月に反撃を開始（バルジの戦い）、ルクセンブルクは激戦の舞台となったために、大きな物的損害を被ることとなった（↓48章）。その後戦火はおさまり、1945年4月14日にシャルロット女大公が帰国、5月8日にドイツが無条件降伏し、戦争は終結した。この戦争によって、ルクセンブルクでは人口の2％に相当する5700人が死亡した。特に若年層を多く失ったことにより、人口構成が歪になってしまった。

第二次世界大戦とドイツによる占領は、ルクセンブルクの歴史上最大級の苦難とされる試練であった。だが、国勢調査の失敗および国を挙げてのストライキはレジスタンスの象徴として、今日でも第二次世界大戦の悲惨な経験とともに、ルクセンブルクの代表的な集合的記憶となっている。

（小川 敦）

17

子どもたちの見た戦時下のルクセンブルク

★回想記から★

第二次世界大戦中の1940年5月から1944年9月まで、ルクセンブルクはナチス・ドイツの支配下に置かれた（↓16章）。この時期を子どものときに体験した人たちの回想記を集めた本『私たちが子どもだった頃』が、2012年に高齢者の教育を促進する団体から出版された。回想記を寄せたり、インタビューに答えたりしたのは、主として1930年代から1940年代前半の生まれの人たちで、計28人の体験が（方言的色彩の混じった）ルクセンブルク語あるいはドイツ語で語られている（なかには10編以上の回想記を寄せた人も数人いる）。これらの回想記には、日々の遊びや教会の行事、戦後の家族の娯楽などさまざまなことが書かれており、たくさんの写真も掲載されている。ここでは戦時下の辛い体験について書かれた回想記の中から、いくつかのエピソードの概要を、語り手を主語とする形で紹介する。

S・ボーネンベルガー氏（女性、1938年生まれ）

1940年からルクセンブルク人は名前をドイツ語風に替えなければならなくなった。となりの家の少年ロジェールはリューディガーに替えさせられた。私の両親は、兄のジャン＝ポールをパウルに替えた。そうしなければ当局はハンスに替えたであろう。私の場合は、母の機転で何とか替えずに済んだ。というのは、新しい地区の書記官に私の名前シモーヌ（Simone）を替えるように言われたとき、母が「どうしてですか。大管区長官の名前もジーモン（Simon）ではないですか」と食い下がったからである〔ルクセンブルクを管轄したナチスの大管区長官は、グスタフ・ジーモンであった〕。

P・ヴァラース氏（男性、1933年生まれ）

私が小学校に入ったころ、親ドイツ的な家庭の子どもはヒトラー・ユーゲントから短剣やメダルなど、さまざまなプレゼントがもらえるという噂が流れていた。学校で渡されたヒトラー・ユーゲントへの入会申請の用紙を家に持ち帰ると、母は何も言わずにそれを破り、ゴミ箱に捨てた。しかし、正式のメンバーでなくても、私は彼らの活動にときどき参加した。それはジャガイモに付く昆虫を捕って集める競争などで、とても楽しかったが、それは長くは続かなかった。私の父は税務職員であったが、当局で働くことを拒否したため、ドイツに左遷された。2年間、私は母と二人だけで暮らした。

マリー＝テレーズ氏（女性、1932年生まれ）

私の家の近くにシナゴーグがあり、年に一度の祭りのときには種なしパンが近所にも配られた。となりの家にもユダヤ人が住んでおり、私と同じ年頃の男の子が二人いて、一緒に遊んだものだった。目立たない静かな人たちだった。その一家は、ナチスから逃れるようにと警告を受けていたが、出て

レジスタンス記念館

行こうとはしなかった。「アメリカでどうやって暮したらいいのでしょう。私たちは誰にも迷惑をかけていないのだから、連行などされるわけがありません」と言うのであった。しかしある日、ゲシュタポがやって来て、彼らを連行して行った。後でテレージエンシュタットに送られたと聞いた〔ナチス支配下のルクセンブルクでは１２８９人のユダヤ人が強制収容所に送られたが、そのうち１２０８人がそこで亡くなった〕。

J・D氏（女性、1933年生まれ）

私の父はレジスタンスの組織に所属していたので、ある日逮捕されて収容所に送られた。１９４５年の夏の終わり頃、痩せて人相の悪い見知らぬ男の人が家の前に立った。それは「これが私のパパなの？」と思うほど変わり果てた姿の父であった。落ち着いてから父が話してくれたところによると、父は50人の処刑者リストに入っていたものの、反乱を恐れた大管区長官がそのうち25人をリストから外した。父はその外された人たちの一人だったのである。

B・R氏（女性、1937年生まれ）

私の家のとなりには、もう長いこと使われていない家具の製作所があったが、子どもたちがそこで遊ぶことは固く禁じられていた。しかしある日、退屈のあまり私たちがこっそり入っていくと、中にはしごがかかっていた。上に何があるのか見たくてそのはしごを半分ほど登ったところで祖母が走ってきて、これまで見たことのない形相で「すぐに降りなさい」と叫んだので、びっくりした。私たちは知らなかったのだが、屋根裏部屋には二人の青年がかくまわれていたのであった〔ドイツ軍による徴兵を拒否して逃亡した青年たちをかくまった家もあった〕。

T・プレチェット氏（男性、1937年生まれ）

戦後、子どもたちは周囲に残っていた弾薬類で遊ぶこともあったが、それにまつわる不幸なことも起こった。二人の少年が庭で榴弾に火を点け、木材の束に投げ入れたちょうどそのとき、家のドアが開いて少女が出てきたのである。彼女は炸裂した弾薬の破片を心臓に受けて即死した。

P・シェール氏（男性、1939年生まれ）

1944年9月にアメリカ軍によってルクセンブルクはナチス・ドイツから解放されたが、同年冬のドイツ軍の反転攻勢によって、北部地方は再び激しい戦場と化した。大晦日の夜の爆撃で、私の家の近くにあった小学校が焼けてしまった。戦後、ドイツの兵士たちの遺体が集められてヴィルツ近郊に埋葬された。その場所は、十年後に遺体がルクセンブルク市郊外のドイツ人兵士の墓地に移された後でも、「集団墓地」と呼ばれている。

1946年か47年のこと、私と母、それに友人たちとその母も一緒にベリー類を摘みに山へ出かけたことがあった。友人が連れてきた犬が吠えるので行ってみると、大地の中からドイツ軍の制服を着た足が突き出ているのが見えた。母は私にすぐに離れるようにと言った。当時は、まだ発見されずに残されたままの兵士の遺体もあったのである。

筆者が2004年9月に南部の町エッシュ・シュル・アルゼットに滞在していたとき、ちょうどナチス・ドイツからの解放60周年記念のパレードが行われていた。そこには軍服を着た高齢者のみならず、十代の若者たちもたくさん参加していた。ルクセンブルクでは、教会をはじめいたるところで、大戦中に祖国のために亡くなった人たちを追悼する石碑や掲示物が見られる。紹介した回想記には、そうしたルクセンブルク人の心に秘められた不幸な時代への思いが語られている。（田村建一）

18

第二次世界大戦後の新しい道

★ヨーロッパ統合の架け橋、そして移民大国へ★

大戦後、ルクセンブルクの政治を担ったのは、戦前から戦中の国の舵取りに携わったリーダーだった。すなわち、ピエール・デュポン（1953年まで首相）やジョゼフ・ベッシュ（1958年まで首相）らであり、彼らのもとで戦後の復興が進められた。

第一次および第二次世界大戦のドイツによる二度の占領を経験し、ルクセンブルクはこれまで維持してきた永世中立国の地位を捨て、西側の資本主義陣営に属することになった。また、戦後のさまざまな国際機関に創設時から参加して国際協調に積極的に関与し、軍事同盟を結ぶことで国家の存続と安全保障を得る道を選んだ。これらは1945年に設立された国際連合の諸機関への参加を皮切りに、1948年のベネルクス3国の経済同盟、欧州経済協力機構（OEEC、1961年から経済協力開発機構OECD）、集団的自衛に関するブリュッセル協定、1949年には欧州評議会、および北大西洋条約機構（NATO）への参加・加盟などにみることができる。そして何より、ルクセンブルクは小国としての特性を生かしながら、欧州統合において重要な役割を担うことになる。これまでドイツとフランスの紛争によって二度も国土を踏みにじられてきた歴史があることから、独仏の協調があってこそルクセンブルクという国家を守り抜くことができると考えたのは当然のことであろう。

ルクセンブルク生まれのフランス外相ロベール・シューマンによる1950年のシューマン・プランを受け、1952年にドイツ、フランス、イタリア、オランダ、ベルギーとともに6か国で構成される欧州石炭鉄鋼共同体（ECSC）が設立された。製鉄を国の産業の柱とするルクセンブルクにとって、ECSCへの参加はフランス、ドイツという大きな市場へのアクセスを可能にするものであった。しかし同時に、工業生産の75%、輸出の88%を担う製鉄産業を国家の管理外に置くという、安全保障上のリスクもあった。そうした状況下において、ルクセンブルクは粘り強い交渉の末、閣僚特別理事会にはECSC参加国がそれぞれ1名の代表を送るという同意に導いたのである。そしてECSCがルクセンブルク市に本部を置いた結果、ルクセンブルクは今日に至るまで欧州の中心地の一つとなっている。

1959年から1984年までの25年間、主にピエール・ヴェルナーが政権を担った（1974年から1979年はガストン・トルン政権）。1958年、ECSCと同じ顔ぶれの加盟国で発足した欧州経済共同体（EEC）と欧州原子力共同体（EURATOM）でも、ルクセンブルクはほかの国家と平等に扱われる権利を得たのだった。1965年のブリュッセル条約による欧州共同体（EC）成立の際、ルクセンブルクはブリュッセル、ストラスブールとともにその中心となり、欧州司法裁判所、欧州投資銀行、欧州統計局などの欧州諸機関を誘致することに成功した。これにあわせ、ルクセンブルク市東部のキルヒベルク地域の開発に乗り出した。

ヴェルナー、トルン両政権時代にルクセンブルクは欧州の中心としての機能をより強めただけでなく、高い経済成長とともにインフラの整備を進めた。経済成長の柱となったのが、19世紀以来ルクセンブルクの主要産業である製鉄業であり、1911年に創立されたアルベット社（現在のアルセロール・ミッタル社）がその先頭に立っていた。ECSCによる市場の開放も、戦後の製鉄業の興隆の手助けとなった。オイルショックによる影響を受ける直前の1974年までを製鉄の「栄光の30年」と呼び、1974年には国内総生産（GDP）の約25％、従業員は2万5千人にのぼった。しかし1973年のオイルショックを受け製鉄業は一気に冷え込み、1975年にはGDPの12％へと落ち込んだ。その後、ルクセンブルクの製鉄業は急速に衰退していく。

一方、産業が製鉄業に偏重していることのリスクを見越し、1950年代から徐々に産業多角化政策がとられていた。1948年に航空会社ルクス・エアが創立され、1950年代初めには首都の空港が整備され、西欧の人とモノの流れの中心になり始めた（↓22章）。外国企業の誘致も積極的に行い、1950年のグッドイヤー社を嚆矢として、モンサント、デュポンなど日米欧の企業が進出し、製造業は化学や金属加工など多角化した。同時に第三次産業の育成にも力を注いだ。特に1960年代より金融機関を誘致したり投資を促したりと、積極的に金融環境の整備を推し進めた。その結果、今日では金融部門はGDPの4分の1以上、税収の3分の1以上を占めるに至り、世界的にも重要な金融センターの一つとなっている（↓23章）。また、情報通信分野では欧州最大のメディアグループであるRTLグループのほか、人工衛星を保有し運用するSES社の1985年の設立も主導した（↓25章）。

戦後のルクセンブルク社会を考えるうえで、その成長を支え続けた重要なアクターである外国人、すなわち移民を忘れてはならない（↓26章）。1930年の時点ですでに全人口約30万人のうち18・6%を外国人が占めていたことからもわかるように、以前よりその数は多かった。移民の数は第二次世界大戦による減少を経て、1960年に全人口31万5千人の13・2%、1970年に全人口34万人の約18・4%、1981年には全人口36万4千人のうちの約26・3%と増加を続けた（2018年現在は同47・9%）。1960年代まで最も多かったのはイタリア人で、1970年の時点で約2万3千人となった。イタリア人の数はその後横ばいで推移する。次にルクセンブルクに来たのはポルトガル人で、1970年には5800人足らずだったのが1981年にはイタリア人を抜いて約2万9千人となり、今日まで増加を続けている（2018年現在約9万6千人）。移民は社会を豊かにし、経済を支える存在であるが、社会経済的に低い地位にとどまることも多く、社会の不平等を生み出すことが指摘される。言語教育制度とあわせ、移民の社会統合は今日の重要な課題となっている。

現在、ルクセンブルクの労働市場は国内の住民のみならず、隣国からの17万人以上の越境通勤者によっても構成されている。その内訳はフランスから約半分、ドイツ、ベルギーから約4分の1ずつとなっている。ルクセンブルク社会は越境通勤者の存在により、さらに国際的な色彩を帯びているのだ。このような状況がつくり出された背景には、ドイツのザールラント、ラインラント・プファルツ、ベルギーのワロン地域、ドイツ語地域、フランスのロレーヌとともに国境を越えた地域圏（グランド・リージョン）を形成し、地理的にも経済的にもルクセンブルクはその中心に位置するということが挙げられる。この地域圏は総面積約6万5000平方キロメートル、人口1150万人、GDPは3500億ユーロに及ぶ。この地域圏内の連携の深化は当然、経済統合や国境審査の撤廃にみられる欧州統合の進展と密接に関係している。１９７０年代の鉄鋼産業の連携に始まり、１９８０年のルクセンブルク、フランス、ドイツの3国による国境を越えた経済的、文化的、社会的な発展のための合意、１９９５年のモンドルフ・レ・バンでの首脳会議を経て、１９９９年にはルクセンブルクに地域圏の事務局を開設するに至った。加えて２００５年からは、ベルギーのワロン地域やドイツ語地域も参加している。今日では、地域圏の協定は経済的な分野のみならず、運輸、学術、教育、観光、さらには都市および農村計画にまで及んでいる。

（小川 敦）

IV

政治と経済

19

政治体制

★多数決型と交渉型のハイブリッド型民主主義体制★

ルクセンブルクの国家元首は大公であるが、大公は形式的な元首に過ぎず、同国は、立憲君主制のもとで議会制民主主義を採用している。以下、中央・地方政府関係、執政府と議会との関係、議院構造、内閣の類型と政党システム、選挙制度、憲法硬性度や違憲審査の有無、利益媒介システム、中央銀行の独立性の観点から、ルクセンブルクがどの種の民主主義体制であるのかをみてみたい。

中央と地方政府間の関係は、単一国家・中央集権的であり、連邦制を採用していない。また、国会は一院制である。国民議会は5年任期の60名で構成され、満18歳以上75歳までの男女による直接選挙により選出される。ルクセンブルク国籍のない外国人居住者は、国政選挙権も被選挙権もないが、過去7年中6年の居住を条件に地方議会、過去6年中5年の居住を条件に、EU議会への参政権を持つ。

議院内閣制のもと、首相は閣僚間の調整を図り、職務基本方針を決定する政綱決定権を有す。各閣僚は所轄事務を独立して指揮する。法案の提出権は、執政府と国民議会の双方にある。執政府は議会に責任を負う。両者が対立する際には、執政府は国民議会で信任投票を行うし、執政府は予算決議に失敗すれば、国民議会を解散させる。他方で国民議会は不信任投票により閣僚を解職させうるし、国民議会は執政府を監督し、国家財政の監視や調査を行う役割を持つ。執政府は常に連立政権であった。また、1党優位多党システムが成立している。

ところでルクセンブルクには兼職禁止原則が存在し、兼職禁止の職に就く者が立候補して議員になる場合、元の職を辞する必要がある。閣僚と国会議員、国会議員と欧州議員を兼ねることはできない。同原則は、内閣の議会からの制度上の分離を意味しており、内閣の権限を強化する傾向がある。

また、ルクセンブルクには国家諮問院が存在する。国家諮問院は21名で構成され、終身制である。首相の推薦に基づき、大公が諮問員を任命する。国家諮問院は、行政および立法過程における大公・政府や議員の諮問機関や、最高行政裁判所として機能する。このため、国家諮問院は君主制と司法府の融合体であるという研究者もいる。国家諮問院は、政府や議員が国民議会に提出した全ての法案および修正法案、草案、大公令の草案について、議員の採決に先立ち憲法や国際条約との適合性を審議するほか、国民議会でいったん承認された全法案に対する準停止的拒否権を持ち、国会に提出される全法案は、国家諮問院の承認を必要とする。これらの点で、国家諮問院は準第二院の機能を果たしている。ただし、構成員は国民によって選出されないため、国家諮問院において国民主権は不十分にしか反映されていない。なお、ルクセンブルクには違憲審査は存在しない。また憲法改正には議会の3分の2の同意が必要であり、単純過半数を上回る特別多数によってのみ改正が可能な硬性憲法を持つ。

ルクセンブルクの選挙制度は、名簿変動式比例代表制である。名簿変動式比例代表制とは、有権者は選挙区の定数と同数の投票権を有し、名簿投票と候補者投票のいずれかを選ぶことができる制度のことである。名簿投票とは、政党に投票する方式で、政党名が書かれた投票用紙の下の丸印を埋めることで、同政党の各候補者に1票が与えられる制度である。候補者本人に投票する場合は、1候補者に対して最大2票しか投票できないが、パナシャージュ方式（複数政党候補者連記式）と呼ばれる、選挙区定数以内で異なる政党に跨った投票を行うことができる。過去30年で同方式による投票は倍増し、２００９年には4割が異なる政党の候補者に投票していることから、近年、政党やイデオロギーよりも候補者の属性が投票行動に影響を与える傾向にある。

なおルクセンブルクは、有権者が選挙で投票することを義務づける義務投票制を敷いており、正当な理由なく投票を棄権する場合、罰金が科せられる。ほかのＥＵ諸国の中では、ベルギーとギリシャが同様の義務投票制を敷いている。ベルギーでは罰金や選挙権の制限が厳格に適用され、ギリシャでは入獄が科せられるが、罰則適用は厳格ではない。

ルクセンブルク憲法は、１１４条で憲法改正関連事項における拘束的国民投票、51条7項で諮問的国民投票について規定しているが、国民投票の実装法は定められておらず、投票の対象および方法は法律に授権される。このため議会の要請に基づき、特別法を定めて国民投票を実施する。国民は、国民投票の実施を要求できない。また国民投票は拘束力のない諮問的投票に過ぎず、エリートによる統治という性格を脱するものではない。国民投票は過去4回実施されたが、戦後は２００５年に欧州憲法条約の批准、２０１５年に選挙権年齢の引き下げをめぐり実施された。

またルクセンブルク社会は、歴史的に形成され、構造化された利害の対立関係である、社会的亀裂を背景とする多元社会であるため、エリート間の合意を求める交渉や譲歩、権力分有を重視する多極共存型社会が成立し、ネオコーポラティズムが発達した（↓21章）。

中央銀行の独立性は、連邦制・分権、憲法の硬性度、議院構造、違憲審査と強く相関している。ルクセンブルクの中央銀行は中程度の独立性を示したが、1990年代半ば以後は、ドイツやフランス同様、高い独立性を示す。

オランダ出身の政治学者レイプハルトは、民主主義体制を、政治的権限を多数派に集中させる「多数決型民主主義」と、政治的権限を最大限分散させる「交渉民主主義」に区分した。両者の相違点として、連邦制次元では次の5指標がある。

①単一国家かつ中央集権的な政府か、それとも、連邦制・地方分権的な政府か
②一院制議会への立法権の集中か、それとも、異なる選挙基盤から選出される二院制議会への立法権の分割か
③単純過半数により改正が可能な軟性憲法か、それとも、硬性憲法か
④立法活動に関して立法府が最終権限を持つシステムか、それとも、立法の合憲性に関して最高裁判所の違憲審査に最終権限があるシステムか
⑤政府に依存した中央銀行か、それとも、政府から独立した中央銀行か

また、政府・政党次元では次の5指標がある。

①単独過半数による内閣への執行権の集中か、それとも、広範な他党連立内閣による執行権の共有か
②執政府長が圧倒的な権力を持つ執政府と立法府との関係か、それとも、均衡した執政府と立法府との関係か
③2党システムか、それとも、多党システムか
④単純多数制か、それとも、比例代表制か
⑤集団面の自由な競争による多元主義的な利益媒介システムか、それとも、妥協と協調を目指した、ネオコーポラティズム的な利益媒介システムか

ルクセンブルクにみられる単一国家・中央集権的政府、一院制議会、違憲審査の不在といった特色は、多数決型に該当する。一方、連立内閣による執行権の共有、執政府と議会との勢力均衡関係、多党システム、比例代表制、国民投票の存在、ネオコーポラティズムの存在といった特色は、交渉型に該当する。つまりルクセンブルクは、連邦制次元では多数決型、政府・政党次元では多数決型と交渉型の中間の特質を備えた民主主義体制であるという。

（中川洋一）

20

政党と政党システム

★1党優位4党システムへの変容★

ルクセンブルクには経営者対労働者や、教会対政府の社会的亀裂が存在し、断片化された政治下位文化を生んだ。この下で、社会主義勢力やキリスト教勢力は、政党を頂点に、雇用団体からメディアや労働団体、メディアや学校に至るまで、社会のあらゆる領域で排他的な系列団体を組織し、社会全体は柱のように統合された大衆組織網である「柱状化構造」に分割された。「柱」の頂点に立つ伝統的3党であるキリスト教社会党、社会労働党、民主党は、「柱」の利益の反映や、エリート間の調整に重要な役割を果たした。以下では、戦後ルクセンブルクの政党や政党システムを概観する。

(1) キリスト教社会党

1945年以後、カトリックや社会的人間像を前面に出す一方で伝統的保守観を後退させた結果、同党は中道右派の国民政党へと飛躍した。同党は戦後、常に第一党として長期にわたり政権党を務めた。1984年~1999年の大連立政権を経て、中道左派へ移行したが、その傾向は特に社会政策や環境政策に見出される。自由、社会的公正、連帯、補完性、持続可能性を基本則に、社会政策では、福祉国家の発展、完全雇用、低所得層への減税や私有財産への課税強化を主張する。経済政策では新自由主義を否定し、持続可能な社会的市場経済を追求する。さらに、連邦主義的な欧州統合やグローバルな社会的公正を推進する。支持層は保守カトリック系の公務員、農民、自営業者や組合労働者である。南部を除き全国で強い支持を誇る。

（2）社会労働党

社会改革を目指す社会主義者の党である。1959年選挙の敗北後、国民政党へと転換した。1964年選挙ではキリスト教社会党に肉薄したが、牙城であった南部地域の弱体化や1971年の分党の結果、党勢を弱めた。同党は税制改革による富の再分配や開発支援による社会的公正、社会保障制度の強化や、社会的市場経済、福祉国家やネオコーポラティズムの維持を主張する。冷戦後、同党は現実色を強く示し、2002年党綱領では経済自由主義を含む自由を謳《うた》った。同党は親EUであり、共同体化を推進する。また同党はグローバルなエネルギー転換を推進する。支持層は南部工業地帯、無宗教の組合労働者である。

（3）民主党

政治的リベラルを代表する党である。現代化やプロフェッショナル化により、1974年に党勢は飛躍した。しかし2004年選挙での敗北を契機に、同党は経済新自由主義路線へ右傾化した。個の発展や多元主義といった自由主義社会像に立脚する。また、個人対象への税制改革や社会的市場経済を主唱する。また、人権尊重といった社会的公正を強調する。また環境保護や二重国籍の導入を推進する。さらに同党は、超国家性の強い欧州統合を主張し、親NATOである。支持層はホワイトカラー、自由業等の新中産階層であり、首都中心部を牙城とする。

(4) 緑の党

平和運動といった「新しい社会運動」の中で結党された「緑の党オルタナティヴ」を源流に、同党は1984年に議会入りし、分党と再統合の末に、第4党へと成長した。経済政策では持続可能な社会的市場経済、経済のエコロジー的改良を求める中道勢力、社会政策では個の自由や多様性の擁護、最低所得の保障、社会的公正、政策決定の透明性や参加民主主義を唱える社会リバータリアン(自由至上主義)勢力である。また、同党は環境保護、欧州での脱原発とエネルギー転換を主張する。さらに、EU制度の強化、国連主体の安保構造に即したNATOの改組、紛争予防の推進を主張する。支持層は、都市部のホワイトカラー層である。

(5) 民主改革党

同党は、私的年金制度と公的年金制度との制度的一元化や、最終給与額の6分の5の年金受給を主張して、1987年に右派保守ポピュリストが結党した、単一争点政党であった。同党は政策争点の拡大や、抵抗政党として特に社会労働党に幻滅した人々を包摂して党勢を拡大したが、右傾化等により退潮傾向にある。社会的市場経済の維持や、最低限所得保障の法制化といった社会的公正を主張する。またルクセンブルク語といったアイデンティティーや主権の擁護を主張し、ＥＵ圏外の移民の流入を拒否、連邦主義や超国家性に基づく欧州統合を拒む。支持者は北部の農民、南部の職人、小規模経営者や熟練労働者である。

（6）共産党・左翼党

１９６８年から７４年にかけて党勢は頂点に達したが、その後は退行した。冷戦後、旧態依然とした主張や党内紛争により大敗を喫した後、２００３年まで左翼党を支持した。１９９９年、党内改革派や労組員等を中心に、左翼党が誕生した。２００４年には議席を失い、共産党同様泡沫化した。左翼党は税制改革を通じた富の再分配等の社会的公正、国有セクターの維持を主張し、社会政策では最低賃金の上昇を主張する。また、ＮＡＴＯに反対する。中核支持層は南部の労働者である。

（7）海賊党

２００９年に結党し、２０１８年の国政選挙で初の議会入りを果たした。綱領の内容はスウェーデンや他の海賊党と同じ傾向を示す。直接民主主義、国家の透明性、情報や教育への自由なアクセス、データ保護やプライバシー、無条件のベーシック・インカムといった市民権の充実を主張する。また、強い欧州統合支持勢力である。

そのほかにも、１９８９年選挙前後に極右政党が結党され、反移民や欧州統合反対を主張したが、未だ議席を獲得せず、泡沫化している。

戦後ルクセンブルクは穏健多党システムのもと、伝統的3党の求心的競合がみられた。3党間では多元的社会秩序、EUやNATO支持で合意が存在する。また、上記3党と緑の党にはエコロジー社会的市場経済や欧州統合の推進で合意があるが、民主改革党や左翼党は欧州統合に懐疑的である。民主党は、キリスト教社会党や社会労働党との組閣時に過半数を獲得させる「かなめ政党」であったが、緑の党や民主改革党の台頭により、政党システム内での地位を後退させた。1970年代以後、オランダでは「柱状化構造」が崩壊する「脱柱状化」が深刻化した。ルクセンブルクでは「脱柱状化」は緩慢であり、1980年代以後、新政党が登場したが、最大国民政党のキリスト教社会党の党員数や、階層化構造、多様な社会層の包摂は維持された。

ルクセンブルクは金融危機頃まで好景気に恵まれ、理想的な福祉国家であったため、左翼党の存在意義は弱く、緑の党や民主改革党が機能的野党を担う。2013年の国政選挙では、社会労働党、民主党、緑の党のガンビア連立政権が発足した。

2018年の国政選挙では、キリスト教社会党は第一党であったが、得票率を喪失した。勝者は緑の党であった。有権者は同党に、環境、交通、住宅能力を見出した。さらに前述のように海賊党が議会入りを果たした。

ラークソ・ターゲペラ指数に基づくと、戦後から1968年までのルクセンブルクの選挙政党システムでの有効政党数は約3～4であったが、1989年以後は約5、2018年は約5.7と急上昇し、断片化が進行した。また的場敏博教授の区分に基づくと、1968年選挙を境に2党ないし2党中1

党優位システムから多党システムへ移行し、２００４年以後は多党中1党優位システムである。この推移の要因は、第1に社会労働党の分裂、第2に80年代の社会経済および政治文化上の変化を背景とした緑の党や民主改革党の台頭、第3に有権者が既成政党離れを強めたことにある。

ルクセンブルクはほかの西欧諸国同様、多党システムへの変容と、左右両極政党間のイデオロギー距離の収斂化を経験している。

（中川洋一）

21

利益集団とネオコーポラティズム

★「ルクセンブルク・モデル」とそのゆくえ★

ベネルクス諸国には伝統的に、ネオコーポラティズムによる利益媒介システムが存在する。ネオコーポラティズムとは、労働組合や経営者団体といった利益集団が、政府の公共政策の決定や執行過程に直接参加する議会外の政策決定方式のことである。社会コーポラティズム、あるいは自由主義コーポラティズムとも呼ばれたりする。カッツェンシュタインによれば、ベネルクス諸国は開放経済体制をとっていたため、20世紀に生じた世界経済の変化に対して脆弱であり、自国の経済を保護する手段として、コーポラティズムを採用したという。

ベネルクス諸国でのコーポラティズムには、三つの特色がみられる。まず第1に、利益団体は職能ごとに、頂上団体を筆頭とする階層構造のもとで組織化されている。また政策決定過程では、巨大な労働組合、経営者団体を代表する限られた頂上団体のトップと政府代表との3者間の合意のもとで政策が決定される。頂上団体は専門分野や各部門に特化した利害ではなく、社会の包括的利害を集積する。

第2に、17世紀以来、ベネルクス諸国は深刻な文化、宗教、社会階級、言語的亀裂を特徴とする多元的社会である。ルクセンブルクでは社会的亀裂が存在し、断片化された政治下位文化を生んだ。このため、ルクセンブルク社会は、この政治的下位文化を反映した大衆組織網である「柱状化構造」に分割された。

第3に、ベネルクス諸国では、フランスやイギリスとは異なり、多極共存型システムが存在している。「柱」を代表するエリートが、分断された「柱」の利害対立を越えて、交渉により相互の妥協や譲歩を行い、利害調整を行うことが重視される。この慣行は利益団体にも存在し、単独の利益代表組織ではなく、「柱」を反映した複数の頂上労働組合や頂上経済団体が、利益媒介過程に関与し、交渉や政策決定を行う。

ネオコーポラティズムは、ルクセンブルクの交渉民主主義体制の重要な特色の一つであり、同国のそれは特に「ルクセンブルク・モデル」と呼ばれる。他国に比類なき合意形成メカニズムや制度を持ち、全ての政策分野に及ぶ。1973年頃からの石油危機を契機に、先進国は低成長、財政赤字や大量失業といった問題を抱え始め、ケインズ型福祉国家の危機や統治能力の危機が表面化した。この背景のもと、ネオコーポラティズムはインフレ抑制と低失業率を両立させ、一連の危機を克服する代替案として注目された。

ルクセンブルクではネオコーポラティズムは、基幹産業であった鉄鋼業が瓦解の危機に瀕し、対処を求められた1974年から1985年頃までの「鉄鋼危機」の際に最も発達し、頂点を迎えた。1965年、政府は労働組合と経営者間の賃金交渉の方針を決める「集団的労働契約法」を可決した。1974年には、大企業で労働者の経営参加制度（「共同管理」）が実現した。1977年には、危機管理に際して、政府・労働者・使用者の3者間で失業やその他の重要な政策に関して協議し、合意達成に寄与する「3者合同調整委員会」を制度化した。

ネオコーポラティズムは高度に制度化されており、政府や、各企業レベルで設けられる混合委員会を基礎に、政府、産業界と労働組合代表の3者協議方式が、あらゆる主要な社会経済分野の政策決定でみられる。その際、政府がほかの2者との合意に向けて、主要な役割を果たす。

労働者と企業経営者との間では、労働組合や経営者団体と、六つの「職業部会」から構成される「デュアル・システム」という利益媒介システムがある。「職業部会」は、1924年以来設置された機関である。同機関は国家予算や法案に対して意見を表明したり、独自に議会や政府に対して法律を発議することにより、立法過程で職能集団の利益を媒介する機関である。これに対して、1966年に創設された「経済社会協議会」は、経済・社会・金融情勢に関する研究機関であり、立法過程の際の諮問機関である。政府は同機関にルクセンブルクの経済・社会・金融情勢に関する報告書や関連する政策、一般利害について助言を求めたり、経済・社会政策上の法案に関する答申書を求めたりする。党派性を持つ「職業部会」の間で意見が分かれた際には、独自の見解を提示する。

ルクセンブルク経済の中枢を担う鉄鋼業や銀行業では、企業の重役が、利益媒介に際して中心的役割を担う。その統括組織は、産業連合FEDILや、銀行連合ABBLである。労働組合としては、ルクセンブルク独立労働組合、ルクセンブルク・キリスト教労働組合がある。彼らの利益はおのおの、彼らの政治的立場に近い社会労働党や、キリスト教社会党においてもっぱら媒介される。また農業従事者の利益を反映する団体として、農民労働組合や、同労働組合に不満を覚えた農民従事者たちにより結成された、自由ルクセンブルク農家連合が存在している。彼らの利益はおのおの、キリスト教社会党、民主改革党を通じて反映される。

１９８０年代に入ると、イギリスやアメリカを中心に、労働団体を政治過程から排除しようとする新自由主義の考え方が台頭し、先進国では一般にネオコーポラティズムは退行した。しかしルクセンブルクでは、堅調な経済発展に支えられて１９８５年以後もこのシステムは持続し、２０１０年においても、社会経済分野の政策決定において、ネオコーポラティズムは原理上変化せず、安定的にみられたとする研究がある。もっとも、ルクセンブルク・モデルは危機管理制度として時代遅れであるうえ、議会を骨抜きにし、国の近代化を阻んだとの批判がある。近年の経済危機に関する合意調整への失敗を背景に、ネオコーポラティズムの効率性に対する疑念が高まっている。（中川洋一）

22

物流産業

★欧州有数の貨物空港、フィンデル空港★

ルクセンブルクは欧州大陸へのゲートウェイとして機能する物流ハブであり、その成り立ちには、フランス、ドイツの間という立地や複数の言語が話されている環境に加え、国の経済政策が大きな役割を果たしている。世界銀行が発表した２０１６年物流パフォーマンス指標ランキングでは、ドイツに次いで世界第２位の座を獲得した。２０１７年には日本のロボット大手ファナックがルクセンブルクに欧州配送センターを新設し、それまで欧州３拠点に分散していたサプライチェーンの統合と効率化を図った。

ルクセンブルクはローマ時代から、フランスのリヨンとドイツのケルンを南北に結ぶ重要なローマ街道が東西を走る街道と交わる交通の要所として繁栄を誇ってきた。さらに、１３４０年に当時の領主、盲目王ジャンが８日間の交易市「シューバーファウアー」を創設したことから、欧州広域からモノと人がルクセンブルクに集まるようになった。ちなみにシューバーファウアーは、今日なお国内外から延べ２００万人が来場する欧州最大の移動遊園地として続いている。

ルクセンブルクのビジネスパーソンは、公用語であるルクセンブルク語、フランス語、ドイツ語に加え、英語やスペイン語、イタリア語など4、5言語を操るのが一般的だ。地域によって言語人口が異なる多言語国家は多いが、国民一人一人が最低3か国語すべてを話すのは珍しい。ビジネスもその恩恵を受け、大手グローバル物流企業が効率化を進めていくうえで、多言語人材を擁するルクセンブルクが最大限に活用されている。

また、ルクセンブルクは20世紀初頭から一貫して、開放経済政策を標榜している国だ。ドイツ、フランスという大国に挟まれたルクセンブルクは、1921年にベルギー＝ルクセンブルク経済同盟を結び、二つの独立国でありながら全く国境のない単一経済圏を成立させた。この同盟にオランダが加わり1948年に発効したベネルクス関税同盟は、域内の関税や輸入制限を廃止し、現在の欧州統一市場のひな型になったといわれている。ベネルクス3国が欧州における貿易や物流の要衝となっているのは、こうした開放的事業環境を考えれば自然な成り行きである。

海に面していない小国ルクセンブルクは、15世紀から17世紀頃の大航海時代の欧州大国による海外領土獲得競争には関わらず、ヨーロッパとアジア、アフリカ、アメリカ間の貨物船による貿易拡大とは無縁であった。ところが、歴史的にヨーロッパ内の交易拠点であったこの国は、航空貨物時代に入ると大陸間輸送分野に参入することになる。1970年に貨物専門の航空会社としてルクセンブルクで誕生したカーゴルックス航空は、急速に増加する大陸間貿易の受け皿の一つとして成長し、大型航空機による大陸間輸送を専門とする欧州最大の貨物専門航空会社となった。カーゴルックスのハブ空港であるルクセンブルクのフィンデル国際空港が設備、規模ともに拡大すると、スイスのパナルピナ、ドイツのシェンカーなど、世界の航空貨物大手がルクセンブルクに進出し、航空物流業界を形成し

貨物を積み込むカーゴルックス航空の大型輸送機
©Cargolux

た。フィンデル国際空港には中華航空、揚子江快運航空、カタール航空など、世界の主要キャリアが毎日定期便を運航している。同空港の貨物取扱高は欧州第6位で、人口でEU内第27位の小国の空港が異例の上位進出を果たしている。貨物専門航空のニーズに応えることを優先してきた同空港は、特殊貨物や専門性が求められる貨物の取り扱いを得意としている。一例を挙げれば、空港自体が医療・医薬品専用のGDP認証（GDPはGood Distribution Practiceの略）を取得し、温度管理などデリケートな取り扱いが必要な医薬品物流の業界からの信頼を得ている。また、大型船のエンジンやF1カー、競走馬など、個別対応の求められる貨物も多い。

　2006年、航空貨物のハブとして発展したルクセンブルクの物流産業界に一つの転機が訪れる。米軍が軍事物資の保管・配送拠点としてルクセンブルクに構えていた施設WSAが、アメリカの軍備再編で閉鎖されたのだ。ルクセンブルク政府は米軍撤退後、巨大な倉庫に加え、貨物鉄道用の線路まで引き込んであるこの土地を、「ユーロハブ・サウス」というモーダルシフトを見すえたロジスティクスパークとして再開発することにした。CFLカーゴ（従来の鉄道貨物会社）とCFLマルチモーダル（複合型輸送とマルチモーダル物流サービス会社）が最新の操車場を整備し、EU・トルコを含む大陸の主要都市から北海、バルト海、地中海の港に至るまで、鉄道貨物輸送を可能にしている。高速道路と貨物鉄道路線を結ぶこの工業団地には、2017年現在も大手企業の倉庫の建設が進んでいる。日立物流の子会社であるトルコのマーズ・ロジスティクスも進出企業の一つだ。

ルクセンブルクの物流産業は今、さまざまな変化に直面している。越境Eコマース（海外とのネット販売や購入）への対応もその一つだ。EU単一市場ではすでに資本や労働者が自由に移動し、共通通貨のユーロが多くの地域で流通している。2015年にEUが発表した「デジタル単一市場戦略（DSM）」は、Eコマースの簡略化に関する統一ルールづくりを打ち出し、EU内越境Eコマースの拡大を後押しするものと期待されている。欧州大陸の2大消費地であるドイツとフランスの間に位置し、両国の言葉を公用語とするルクセンブルクがこの機運をどのように活かし、配送ビジネスに食い込むのか注目したい。また、DSMは個人情報保護ならびにサイバーセキュリティの強化も謳っており、物流におけるIoT促進やビッグデータ利用による効率化も進みそうだ。

また、新しい時代の物流産業の人材育成も欠かせないが、ルクセンブルク大学はマサチューセッツ工科大学の協力を得て、同大学内に「ルクセンブルク・ロジスティクス&サプライチェーン管理センター」を設立した。国内外の企業や機関と連携し次世代のサプライチェーンを学ぶ課程で、修士号や博士号を修得できるしくみだ。カリキュラムはロジスティクス業界が現在直面するさまざまな課題に法律、経済、財務などの側面からアプローチするように構成されており、エンジニアリングやＩＣＴなど、他学部との連携も図って学ぶことができるのも特徴だ。デジタル時代のサプライチェーンでも、欧州のハブとしての地位を確立できるのか注目したい。

（松野百合子）

23

金融センターとしてのルクセンブルク

★その成立に至るまで★

ルクセンブルクが今日の国際金融センターとなるまでに、大きく三つのステージがあったとされる。

まず、1929年の持株会社制度による、非居住者たる法人に対する非課税措置である。かかる低税率政策は、イギリスの年金基金を引き寄せるなど、海外および近隣諸国の発展と切り離せない。1988年には、「譲渡可能証券への集合投資事業」（EUの法律に従って設立・運用されている投資ファンド）UCITSに関する欧州委員会指令を真っ先に自国の法律に組み入れたことが、ファンド管理の発展のもとになり、今日の経済的成功につながったとされる。UCITSはEU加盟国のイニシアティブに基づくファンド商品であるが、ルクセンブルクの大きなヒット商品となった。

1990年には、ドイツ国内の規制上の制約を嫌った同国の銀行から巨額の流入があり、また適合した金融商品を提案する金融会社が創設された。これまで以上に洗練されているのに、反対に規制が少ない投資信託が、保険や再保険と同様に、ルクセンブルク国家から大いなる支援を受けた。すなわち、ルクセンブルク国家は、支援的かつ革新的な財政政策を積極的に推進する一方、規制の枠組みを迅速かつ不断に改変することも可能とした。UCITSのルクセンブルクから世界への流通戦略は、とりわけ中国、韓国、マレーシア、シンガポール、タイ、ベトナム等との二重課税防止条約ネットワークの構築により、重要なアジア市場に効率的に浸透した。

また、利子源泉税とキャピタルゲイン課税を免除したことが、後述の銀行守秘義務と相まって、プライベートバンキング（億万長者向けの金融サービス業）の呼び水となり、独仏等の近隣諸国はもとより、EU外からも富裕層の資金を取り込んでいった（後述エピソード参照）。一方で、ドイツからの資金流出は深刻であったため、1997年当時のドイツ蔵相は「EUに資金を拠出する最大の貢献国はドイツだ。一方でドイツからは企業や資本も流出していく。EUのいちばんの貢献国から資金が流出するのはおかしいのではないか。EUへのドイツの財政貢献と若干の国の租税ダンピングは、ドイツを窮地に陥れている」と述べた。そこでEU域内の税制調和を目指し、EU貯蓄課税指令が2003年に採択された。域内非居住者利子課税に関する情報交換制度を究極目標として銀行秘匿義務を廃止し、利子源泉税率も統一することになったので、ルクセンブルクのアドバンテージも大幅に縮小されよう。

二つめのステージは、1960年代にオフショア（非居住者間の金融取引を国内市場と切り離し、制約の少ない自由な取引として認める市場のこと。租税優遇などにより金融機関以外の企業の誘致も目的としているタックス・ヘイブンとは少し異なっているが、タックス・ヘイブンがオフショア金融センターであることが多い）のユーロダラー市場（アメリカの銀行に対する要求払い預金が種々な通貨圏の経済主体間で取引される市場）やユーロボンド市場（非居住者向け債権の市場）が出現したことである。

ユーロダラー市場やユーロボンド市場のように、各種の規制から除外されて自由に取引できる国際金融市場（ユーロ市場）に本拠を置いた欧米の銀行は、1960年代後半から1970年代にかけて、とりわけ1973年の石油ショック後に原油収入が増加したことで大きく成長した。原油輸出国と同輸入国の間ですこぶる不均衡となった資金需要はユーロ市場で取り扱われ、そのために必要な資金仲介は国際金融機関が遂行した。ロンドンが国際金融機関のためにユーロダラーを供給することに特化する一方で、ルクセンブルクは政府があまり干渉せずにそれらの通貨の管理を行わせた。

1983年から1988年にかけて、ルクセンブルクも重要な発展途上国に対する巨額な債務の軽減や免除に係る大きな問題に直面していた。ルクセンブルク政府は金融センターにおける国際債務危機から生ずる結果に対応するべく、ソブリン・リスク（政変や経済危機などによって、政府発行の債券等が償還できなくなる信用リスク）に対する巨額な貸倒引当金を積むことを受け入れざるを得なかった。その結果として、ルクセンブルクという国際金融センターは、プライベートバンキング、資産運用業務および投資信託業務へと舵を切った。

投資信託に関して、世界各国からの資金流入を可能ならしめる理由は、

①それに係る法制度や決済制度が整備されていること

②法務、政務、会計等に関する高い水準のインフラが存在していること

③政情が安定していること

などが挙げられる。ルクセンブルク籍の投資信託と日本籍のそれとを比較すると、運用手法の多様性や商品設計の自由度に関しては、前者が

①金融派生商品等多様な運用手法に対応が可能であり、分配原資の範囲を広くとらえることができ

るなど、設計の自由度が高い
②手数料体系にさまざまなバリエーションを持たせることが可能
というメリットを有するのに対し、後者は
①投資家保護の観点から、一定の運用に関して自主規制がある
②手数料体系に関しては事実上画一的
というデメリットがある。基準価額算出通貨に関しても、前者が多くの通貨に対応可能なのに対し、後者は事実上円貨のみである。

最後に、厳格な守秘義務を課したことである。これは、１９８１年に銀行法で法制化されたものである。守秘義務違反は懲役刑に処される。銀行のこの義務により、ルクセンブルクの銀行に資産を預けている非居住者は税務当局に保有資産を捕捉されず、前述の非課税措置により利子課税も受けない。これによりプライベートバンキングが隆盛に向かうこととなった。もっとも、既述のとおり、銀行守秘義務は廃止されたので、非居住者にとってのうまみも相当下がったと思われる。

そもそもルクセンブルクは、国内に重要な鉄鉱床を有することにより、従前は鉄鋼業を基幹産業としていた。しかし、１９７３年の石油危機による世界鉄鋼需要減退のため、金融業を代替産業として育成するべく、同国は、投資ファンドに係る法制度や決済制度を整備して、世界各国からの資金流入を可能ならしめた。

在日ルクセンブルク大公国大使館によると、２０１０年代半ばにおいても、同国は米国に次いで世界第２位の投資ファンドセンターであり、ＥＵで最大のキャプティブ再保険（グループ会社を含む特

定の親会社のリスクを専門的に引き受けるために、当該親会社により海外に設立される再保険の子会社）市場であるとともに、ユーロ圏内随一のプライベートバンキングセクターになっている。加えて、「投資ファンド」の運用拠点としての業務や「カストディ業務」（投資有価証券の管理・保管業務）でも、国際的に重要な地位を占めている。

1995年に私がルクセンブルクに赴任した直後に気づいたのだが、国境近くのガソリンスタンドにはドイツナンバーなど、隣国籍の車がめっぽう多く来店していた。ガソリンスタンドでは自動車燃料のほか、酒類やたばこも販売している。これらの商品には付加価値税（日本の消費税に相当）以外にガソリン税や酒税などが課されているが、ルクセンブルクはそれらの税率が地続きの3か国、ドイツ、フランス、ベルギーよりも相当低かったのである。ドイツやほかの周辺国はいずれもルクセンブルクと同様にシェンゲン協定に加盟しているので、陸路でお互いの国境を出入りする際に何らチェックを受けない。そのためルクセンブルクとの国境近くに居住する隣国人、とりわけドイツ人は、ガソリンや酒類、たばこの税込小売価格が自国よりもかなり安いルクセンブルクに来て、ガソリンを入れるついでに、酒類やたばこをまとめ買いしていたのである。

同じような光景は、対個人金融業務を営むルクセンブルク国内の銀行でも見られた。ドイツナンバーの車のトランクから大きなバッグを取り出し、そのまま銀行に入店する人が少なくなかったのである。バッグの中身は大量の紙幣なのだそうだ。ドイツ人は自国にある銀行ではなく、ルクセンブルクにある銀行に現金を預け入れていたのである。周辺の国々とは異なり、当時のルクセンブルクは、預金利子などに源泉税を課していなかったからである。また、ルクセンブルクは銀行に厳格な守秘義

第23章

金融センターとしてのルクセンブルク

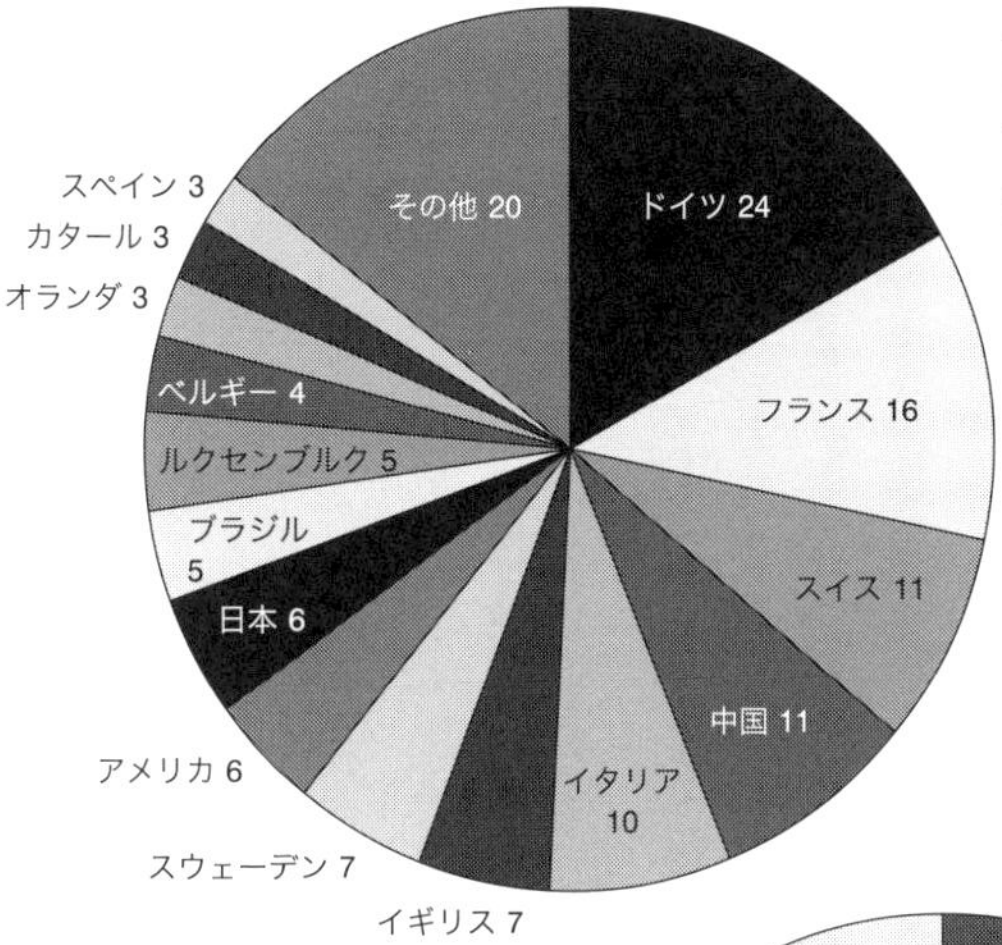

ルクセンブルクにおける国別の銀行数（2017年3月末現在）
［出典：ルクセンブルク銀行協会］

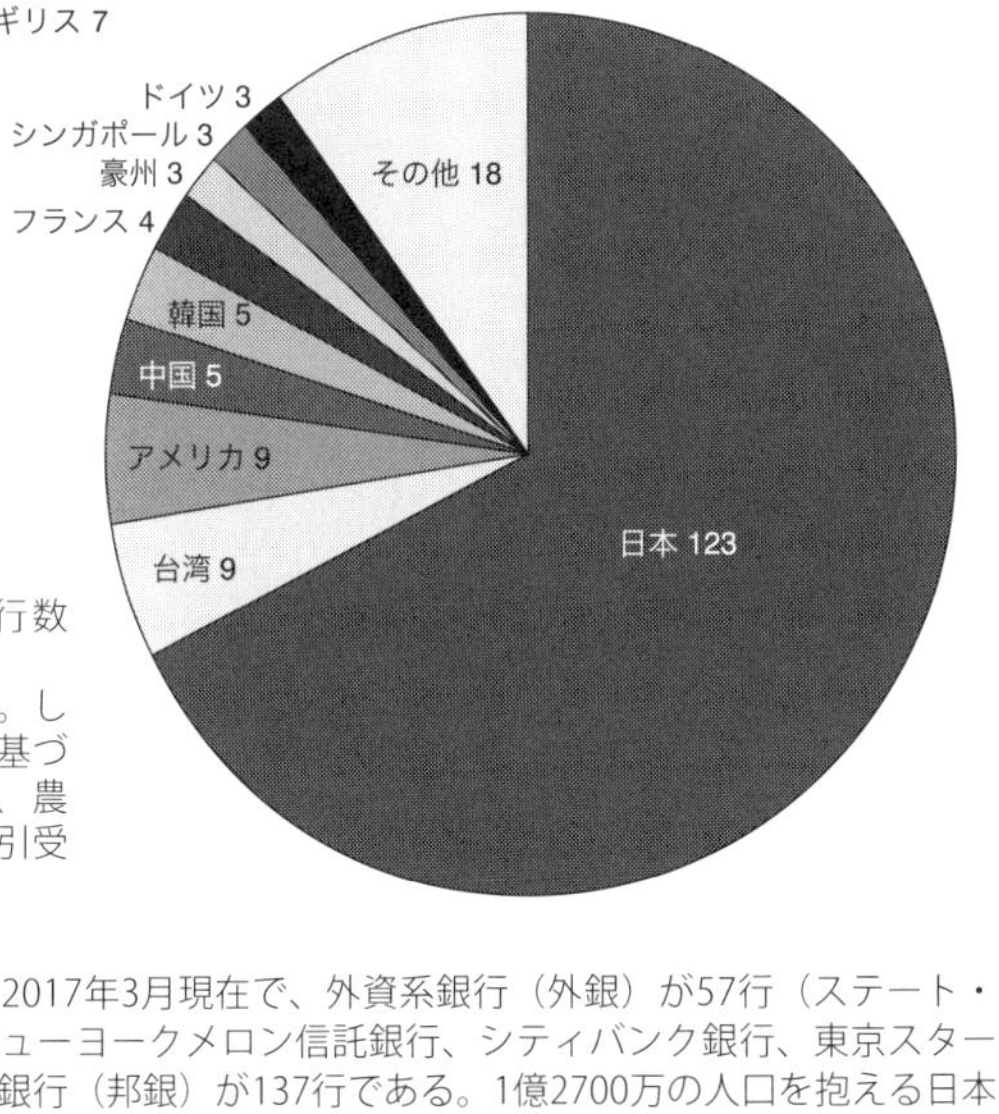

日本における国別の銀行数（2017年4月1日現在）
銀行法に基づく銀行のみ。したがって、信用金庫法に基づく信用金庫、信用組合、農協、漁協、政府系の預金引受金融機関等は除く。

日本にある銀行の数は、2017年3月現在で、外資系銀行（外銀）が57行（ステート・ストリート信託銀行、ニューヨークメロン信託銀行、シティバンク銀行、東京スター銀行を含む）、国内資本銀行（邦銀）が137行である。1億2700万の人口を抱える日本でも、194行はオーバーバンキングであるといわれている。ところが、ルクセンブルクは142行に対して人口はわずか58万弱にすぎない。このことから、ルクセンブルクに進出している銀行は同国民マーケットを対象としているのではなく、金融センターとしての同国に集結しているということがわかる。

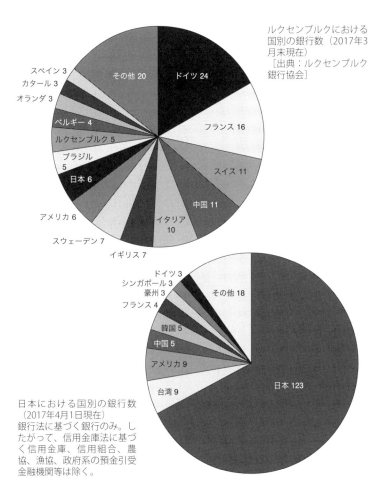

務を課しており、税務当局にすら顧客情報の開示を禁じていたので、ドイツの資産家がルクセンブルク国内の銀行にいそいそと預け入れに来るのであった。その際に車で現金を運搬していたのは、ドイツ国内から銀行振込みで送金すると、ドイツの税務当局にそれを捕捉されてしまい、元も子もなくなるからである。

欧州大陸の金融センターたるルクセンブルクには、周辺国から通勤してくる者も多い。実際に、人口58万人弱の同国で働く2万6千人ほどの銀行員のうち、ルクセンブルク国籍の者は21％程度にすぎない（ルクセンブルク銀行協会）。また、小国ながら142もの銀行が存在するが、地場資本以外が137行と97・4％を占める（前ページのグラフ参照）。

ルクセンブルクが国際金融センターとなり得た理由のうち、最後に一つ忘れてはならないのは、多言語使用、すなわち同国民のほとんどがマルチリンガルだということである。私が赴任していた1990年代後半、現地ローカル幼稚園ではルクセンブルク語が用いられるが、小学校に上がると、算数や理科のような理系教科はフランス語で、社会科のような文系教科はドイツ語で教えるようになる（↓8、29章）。したがって、小学校を卒業する段階で最低3か国語の使い手となる。中学校と高校では英語が必修となり、それ以外にもほかのラテン系言語やオランダ語なども習得する。かかるマルチリンガリズムが、国際金融業務を行うにあたって外国人を相手にする際に大きな強みになることはいうまでもない。

（岸本雄次郎）

コラム3

1990年代後半のルクセンブルク駐在記

岸本雄次郎

私がルクセンブルクに赴任した1995年当時、わが国の金融業界は今日のメガバンクグループへの集約がなされる前で、20行の大手銀行と4社の大手証券会社が存在していた。そのうちの7行および2社が、計9行の子会社銀行をルクセンブルクに設立していた。私が赴任したのはそのうちの1行であり、1990年代後半を当地で過ごした。

第23章で述べているように、ルクセンブルクでは1970年代以降、投資ファンドに係る法制度や決済制度を整備して、世界各国からの資金流入を促し、金融業を基幹産業とすべく育成していた。わが国の外為法が外貨証券の取得にかかる規制を緩和したことと相まって、同法改正の1980年12月から翌1981年10月までの「日本の対外間接投資」の市場別シェアは、ルクセンブルクがニューヨークに次ぐ第2位となっていた。私の赴任前である1990年代前半においても、わが国の対外間接投資額に関しては同国は米国に次ぐ第2位を維持していたのである。

同国駐在中は、職場から徒歩10分程度のフラット（マンション）に居住した。英国人一家が隣家であったが、その世帯主のA氏も銀行員（英銀）であった。私の勤務先は、在外とはいえ、日系企業である。午後11時、12時まで残業するのが日常であった。もっとも、非日系人である現地採用職員は、残業はまず引き受けてくれない。強く依頼して引き受けてくれたとしても、休日出勤ともなれば定時勤務の3倍という、かなりの割増賃金を支払わねばならないのだ。そのため、午後5時以降は駐在邦人のみがオフィスで働いていた。私が午前0時頃に帰宅した際、A氏とフラットのエレベーターで一緒になった。素面である私を訝しがるので、仕事帰りである旨を告げると、たいそう驚かれた。A氏は午後5時過ぎには勤務先より帰宅、子どもを風呂に入れ、家族で夕食をとり、子どもを寝かしつけた後にパブに出かけ、その帰りの酔顔で私と遭遇したというのである。当時も日本人の平均寿命は英国人のそれより長かったが、彼らの方がはるかに甘美な人生を送っていると歎息したものである。

バブル経済崩壊後の当時、日本の銀行は巨額の不良債権のため信用力が著しく劣化していた。ジャパンプレミアムといい、欧米の銀行は、邦銀に外貨を融通する際に、通常の店頭利率に割増金利を上乗せしていた。一方、欧州某国の銀行などは、締切が12時半の決済に不備があるにもかかわらず、ランチタイムだからといって誰も電話に出ない。その決済資金を基に資金繰りしているのに、入金がないとなれば資金繰りに穴が空く。決済担当の金融関係者は締切前は資金ショートを避けるためにピリピリしているのに、このようなことで約束した送金が遅れることも珍しくなかった。かかる銀行に鼻であしらわれ、苦々しい思いに沈んだものだが、それから十数年後に発生した、いわゆるリーマンショックと欧州金融危機により、逆にそれらの欧銀が経営危機に瀕している。隔世の感だ。

市井ではフランス語が支配的であったが、社内の公用語を英語としていた私の現地勤務先は、現地職員を採用する際、英語能力を必須の条件とした。書類選考を通過した女性に面接に来てもらうべく電話をすると、本人不在でフランス語しか話せない母親が出た。当時は、同国でも就職氷河期であったからだと思われるが、ジャパンプレミアムに喘いでいた邦銀といえども就職先としてはそれなりの人気があった。「私は英語が話せなくて申し訳ないが、娘は問題なく話せる」等々、母親はフランス語で懸命に娘のアピールをする。赴任直後でフランス語をよく解しない私であったが、なんとか、令嬢に折り返しの電話を促すよう依頼した。このときに採用したこの若きベルギー人は、二人の子の母となった今も、この銀行の現地職員であり貴重な戦力である。

24

ICT産業

★コンテンツ配信から「トラスト・センター」への発展★

ルクセンブルクのＩＣＴ（情報通信技術）セクターが発展した背景には、二つの要因がある。一つはメディア産業だ。ルクセンブルクはヨーロッパのコンテンツ配信ビジネスのパイオニアである。１９２０年代に欧州初の民間放送を始めたＲＴＬ（ラジオ・テレビジョン・ルクセンブルク）と、１９８０年代にやはりヨーロッパ初の民間通信衛星会社としてテレビ放送を行ったＳＥＳは、ともにルクセンブルクの企業だ。もう一つは金融センターで、ルクセンブルクのＩＴサービスは国際金融センターとともに発展してきた。ルクセンブルクは「クロスボーダー・ファンド」と呼ばれる複数の国で販売可能なファンドを１９８０年代末に世界に先駆け導入して以来、その管理業務で世界最大のシェアを維持している。ＥＵ単一市場の強化と世界的金融市場の拡大で、同ファンド市場が急速に成長したことや、欧州最大の国際証券決済機関であるクリアストリームがルクセンブルクにあることも、旺盛なシステムニーズにつながった。

ルクセンブルクがＥコマース（電子商取引）をはじめとするインターネット企業の誘致に力を入れ始めたのは、２０００年頃だ。政府はＥＵの電子署名指令、電子商取引指令を加盟国の中で最も早い2000年8月に国内法化する一方で、高スペックのデータセンターや高速通信網などに積極的に投資し、最先端のITインフラを構築した。政府の積極的誘致活動も奏功し、アマゾン、イーベイ、ペイパル、iTunes、楽天などのEコマース関連ネット企業がルクセンブルクに集積を始めた。当時はICTのイメージがなかったルクセンブルクだが、2005年の国連貿易開発会議による「ICT普及指標」レポートでは、世界180の国と地域のなかで第1位の座を獲得するに至った。その後、企業から通信費用の高止まりを指摘されると、政府はデータセンター・ネットワーク事業者ルクスコネクトを2006年に設立し、市場原理導入により通信価格相場の引き下げにつなげた。2009年には商用インターネット相互接続ポイントであるルーシックス（LU－CIX）を設立し、インターネット環境の改善に継続的に取り組んでいる。2017年5月現在、ルクセンブルクには23のデータセンターが稼働し、うち8か所がデータセンターの信頼性を表すスタンダードの最高評価であるティア4の認定を受けている。

海外の起業家や技術の取り込みにも積極的で、ルクセンブルク政府などの起業家支援策は申請者の国籍に関係なく提供されるため、ルクセンブルクでは外国人による企業が過半数を占めている。2010年からルクセンブルク市で開催されているテクノロジー・イベント「ICTスプリング」には、日本や韓国などのスタートアップが例年優待枠で参加し、製品やサービスをアピールしている。

昨今「金融（ファイナンス）」と「テクノロジー」を掛け合わせた「フィンテック」が注目されているが、ルクセンブルクはこの分野でも先進的な取り組みをみせている。フィンテックとはモバイル端末を使う決済やブロックチェーン、ビッグデータ、人工知能（AI）などの最新技術を駆使した金融サービスをいい、その発展は企業側のイノベーション力もさることながら、金融監督側の知見や技術評価力に左右されるところが大きい。ルクセンブルクの金融規制当局である金融監督委員会（ＣＳＳＦ）は、ビットコインなどの仮想通貨を通貨と同等のものとみなす見解をいち早く発表し、翌年には欧州他国に先駆けて仮想通貨企業に金融当局が免許を発行した。これを受け、日本のビットコイン大手ビットフライヤー社を含む世界の仮想通貨企業がルクセンブルクに進出している。政府のデジタル戦略「デジタル・ルクセンブルク」には「フィンテック」への取り組みが明記され、同セクターの発展を加速させるため、政府と金融機関は２０１６年に「ルクセンブルク・ハウス・オブ・ファイナンシャル・テクノロジー」（通称ＬＨｏＦＴ）を立ち上げた。ペイメント、資産管理サービス、サイバーセキュリティー、人工知能によるマーケティングなど幅広い分野の新技術について、国内外のスタートアップや金融機関が自由に交流するプラットフォームを整えた。

ルクセンブルク政府は今、「トラスト・センター」を目指している。金融セクターのニーズに応えるには、ＩＣＴ業界は当然高いセキュリティー水準が求められる。ルクセンブルクはその特性を活かし、重要なデータを安心して預けられる拠点としての価値を打ち出そうというのだ。高水準のデータセンターを含む最先端のＩＣＴインフラと、イノベーションに理解のある政府、そしてルクセンブルク大学のサイバーセキュリティー専門の学際センターなど、研究機関によるセキュリティー研究がその基盤だ。ルクセンブルク政府はサイバーセキュリティーや暗号技術への関心が高く、１９９９年に政府と大手金融機関が中心となって立ち上げた電子署名研究のコンソーシアムは、２００５年に認証機関ルクストラスト（ＬｕｘＴｒｕｓｔ）として法人化された。以来、ルクストラストが電子署名のための公開鍵基盤（PKI）を提供することで、政府や金融機関、その他の企業、さらに一般市民が安全な電子商取引プラットフォームを使うことができる。

２０１７年６月20日、世界初の「データ大使館」（データエンバシー）を設立する協定に、エストニアとルクセンブルクの両首相が調印した。ヨーロッパのICT先進国であるエストニア政府がデータ管理政策の一環で、国の重要なデータのコピーをルクセンブルクのサーバーに保管すると決定したことは、「トラスト・センター」ルクセンブルクにとって非常に大きな成果だ。２０１５年のある雑誌のインタビューで、エストニアのコトカCIOは「目下、力を入れているのは電子居住権(e-Residency)とデータエンバシー」であるといい、「国家のデータとサービスを世界中のサーバーに分散させることで、政府の存続が担保されるので、たとえ他国がエストニアの領土を占領したとしても、われわれの国家自体を占領することはできなくなる」と、その意義を説明している。ルクセンブルク政府のIT局長は「データ大使館というコンセプトは10年後には当たり前になるだろう」とコメントしている。サイバーセキュリティーは行政、金融に限らず、すべての産業の関心事だ。今後、「トラスト・センター」として求められる役割は大きくなる一方であろう。

（松野百合子）

25

宇宙産業

★民間主導で発展したユニークな宇宙セクター★

宇宙開発は１９２０年代に民間の愛好家や研究者によって始まったが、第二次世界大戦後には各国政府の宇宙機関がこれをリードするようになった。アメリカ、ロシア、日本、中国など世界の宇宙大国といわれる国が莫大な予算をもって、人工衛星の打ち上げ、有人飛行、月面着陸、国際宇宙ステーション建設などを成功させてきた。こうした計画実現のため、ロケット、打ち上げ施設、衛星、管制施設などのハードウェアを供給する宇宙産業が、それぞれの国で発展してきた。しかしルクセンブルクのように、学術や軍事目的ではない商業用通信衛星会社の誕生をきっかけに、宇宙産業が形成される例は珍しい。

こうした背景から、自前の宇宙機関さえ持たない小国ルクセンブルクの政府が、１９８５年にヨーロッパ初の民間通信衛星の打ち上げ事業に巨額の投資をした際、国内外でこれを疑問視する声が多かったという。時の首相、ピエール・ヴェルナーは、それまでの国営放送の時代から民間の静止通信衛星による民間テレビ放送の時代がやってくるというビジョンに賭け、このプロジェクトを推し進めた。

これが、今日50基を超える静止衛星を打ち上げ、世界人口の

99％にアクセスするグローバル企業、ＳＥＳ誕生のいきさつである。国際組織世界テレポート連合発行の２０１７年トップ・オペレーター・ランキングによれば、同社は売り上げ規模で、インテルサットを抑え、世界第1位の地位を維持している。今日でもルクセンブルク政府は同社の主要株主だ。ちなみに、ヴェルナーは１９７０年に欧州統一通貨構想を初めて提唱したことから「ユーロの父」と呼ばれ、さらに１９８０年代に国際金融活動に有利な環境をルクセンブルク国内にいち早く整え、今日のルクセンブルク金融センター繁栄の礎を築いたビジョナリーである（→コラム4）。

ＳＥＳは設立から3年で、欧州最初の民間通信衛星である「アストラ1Ａ」の打ち上げに成功した。その頃アメリカでは2年前の『チャレンジャー号』事故を受けて、スペースシャトルの打ち上げが保留になっており、イタリアでは宇宙機関ＡＳＩが発足した。さらに、イスラエルが初の人工衛星打ち上げに成功し、世界で8番目の自力での衛星打ち上げ国となった。こうしてみると、ルクセンブルク政府によるＳＥＳというベンチャー企業への投資と支援が、いかに先駆的であったかがわかるだろう。

１９９０年代になり冷戦終結により宇宙開発競争が一段落したことから、アメリカ政府は宇宙開発予算を大幅に削減し、民間の積極活用へと舵を切る。一方、民間での衛星需要は増加の一途をたどり、宇宙ビジネス勃興の舞台が整っていった。さらにオバマ政権下では、２００８年から国際宇宙ステーションへの物資輸送や軍事用衛星打ち上げの入札を民間に開放するなど、いっそうの民営化が進み、世界の宇宙産業に影響を及ぼしている。そのオバマ大統領が２０１５年に署名した通称「宇宙法」には、「商業宇宙打ち上げ」、「商業リモートセンシング」、「宇宙商務局」に加え、「宇宙資源探査およびその利用」という章が含まれている。アメリカ政府が民間による宇宙資源探査を推奨するのは、宇宙

SES本社
ルクセンブルク市から車で20分ほどのベッツドルフにある。©SIP/Uli Fielitz

に無尽蔵にあると思われる希少金属を採取し地球上に持ち帰って活用するほか、天体上の資源を宇宙活動に必要なエネルギーとして宇宙空間にて利用する構想があるからだ。

ルクセンブルクはこの宇宙の資源インフラビジネスに将来性を見出した。このことは、ルクセンブルクが世界最大の鉄鋼会社、アルセロール・ミタル発祥の地であることと無関係ではなさそうだ。国内に資源がなかったにもかかわらず、同社は優れた製鉄技術と国際的ビジネスモデルの確立により成功し、ルクセンブルク経済の近代化に大きく貢献した。資源ビジネスと民間宇宙事業それぞれの経験が、ルクセンブルク政府が民間宇宙資源開発に向かう足がかりとなっているのだろう。

２０１６年２月、スペースビジネスに関するニュースでルクセンブルクが世界各国のメディアに大きく取り上げられた。民間による宇宙資源開発を後押しするために、宇宙で採掘した資源の所有権を認める法の整備に乗り出すと発表したのだ。これは前述のアメリカの「宇宙法」に続き、世界で2番目の事例である。エティエンヌ・シュナイダー副首相兼経済大臣は、この「spaceresources.lu」計画発表の記者会見にて「ルクセンブルクを宇宙資源利活用の欧州におけるハブとする」目標を掲げた。

2018年現在ルクセンブルクの宇宙セクターでは、衛星本体製造に関わるメーカー（ユーロ・コンポジット、エルヴィング・ヨーロッパなど）、地上管制・支援企業（SESテックコム、ハイテック、GRADELなど）、衛星関連サービス企業（ポスト・ルクセンブルクなど）を中心に多くの企業が活動し、また国立科学技術研究所（LIST）やルクセンブルク大学などの研究機関が基礎研究パートナーとなり、業界の技術開発を促進している。

ルクセンブルクの宇宙資源開発をめぐる法整備は、宇宙産業に何をもたらすのだろうか。専門家は、無秩序な資源開発が行われないよう、各国によるルールづくりに向けた議論と国際的な話し合いの枠組みが必要だとしている。1967年に国連で決議され発効した宇宙条約には、国家による宇宙空間の探査と利用の自由、領有の禁止などが定められているが、現在のような民間企業による天体の利用が想定されていないからだ。また、宇宙資源開発自体の実現性や事業性も、今後の検証を待つところである。

一方、すでにルクセンブルク国内にはさまざまな活動が生まれている。spaceresources.lu 計画発表から約2年後の2018年4月の時点で、日米の複数のベンチャー企業がルクセンブルクに拠点を設け、現地の研究機関や大学と共同プロジェクトに向けて動き始めた。企業が天体に行って資源を採掘するというのはきわめて困難な事業だが、その過程で得られる技術的成果は計り知れない。また、ルクセンブルク政府は宇宙の民間利用に関心を寄せる国々とさまざまなレベルで意見交換を行い、同分野での国際議論をけん引しようとしているようだ。ルクセンブルク政府は２０１５年以来、宇宙資源開発や新しい宇宙ビジネスに関するさまざまな国際イベントを開催している。さらに２０１８年９月には、ルクセンブルク宇宙機関を設立し、同時に宇宙ファンドの創設も発表した。

民間による宇宙資源開発というプロジェクトが今後どのような道筋をたどるのかはわからないが、ルクセンブルクの宇宙セクターにはすでに、新しいビジョンと活力がもたらされている。

（松野百合子）

26

ルクセンブルクにおける外国人

★その歴史と可能性★

2018年のルクセンブルクの人口60万2005人のうち、28万8963人、すなわち人口の半分弱にあたる47・9%が外国人であった。近隣諸国と比較すると、オランダが4・6%、ドイツが13%、フランスが6・6%、ベルギーが11・2%であり、その割合は著しく高い。外国人人口のうちEU域内の国籍をもつ人びとは25万9511人（89・8%）で、なかでもポルトガル国籍の割合がもっとも多く、全人口の16%を占めている。そしてフランス（7・6%）、イタリア（3・6%）、ベルギー（3・4%）、ドイツ（2・2%）がそれに続く。

ルクセンブルクが外国人労働者を積極的に受け入れるようになるのは、19世紀の後半以降である。背景の一つに、1842年にドイツとの間で結ばれた関税同盟があった。1870年以降、鉄鋼業が飛躍的に発展する一方で、国内にはそれに従事できる有資格労働者が少なかったため、主にドイツ人、フランス人、ベルギー人が雇用される。また、それまでのルクセンブルクの主な産業は農業であったが、その水準は高くなく、貧困から逃れるために多くの人びとが国外、とりわけフランスやアメリカ大陸に移住していたことも挙げられる。この時期のルクセンブルクは、ヨーロッパにおける主要な移民送出国でもあった。

1892年以降、新たな製鋼所の建設ラッシュが始まると、労働力不足は深刻になり、経済的に停滞していたイタリアからの労働者が入国した。1875年の全人口に占める外国人人口2・9％のうち、ドイツ人が60％、ベルギー人が23％、フランス人が14・5％、イタリア人が1・2％であったが、1910年には外国人人口が15・3％に上昇し、ドイツ人（53％）とイタリア人（25・5％）が主要な構成員となる。一方で、主として技術者や管理職などのポストに就いていたドイツ人と、未熟練労働者が大半を占めていたイタリア人とのあいだには、大きな社会的・経済的な格差があった。

第一次世界大戦が始まり情勢が悪化すると、ドイツ人やイタリア人たちは帰国し、ルクセンブルク人労働者がそれに取って代わる。開戦前の1913年に鉄鉱業に従事していた労働者の60・5％が外国人であったが、1918年には70％がルクセンブルク人となる。戦間期になると外国人の入国が再開するものの、世界恐慌が起こると多くの労働者たちは職を失い、帰国した。第二次世界大戦の勃発とドイツによる占領は外国人排斥をもたらし、終戦後の1947年には、外国人人口は全体の10％にまで減少した。

戦後の復興期を最初に支えたのはイタリア人労働者であった。1947年に7622人だったイタリア人は、1960年に1万5708人を数えた。しかし、その大半が一年未満の有期雇用で、提供された住居は劣悪なものであり、家族の呼び寄せも認められなかったため、彼らのおかれた状況はけっして安定したものとはいえなかった。1950年代の後半以降、本国の工業化や、近隣諸国の高い賃金に機会を求めたイタリア人たちの一部はルクセンブルクを離れる。

1960年代以降は、イタリア人に代わってポルトガル人が外国人人口の大半を占めるようになる。人口の伸び悩みと経済成長とが重なり、とりわけ工場労働や建設業、飲食業の分野で労働力不足を抱えていたルクセンブルクには、当時西ヨーロッパにおける主要な移民送出国であったポルトガルから労働者が多数入国した。この時期に経済発展を遂げたほかのヨーロッパ諸国と同じく、ルクセンブルク人たちはさらに有資格の労働と高い賃金を求め、代わりに外国人たちがブルーカラー労働に従事したのだった。1970年5月には、ポルトガル政府とのあいだで労働者の受け入れにかんする協定が結ばれる。

ルクセンブルクにおいて外国人人口が再び増加するのはこの時期からである。1960年に全体の約13%だった外国人人口は、1970年に18%、1981年に26%、1991年に29%、2001年に36%となる。常に多数を占めているのはポルトガル人であるが、そのなかには1975年までポルトガル領だったカーボベルデの出身者も多い。彼らは独立後もポルトガルの市民権を得ることで、協定を通じてルクセンブルクに移住した。

また、ルクセンブルクは外国人人口だけでなく、国境を越えて通勤するフロンタリエと呼ばれる越境労働者の割合もEU域内でもっとも高い。定住する外国人と同じく増加を続けており、1980年に1万3800人だったフロンタリエは、2017年には18万3548人を数えた。彼らの約半数がフランス出身者（9万4702人）で、ベルギー（4万4535人）とドイツ（4万4311人）出身者がそれぞれ4分の1ほどである。2050年には30万に達するともいわれており、労働市場におけるフロンタリエの存在は重要である。一方で、給与生活者の45%がフロンタリエから構成されていることもあって（２０１７年）、不況期になると、ルクセンブルク人の雇用を脅かす存在とみなされることもある。

移住・文化・市民性フェスティバル
約400の市民団体と政府機関のブースが出展している。

デュドランジュ市の移住資料センター（CDMH）
駅舎を改装した建物を利用している。

外国人人口を多く抱えるルクセンブルクでは、彼らの就学や就職、言語習得、住居、選挙権、社会統合が「問題」として語られる。そこでは、ルクセンブルク語の習得や文化的差異、宗教などが争点となり、ルクセンブルク社会における彼らのアイデンティティの構築がどのようなものであるべきか、議論が続けられている。一方で、ローカルなものから全国的なものまで、さまざまな市民団体が外国人の受け入れや社会参加を支援している。毎年3月には、ルクセンブルク市郊外において「移住・文化・市民性フェスティバル」が3日間にわたって開催され、国内の市民団体や統合省を中心とした政府機関が人びとに交流の場を提供している。また、かつてイタリア人労働者の集住地区があったデュドランジュ市には「移住資料センター」（CDMH）がおかれ、政府の助成を受けながら、一般のボランティアや研究者らによって、ルクセンブルクにおける移民の送出と外国人の受け入れに関する資料の収集とアーカイブ化が行われている。センターの目的は、ルクセンブルクの歴史のなかに外国人の歴史を位置づけることである。

これらの活動の特徴は、外国人を国の成り立ちとその発展の主要なファクターとして見出そうとするものである。それは、外からやってきた外国人を内に同化させる大国的な発想とは異なる。「移民問題」を抱えるほかの国々にとって、こうした試みは一つの可能性といえるかもしれない。

（中條健志）

V

国際社会の中のルクセンブルク

27

小国の国家戦略 1

★ミニラテラリズムとしてのベネルクス★

ベネルクス・ミニラテラリズムは最も古くに成立し、成功した欧州統合プロジェクトとして語られる。ミニラテラリズムは3か国程度で構成され、政治・経済・外交・安全保障・警察・司法分野等で協力を図る制度である。例として、ドイツ・フランス・ポーランド間の「ワイマール・トライアングル」がある。

ルクセンブルクを含むベネルクス3国は、第二次世界大戦でナチス・ドイツに国土を蹂躙されたように、大国間の権力政治に翻弄され、軍事的にきわめて脆弱であった。このため彼らは、スイスのように有意な軍事力を配備するのではなく、多国間主義により相互の連帯を強化しながら、地域の安定、特に独仏両国の和解や協調に寄与する外交や、国際法による「法の支配」を強化することで、この脆弱性を克服しようとした。

ルクセンブルクは1921年、ベルギーとの間で50年期限付の関税同盟、ベルギー・ルクセンブルク経済同盟（UEBL）を締結した。1949年にはUEBLとオランダの間で「仮同盟」が締結された。しかし、後に欧州石炭鉄鋼共同体（ECSC）が成立すると、同共同体下でルクセンブルクは自立した国家としてほかの加盟国と同権を獲得し得たため、ルクセンブルクにとってのＵＥＢＬの意義は退行した。またオランダとベルギーの間での利害調整が進まなかったため、ＵＥＢＬは徐々に空洞化した。

１９４８年にベルギー、オランダ、ルクセンブルク亡命政府は、ベネルクス関税同盟協定を発足させた。同盟は、３国間の貿易産品の関税の撤廃や、第三国への共通域外関税を導入した。また同同盟は、大国の介在を排した地域統合であり、その後の欧州経済統合の先駆けとなった。

ベネルクス協定は、自由貿易圏から関税同盟、域内市場、そして経済連合へという通常の経済統合の軌跡を直線的にはたどらなかった。ベネルクス３国は１９５３年の経済、貿易、社会政策の調整、１９５４年の資本移動の部分的自由化、１９５７年の労働力移動の自由化を経て、１９５８年に経済連合条約に調印し（１９６０年発効）、域内市場化よりも経済連合の創設を先行させた。経済連合条約は、３国間での労働力、商品、資本やサービスの自由な流通、経済、財政、社会政策の調整、第三国に対する共通通商政策の導入を企図した。その後、１９６０年に労働力の移動に関する国境管理の撤廃、１９６９年と１９７１年に全産品に対する国境管理の撤廃がなされ、１９７２年にベネルクス３国間で域内市場が完成した。

ベネルクスは、国家の主権に制約を課す経験を積む実験的制度を提示した。加盟国間では経済政策における協調が促され、通商額は増大し、ベネルクスは輸出額世界第４位に躍り出た。１９４５年から１９５５年の時期には、ベネルクス３国は西ドイツ、フランス、イタリアよりも利益を生んだ。またベネルクス経済同盟が成立すると、構成国間の貿易量は、構成国と第三国との貿易量を上回った。経済統合の結果、ベルギーとオランダ間の国境紛争は解消された。関税同盟は欧州経済共同体（ＥＥ

C）に吸収統合され、ベネルクスが達成した域内市場も、1992年に欧州域内市場に吸収された。
また確かにベネルクスは、EC／EUにおける統合の「先駆者」、「仲裁者」を務めた。ベネルクスは特に議長国を務める際に統合の加速化に貢献し、EECの形成や、1970年代における欧州共通通貨の提案の際に有効に機能した。EC内での合意が困難な内容については、ベネルクス下の小委員会であらかじめ合意を築き、EC下での合意調達に臨んだ。これらの点で、ベネルクスは欧州統合のモデルであり、駆動機であるとされた。しかしベネルクスは、EC／EUの補完制度ではけっしてない。同制度は通商政策以外に欧州統合よりも統合を先行させた分野をもたず、消費税、物品税、流通税の単一化や国境障壁の撤廃、共通農業市場の成立に失敗した。加えて、ベネルクスは超国家性を志向しない、政府間協調を基盤とした統合にすぎず、3国は依然として外交目標や利益の相違から、共通外交を実施できていない。

また、ベネルクスは加盟国が自国の地位を向上させ、経済を発展させるための制度として機能した。さらに戦後、独仏枢軸を機軸とする権力センターが強さを増すなか、加盟国が自国の国益を反映させる欧州理事会において、ベネルクスは3国が影響力を強化させる制度として機能し、英国のEC加盟を合同で支持したり、アメリカへの「バンドワゴニング」(追随)を実施したりすることで、一致団結して、欧州の地域的覇権を模索する独仏、特にフランスへの均衡化を図った。

2008年にベネルクス経済共同体が失効したため、ベネルクス3国は「ベネルクス連合」へ改組し、新たに域内市場と経済連合、安定と公正、治安を3国間の主要協力テーマにすえるかたわら、機構の簡素化を図った。またベネルクス連合は、ほかの国や地域機構との協力を模索し始めた。さらにルクセンブルクはベルギーとの経済連合を、政治領域を含むものへと拡大強化した。

しかし、国際環境の変化のなかで、ベネルクス連合の相対的地位は低下しており、ルクセンブルク外交において、ベネルクス連合の意義も変わりつつある。欧州理事会では、ベネルクス諸国の票は合計でようやくドイツ、フランスといった大国と同数であるため、EU拡大による加盟国の増加に伴い、全体におけるベネルクス連合の影響力の低下は不可避である。

加えて、3国間での政策調整が困難になり、共同体化を阻止し始めている。欧州統合の深化に積極的なベルギーやルクセンブルクとは異なり、オランダが統合の深化に一定の歯止めをかける事例が増加した。

マーストリヒト条約調印後、ルクセンブルクはオランダの路線と異なり、ベルギーとともにNATOやアメリカから独立した、EUの自律的な安全保障防衛政策の強化を試みる独仏政府に接近した。2003年4月のブリュッセル首脳会談では、EUは指揮系統や装備の面でもNATOに依存せず、自律意識や行動力を高めるというベルギー、ドイツやフランスの発議にルクセンブルクも参加した。また、ユンカー首相下のルクセンブルクは、オランダとの間で政策上の対立を示しながら、ベルギーとの関係を弱め、ドイツやフランスに接近した。この結果、EU内の利害調停を北欧諸国が果たす事例が生じてきた。ベネルクス制度は今後も維持されるだろうが、同制度の意義を効率的かつ最大限に発揮するうえで、加盟国はより調整が求められよう。

（中川洋一）

28

小国の国家戦略２

★「調停役」主体の受身の外交から積極主義への転換★

戦後のルクセンブルクは、欧州の安定と平和、通商や金融、投資の中心地としての地位や経済的繁栄、主権国家としての自立性や他国と同等の権限の確保、大国による欧州支配の阻止と自国の地位の強化を外交目標とした。ルクセンブルクは、多国間主義や法の支配を対外政策の基盤にすえ、一貫して超国家機構への主権の移譲、欧州統合の推進と深化に努めてきた。

欧州制度は「不戦共同体」理念に基づいている点や、自由市場圏での経済統合を企図する点、超国家的なルールや制度が大国と小国の権力を平準化させる点から、ルクセンブルクに好都合であった。

ルクセンブルクは欧州制度下で、社会内の合意を重視し、論争を避ける政治文化を応用し、時にベネルクス・ミニラテラリズムを用いながら、連帯や懐柔を重視した、誠実な調停役として行動した。小国で中立であるという印象から、ルクセンブルクは周囲に脅威を抱かせず、大国間の調停や議長国の役割を任せられ、国力以上に影響力を発揮した。ローマ条約の改訂作業では、議長国ルクセンブルクは調停役を果たし、単一欧州議定書をまとめることに成功した。

欧州制度内では、ルクセンブルクは大国に対して、均衡化戦略やバンドワゴニング（追随）戦略を展開する。その際、ルクセンブルクはEU益を体現する欧州委員会が権威を振るうことで、大国と小国間の利害を均衡化させたり、法の支配の下、加盟国の権力を制約することを求めた。

欧州制度は小国の参加と共同決定権を擁護するため、ルクセンブルクは、国家の規模に不釣合いなほどの大きな発言権や影響力を有する「過度に同等な加盟国」となった。ルクセンブルクの国益と関連する利息税をめぐる案件が、EC内で争点化した。また大国は、欧州理事会議長国の輪番制の廃止を要求した。こうした事例は、政治経済面で小国とはいえないルクセンブルクへの異例の配慮に対する、ほかの加盟国の反発と理解できよう。

1970年代までは、ルクセンブルクはEC内部の対立の調停を主眼とした、受身の外交姿勢をとっていた。しかし1970年代以後、ルクセンブルクは加盟国間の政府間協力による政治統合を目指す欧州政治協力（EPC）や議長国の輪番制を通じて、地方から地域アクターへと台頭し、国際的知名度や立場、信用を高めた。またルクセンブルクは国内金融経済でも成功し、国際的評価を博した。その結果、自信をつけたルクセンブルクは懐柔的姿勢を放棄し、積極的な政策をとり始めた。1970年にはヴェルナー首相が通貨同盟案を提出し、ユーロにつながる経済通貨統合の端緒となった。またトルン首相は超国家主義の立場から、欧州経済通貨統合（EMU）導入による域内市場の固定化を推進する一方、有志連合型の共通政策の追求や、欧州委員会の弱体化に一貫して反対した。

1980年代以後、特定多数決の適用分野の拡大やEC拡大の公算が大きくなり、加盟国の発言権の均等性や国益が脅かされると、ルクセンブルクは自己主張を示した。銀行業はルクセンブルクの代表的産業であるが、外部に向けて銀行が秘匿すべき情報を開示すべきという、国益を侵害しかねないEC指令が提出された際には、拒否権を発動し、これに抵抗した。また、ルクセンブルクは関税の均一化、固定資産売却益税や、貯蓄所得課税に関するEU指令にも抵抗した。マーストリヒト条約の制定過程では、議長国ルクセンブルクは神殿構造の条約草案を提出し、最終的にルクセンブルク案のほぼ全内容が受容された。

ユンカー首相は、特に積極的で自信にあふれた外交政策を展開した（↓コラム5）。彼は欧州主義の立場から、多段階の欧州統合を認める「中核ヨーロッパ」構想に反対し、一様な欧州の統合と深化に努めた。彼は伝統的な誠実な調停者の任を務めながらも、財政安定成長協定の合意や、同協定改定を導いた。他方で彼は小国対大国の図式に拘泥せず、ときにベルギーやオランダではなく独仏と団結し、オーストリアといったほかの中小国と対立することもあった。また、独仏の成長イニシアチブを歓迎するほか、財政安定成長協定に違反する独仏への制裁を阻み、両国を優遇した。

しかし、EUの政策決定機構において、ルクセンブルクの影響力は漸次的に低下する傾向にある。1990年代に政策調整方式（OMC）が導入されたが、同方式において、欧州委員会は統合の方向性を左右しうる議題の促進などを行いうる立場にはなく、加盟国が国益を主張する閣僚理事会や、欧州理事会が影響力を高めた。その結果、欧州委員会の権威は低下し、ルクセンブルクは均衡化を図ることが困難となった。また、リスボン条約後も、共通外交安全保障政策（CFSP）や警察・司法協力といった特定分野では、EUは政府間主義による政策決定を維持している。これらの分野では、政策決定は基本的に加盟国に依拠するため、大国の権力政治が色濃く表出し、小国は不利である。また

ルクセンブルク大公宮殿
© Jean-Claude Conter/LFT

EU拡大に伴う加盟国の増加は、必然的にルクセンブルクの影響力を削ぐ。

ルクセンブルクは１９９０年代に入ると、国際問題でも積極的な姿勢を示し始めた。同国は１９９２年以後、紛争予防や平和維持・平和構築活動を中心に、ＮＡＴＯやＷＥＵの枠組みの下で海外派兵に参加し始めた。もっとも、派兵の規模は連帯を示す程度にすぎず、軍事力も微小である。イラク戦争時には外交路線を転換し、親米路線を離れて独仏やベルギーと共同歩調をとり、ＮＡＴＯから自立した、欧州早期対応軍を設立する構想に参加した。

またルクセンブルクは伝統的に、軍縮や軍備管理に寄与してきた。１９９０年代、ルクセンブルクは欧州通常戦力（ＣＦＥ）条約に調印するほか、１９９２年には軍縮や軍事行動の透明性を高める信頼醸成措置である、オープン・スカイ多国間査察活動に参加した。

さらに、ルクセンブルクは開発協力にも積極的に関与する。同国は、1970年の国連総会合意である、ODA額の対GNI（国民総所得）比0・7％以上を満たす希少国であり、2014年にはEU加盟国中、最高値の1・07％を記録した。2005年には国連ミレニアム開発目標を達成すべく、EU議長国として主導権をとり、2015年までにODA額の対GNI比を0・7％に上昇させるというEU15か国の合意を導いた。

自信をつけたルクセンブルクは積極的な外交行動を開始しているが、多国間主義、超国家機構への主権の委譲、欧州統合の推進と深化、国益よりもEU益を重視する基本的方向性、「誠実な調停者」としての外交姿勢や紛争予防、平和維持・平和構築活動、軍縮・軍備管理、開発協力への積極的な貢献、ハードパワーの欠損といった要素を鑑みると、同国はシビリアンパワーである。外交目標を達成するうえで、小国対大国という観点から、ベネルクスの枠組みや小国連合により大国へ均衡化を図るだけでは不十分であり、今後のルクセンブルクは、ユンカー元首相が示したように、状況に即して大国と実用的な連合を図ると思われる。

（中川洋一）

ヴェルナー首相とEEC
——小国外交の可能性と限界

コラム4

中川洋一

1965年3月、ハルシュタインEEC初代委員長が「ハルシュタイン・プラン」を発表した。同案は、欧州域外からの輸入品に対する関税と農業課徴金を欧州共同体の固有財源とすること、固有財源の実施に伴い、欧州議会に共同体財源を管理する権限を持たせること、理事会での特定多数決を大幅に導入すること、といった提案であった。

EECの財源は、加盟国の拠出金に依拠していた。ハルシュタインは、共同体の成果物である域外からの共通関税をEECの固有財源とすることで、財源面での自立と欧州委員会の権限の強化を目指した。また、欧州議会への予算監督権の付与は、欧州議会の権限の拡大を意味した。さらに、閣僚理事会での特定多数決の適用範囲の拡大は、各国の主権の制限を意味した。多数決であれば、ある加盟国が反対しても、その法案は採択されうる。つまり、これらの案は超国家的・連邦主義的結合体としてのEECを企図しており、フランスのド・ゴール大統領が企図した、各国の主権を尊重する政府間主義による統合案と抵触していた。

ド・ゴールは、フランスの主権の侵害や委員会による超国家的な政治運営を嫌い、対抗措置として同年6月以来、閣僚理事会から仏代表を退席させる「空席戦術」をとった。当時、閣僚理事会の意思決定は全会一致方式であったため、フランスのボイコットにより意思決定が不可能となった結果、EECは機能不全に陥り、最大の危機を迎えた。

ルクセンブルクのヴェルナー首相は、議会や委員会の権限強化の意思をＥＥＣ委員会が放棄することを求めた。また、フランスが交渉の席に戻ることは可能と考え、ベルギーのスパーク外相とともに、フランスを除く5か国だけで決定しようとするほかの加盟国に抵抗した。オランダは超国家主義でのフランスへの妥協を求めない西ドイツを支持したため、ベネルクスで統一した立場をとれなかった。

また彼はスパーク外相による調整努力に協力しながら、まずはベネルクス間、その後は5か国でローマ条約、ＥＥＣと共通市場の推進、ＥＣ制度の下での問題解決といった共通の立場を構築することに努めた。西ドイツやオランダとの調整に苦慮しながらも、１９６５年10月の

ピエール・ヴェルナー
wikimedia commons

閣僚理事会で5か国はフランス代表を再度交えて協議することで合意した。

フランス代表が再度交渉の席についた1966年1月、ルクセンブルクがホスト国を務める特別閣僚理事会の場で、スパーク外相とヴェルナー首相は「誠実な仲裁者」として決定的な役割を示した。交渉は仏側の提示する10項目を基に展開した。ヴェルナーは孤立するフランス側に配慮する一方、5か国とフランスとの見解の相違を極小化させることに努めながら、慎重かつ辛抱強く、全加盟国が受け入れ可能な内容を探し求めた。フランス代表の翻意を招くことは叶わなかったが、フランスを加えた6か国が共通市場の実験を継続する希望であることは明らかになった。

スパークとヴェルナーはフランスとの見解の相違を認めたうえで、フランスのEECへの復帰を最優先した。スパーク外相とド・ミュルヴィル仏外相との電話会議が解決の鍵を握った。最終的に、EECと委員会の拠出金割合が見直され、また多数決方式が採用されたとしても加盟国にとって死活的問題となる課題については、全会一致に達するまで討議を継続することが約束され、実質的に加盟国の拒否権が認められた。またEEC委員会の権能が弱められ、閣僚理事会の権能が強化された。これが一般に「ルクセンブルクの妥協」といわれる措置である。

この妥協は超国家的統合を遅滞させ、政府間主義に基づく統合を推進させることを意味した。ヴェルナー首相やスパーク外相の調整努力はEECを崩壊から救ったが、超国家的統合の追求に関してフランスに譲歩せざるを得なかったという点で、小国の外交の可能性と限界を露呈したといえよう。

コラム5

ジャン＝クロード・ユンカーと欧州統合

中川洋一

ユンカー（Jean-Claude Juncker）は1954年生まれの、複数の言語に堪能で外交手腕や実行力に長けた、ルクセンブルクの政治家である。

彼の政治理念は、鉄鋼労働者でキリスト教社会労働組合に参加した父の影響を受けている。ユンカーはキリスト教社会人民党党員であり、社会主義を補完した経済政策を追求し、欧州全土での最低賃金制の導入を求めた。また、戦中世代が戦後「不戦共同体」である欧州制度や経済的繁栄を導いた事実は、「欧州から戦争を駆逐する」責任がある戦後世代として、ユンカーが欧州統合を推進する原動力となっている。

ユンカーは1984年からルクセンブルク労働相兼財務相、1995年から首相を務めた。首相時代、彼は積極的で自信にあふれた外交政策を追求した。彼は筋金入りの欧州統合論者であり、「信頼ある調停役」を務めながら、積極的に欧州統合を推進した。1996年のEUダブリン首脳会談では、ユーロ安定のために債務額の制限や制裁を規定した、欧州財政安定成長協定に関して、独仏首脳が経済通貨統合（EMU）への参加基準をめぐり対立したが、ユンカーの調停により両国は合意した。

2005年にフランスとオランダの国民投票でEU憲法条約の批准が否決された際には、ユンカーはルクセンブルクでの国民投票にあたり、同条約の批准と首相信任とを結びつけるという断固たる姿勢を示し、批准に成功した。2010年の欧州債務危機では、彼は厳格な財政改革や緊縮財政政策と引き換えに、ユーロ圏諸国とIMFはギリシャに資金を融通した。

さらに彼は、ルクセンブルクの歴代首相と異なり、ベネルクス諸国よりも独仏に接近した。また、彼は伝統的な親米路線を修正し、2003年に独仏やベルギーと、NATOから自立した軍事能力の獲得を目指す欧州安保防衛同盟構想に参加した。

しかし2013年、国家情報保安部による違法な盗聴活動や汚職が暴露されたため、ユンカーは首相職を辞任した。

2014年以後、ユンカーは欧州委員長を務めている。ユンカー委員会は、委員長への権限の集中を意味する「大統領制化」を強めている。2015年のギリシャ債務危機では、ユンカーはユーロ離脱を梃子にギリシャに財政健全化を再び受容させることで、危機を収拾した。2015年の難民危機では、特に東欧加盟国が、加盟国で難民を分配して受け容れるという委員会案を拒否した。また、ウクライナ危機やEU拡大に関して、彼の運営は消極的である。

ユンカーは2017年、2025年までのE

ジャン＝クロード・ユンカー
©EPA/STEPHANIE LECOCQ＝時事

Uの目標として、自由、平等、法による支配といった価値統合体の成立、欧州理事会議長国と欧州委員長の一体化、欧州経済金融委員による欧州経済金融相とユーログループ議長の兼務といった中央集権化、欧州内での社会保障の均一化、外交防衛分野での特定多数決方式の導入、欧州防衛同盟の設立、欧州安定メカニズム（ESM）の欧州通貨基金への改組、全EU加盟国へのユーロ導入と銀行同盟への参入、シェンゲン協定国の拡大を企図している。しかし、彼の主張は、ユーロや難民危機による南北・東西欧州間の亀裂や、民主主義の赤字を無視している。全加盟国へのユーロ導入は、第2のギリシャを導きかねない。また経済金融政策の中央集権化は、各国議会の予算決定権や、有権者による統制を剥奪するため、民主主義と抵触する。また2018年、ユンカーは最後の一般教書演説で、EUの共同体化の強化と団結により、国際的存在感を増すことを訴えた。EU改革に残された時間は少なく、EU懐疑派の勢力の伸張との競争となろう。欧州委員会は独仏とより緊密に提携し、改革を行う必要がある。

日本の皇室と大公家の親密なご交流

西村篤子 コラム6

日本の皇室とルクセンブルクの大公家との間には、長きにわたる親密なご交流がある。天皇陛下は若き皇太子時代に、当時同じく皇太子であったルクセンブルクのジャン前大公殿下とお会いになる機会があった。以来両家の間では、いろいろな機会に親密なご交流が積み重ねられてきた。

天皇陛下は今までに二度、ルクセンブルクを訪問されている。一度目は皇太子時代の1983年のことで、アフリカご訪問の途次に妃殿下とともに立ち寄られている。二度目は天皇に即位された後の1997年のことで、南米ご訪問の途次に皇后陛下とともに再び訪問された。このときはドイツ国境に近い名城フィアンデン城などを訪問された（↓47章）。

また、ルクセンブルクからも、大公家の方々がたびたび日本を訪問されている。ジャン前大公殿下は2000年に大公の地位を退かれる前、1998年の長野オリンピックに際し、当時のアンリ皇太子殿下とともに訪日された。続いて翌年の1999年には、ジョゼフィーヌ・シャルロット大公妃殿下（ベルギーの前国王アルベール2世の姉君）とともに国賓として来日され、日本の各地も訪問された。現大公のアンリ殿下も親日家として知られ、皇太子時代から公私にわたって何度も日本を訪問されている。ご成婚の年にも大公妃殿下とともに日本を訪れ、滞在を楽しまれた。

親密なご交流は若い世代にも受け継がれている。1988年には当時の礼宮殿下が、そして1990年には皇太子殿下がルクセンブルクを訪問され、さらに2012年のギョーム皇太子殿下のご結婚式の際には日本から皇太子殿下が列席された。毎年夏の一時期、ユネスコの世界文化遺産にもなっているルクセンブルク市旧市街にある大公宮が一般に公開され、ガイドつきで内部を見学できる。私が世界中からの観光客にまじって見学ツアーに参加した際、ガイドが宮殿の奥につながる扉を指して説明した。この奥には、ギョーム皇太子殿下ご結婚式の際に、限られたゲストとして日本の皇太子殿下がお泊まりになられた部屋があるというのである。これを聞いて、両国間の特別に親密な関係をひそかに誇らしく感じたという思い出がある。

最近では、2014年に経済ミッションを率いて訪日されたギョーム皇太子殿下とステファニー皇太子妃殿下が、天皇皇后両陛下と親しく昼食をともにされ、また皇太子殿下と雅子妃殿下ともお茶をご一緒された。当時、大使としてお供させていただいた私自身も、あらためてご両家の親密なご交流の歴史が世代を越えて引き継がれ、深まっているご様子を近くで拝見し、両国間の確かな絆に大変心強い思いがした。

このようにきわめて緊密なご両家の関係を基盤に、両国は政治、経済、文化など幅広い分野にわたって活発な交流を積み重ねてきている。外交関係開設90周年にあたる2017年、アンリ大公殿下は国賓として来日され、両陛下との旧交を温められた。歓迎の宮中晩餐における挨拶で、天皇陛下と大公殿下はともに両家の深い絆への強い思いを述べられた。共通の価値観を持ち、国際場裏でさらなる協力が期待される両国の友好関係は、両家の強い絆を基盤に今後とも幅広い分野で深まっていくことであろう。

コラム７

ルクセンブルクの中の日本

岸本雄次郎

私は日系銀行からルクセンブルクの現地法人（子会社銀行）に出向し、１９９０年代後半を同国で過ごした。

現地における日系現地法人銀行９行は、押しなべて東京本店由来の業務（投資ファンド管理、カストディ業務など）に特化していたので、日本語のできるスタッフは貴重であったが、同国内でそのような人材はまず見つからない。ルクセンブルク勤務を希望する有望な日本在住者が見つかれば、労働ビザを取得させるためにルクセンブルク外務省と骨の折れる交渉（ユーロ圏外からの労働者受入れにつき、ユーロ圏各国はきわめて消極的であった）を行い、住居を準備し、渡航後は業務教育を行う。そのように採用し、教育した人材を日系他社がヘッドハントすることはタブーとされていた（もっとも、他人が搗《つ》いて捏《こ》ねた餅を座ったまま食うような、かかる所業を働く日系現地法人が存していたのも事実である）。

日本人がルクセンブルクの労働ビザを申請する際には、無犯罪証明書（犯罪経歴証明書）の提出が求められる。同証明書は居住する都道府県警察が交付してくれるが、「犯罪歴あり」と記載されていると、ビザ申請は却下されることもある。実は犯罪歴があってそれを内密にしている者が勤務先から同国への赴任を打診された場合は、如才なく立ち回る方がよかろう。

日本人学校がないので、駐在邦人が帯同した子どもたちの多くは、幼稚園年少から高校まで有するアメリカンスクールに通っていた。授業をはじめ、いっさいの基本言語が英語であり、教職員や児童、学生は多国籍である。教育水準はきわめて高く、幼稚園で月の満ち欠けの原理を教えていた。

　資金調達のためと推察されるが、この学校では生徒の出身国の料理を来場者に提供する有償のイベントを催し、父兄は手料理を国ごとのブースに持ち寄った。売上げはすべて学校への寄付となる。多国籍な学校だから多くのブースが設置されるが、入場者たちが真っ先に向かうのは、日本ブースであった。「スシ、スシ！」と、皿と箸をもって殺到する。和食ブームは、今に始まったことではなかったのである。当時の当地でのビジネスシーンにおいて、「寿司を食べたことがない」とか「箸が使えない」ということは、インテリではない証左とみなされていた。かくして、いの一番に食べつくされるのは日本ブースであり、最後まで料理が残るのは、英国ブースとオランダブースであった。

　日本人学校はないものの、水曜日の放課後と土曜日に日本の教科書を用いた授業を行う補習授業校が設置されていた。日本人子女の多くは、アメリカンスクールに通う傍ら、補習校にも通うのである。日本への興味・関心から、子女にこの補習校の授業を受講させることを希望する非日本人も存していたが、日本国籍を有しない者の入学は受け入れていなかったようである。補習という目的や教育水準の維持を考えると当然の措置だろうが、将来性豊かな親日家を養成するという観点からは、多少は門戸が開かれることを期待したい。

VI

社会と暮らし

29

就学前教育から中等教育まで

★多言語教育と挑戦★

ルクセンブルクではルクセンブルク語、ドイツ語、フランス語が公用語であり、ルクセンブルクで育った者の多くがこれら3つの言語の運用能力を獲得する。ルクセンブルクの教育は多言語教育に特徴があり、このような言語運用能力は教育によって生みだされる（↓8章）。本章では、中等教育、すなわち日本でいう高等学校程度までの教育について、言語教育を中心に概観していきたい。

現在、ルクセンブルクには156の公立小学校があり、さらに独自プログラムに基づく私立の小学校や幼稚園が何校か存在する。ルクセンブルクの公教育は幼児教育の一部として、3歳の早期教育から始まる。これは任意であり、4歳まで1年間行われる。早期教育はそのまま4歳からの就学前教育へと引き継がれる。4歳からの2年間の就学前教育は義務教育である。就学前教育は早期教育とともに、すべてルクセンブルク語で行われる。ルクセンブルク語を第1言語（母語）としない児童が6歳からの初等教育で始まるドイツ語教育にできるだけ馴染めるようにという配慮から、2年間の就学前教育は1993年より義務化された。また、長い間6歳からは小学校、それ以前は幼

ルクセンブルクの幼児教育および初等教育

10、11歳（2年）	サイクル4	初等教育（小学校相当）
8、9歳（2年）	サイクル3	
6、7歳（2年）	サイクル2	
4、5歳（2年）	サイクル1（就学前教育）	幼児教育相当
3歳（1年）	早期教育（任意）	

幼児教育および初等教育での言語科目の週あたり時間数、授業言語

言語科目	早期教育およびサイクル1	サイクル2-1（6歳）	サイクル2-2前期（7歳）	サイクル2-2後期	サイクル3、4
ドイツ語（D）	-	8	9	8	5
フランス語（F）	-	-	-	3	7
ルクセンブルク語（L）	-	1	1	1	1
授業言語	L	D（L）	D（L）	D（F/L）	D（F/L）

稚園として区切られていたが、2009年の教育改革により、就学前教育の2年間は小学校の一部として一体的に運営されており、小学校の「サイクル1」として扱われている。

6歳から11歳までの6年間が、日本の小学校に相当する初等教育である。この6年間は2年間ずつ三つに区切られ、また就学前教育と一体としてとらえられるため、引き続いてそれぞれ3、4年生が「サイクル2」（6、7歳、日本の小学校1、2年生に相当）、5、6年生が「サイクル3」（同8、9歳、3、4年生）、7、8年生が「サイクル4」（同10、11歳、5、6年生）として扱われる。初等教育において児童が初めて習う読み書きの言語、すなわち識字の言語はドイツ語である。ドイツ語に近いルクセンブルク語を第1言語として話すことを前提とし、初等教育の1年目、すなわちサイクル2から週8時間、徹底的にドイツ語を身につけるのである。また、ドイツ語と並行してサイクル2の2年目後半（すなわち2年生の後半）からフランス語学習が始まり、サイクル3、4からは週7時間のフランス

語と週5時間のドイツ語、そして週1時間のルクセンブルク語と、実に全体の約46%が言語学習に割り当てられている。

初等教育後は、日本の中学校と高等学校に相当する中等教育へと進学する。初等教育時の試験結果などから、大学等の高等教育への進学を目的としたリセ・クラシック（古典的中等教育、生徒の約35%）か、もしくは一般教育とともにさまざまな技術を身につけるリセ・テクニック（一般的中等教育、同約65%）のどちらかにほとんどが進学する。リセ・クラシックとリセ・テクニックは42校あり（国立37校、私立5校）、ほかにも中等教育に相当する教育機関がある。

リセ・クラシックは合計7年間で、12歳からの7〜5年生（リセ・クラシックでは上級になるほど数字が減る）の3年間が下級課程、15歳からの4〜1年生が上級課程として位置づけられる。下級課程では数学とフランス語の授業を除いて、授業言語はドイツ語が用いられる。なお、ドイツ語やフランス語に苦手意識を持つ生徒には、ドイツ語強化コースやフランス語強化コースが用意されている。上級課程では、ドイツ語と英語の授業以外、授業言語はフランス語となる。卒業した生徒は大学など、高等教育機関へと進学する。

一方、リセ・テクニックは課程に応じて6〜7年間（7〜12年生もしくは13年生）に及ぶ。リセ・クラシックと異なり、初等教育であるサイクル2〜4の6年間から連続して年次を数えるため、初年度は7年生である。7〜9年生は下級課程であり、9年生は成績に応じて、上位から「理論」、「多目的」、「実用」にクラス分けされる。また、数学とフランス語の授業以外、授業言語はドイツ語である。下級課程には、リセ・テクニックの授業についていけない生徒のため、単元式の準備コース（プレパラ

ルクセンブルクの中等教育

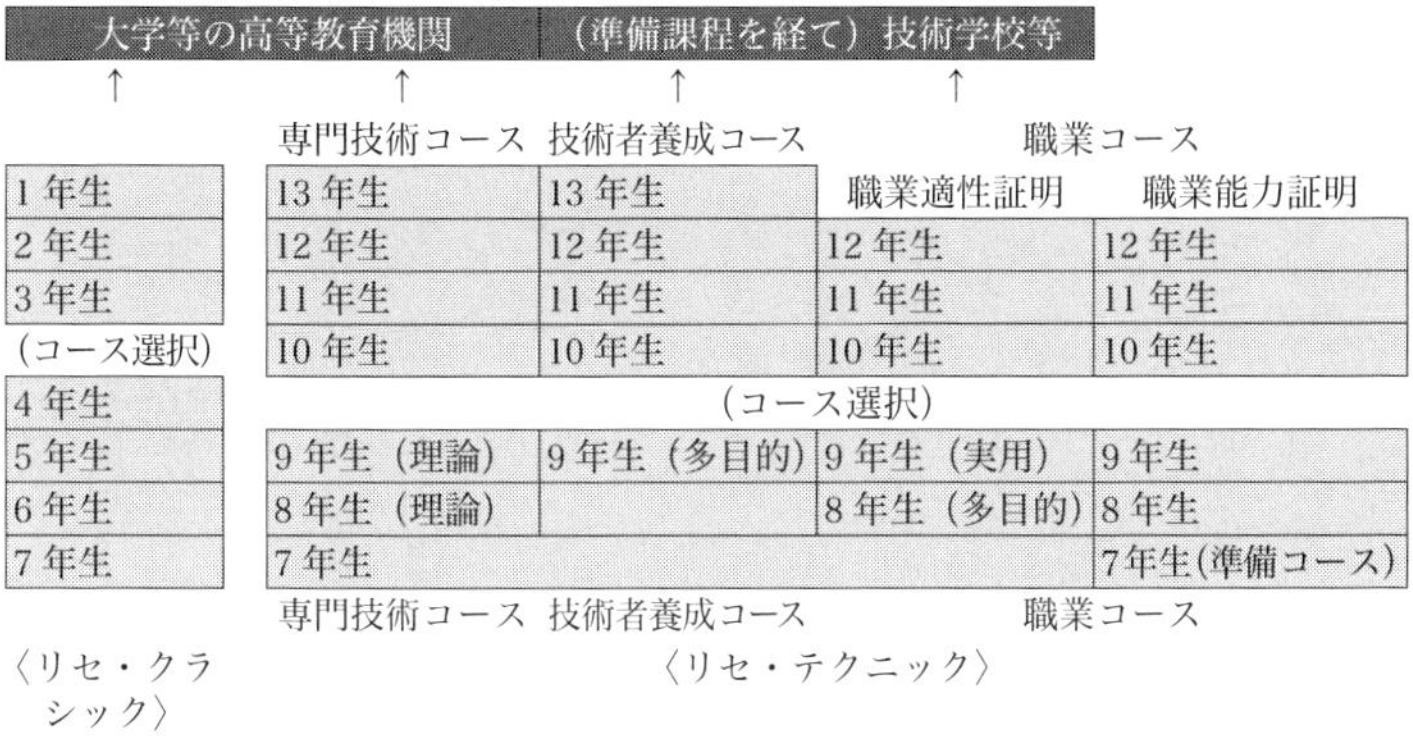

トワール）が用意されている。このコースでは数学もドイツ語で授業が行われているが、ポルトガル語などロマンス語を母語とする子弟のために、実際には必要に応じてフランス語も用いていることが想定される。ドイツ語やフランス語を苦手とする生徒のために、言語支援クラスが設置されている学校も少なくない。

　リセ・テクニックの10年生からは中級課程、12年生からは上級課程となる。ほぼ成績別に、専門技術コース（4年）、技術者養成コース（4年）、職業コース（3年）の三つのコースに分かれる。最上位の専門技術コースを修了すると、リセ・クラシックと同等の資格が与えられ、大学進学への道が開かれる。技術者養成コースを修了すると技術者証明、職業コースを修了すると職業適性証明もしくは職業能力証明が得られる。職業能力証明を除き、これらを得た後は準備課程を経て、技術学校のような上位の教育機関へ進学することも可能になる。

　これらの学校のほかに、２０１６年度にディフェルダンジュ、２０１７年度にエシュで、公立のインターナショナルスクールが開校した。ここでは英語、フランス語、ドイツ語のどれかを第1言語として、コース別に学ぶ。

ルクセンブルクの教育制度では、初等教育の成績によって中等教育の進学先が決まることから、制度が社会的格差を生みやすい。特に、言語教育に大きな比重が置かれていることもあり、ルクセンブルク語のようなゲルマン語を母語としない児童にとって、識字言語としてのドイツ語は足枷となりがちである。ドイツ語による識字教育が機会の不平等を招いてしまっているのではないかと、以前より指摘されている。２０１４年度の調査で、家庭で話す言語がルクセンブルク語であると答えた生徒は、リセ・クラシックでは67％であったのに対し、リセ・テクニックでは44％であった。一方、ポルトガル語であると答えたのは、リセ・クラシックでは９％であったのに対し、リセ・テクニックでは31％であった。

言語による機会の不平等を解決するため、フランス語による識字のオプションを用意するべきという意見、ドイツ語とフランス語同時に識字を行うべきという意見、さらには子どもたちの共通の言語であるルクセンブルク語によって識字を行うべきであるという意見などがあり、長年議論が続いている。政府も手をこまねいているわけではない。たとえばルクセンブルク市内のリセ・テクニック・デュ・サントルでは、ドイツ語の授業以外は全てフランス語で開講されるコースも提供されるなどしている。しかしルクセンブルク語を母語とし、大人になればドイツ語、フランス語を操る「ルクセンブルク人」を育成する政策を転換すれば社会の分断を招きかねないこともあり、現在のところ政府はこれまでの言語教育政策を維持している。増大し続ける移民の社会統合という課題を前に、教育制度は大きな試練に立たされている。

（小川　敦）

30

大学

★唯一の大学、ルクセンブルク大学★

ルクセンブルク大公国では、現時点で、２００３年に設立されたルクセンブルク大学が唯一の大学である。この大学ができる以前は、ルクセンブルク人はドイツやフランス、ベルギーなど、外国の大学に進学するしか選択肢がなかった。世界有数の経済力を誇る同国に長らく大学がなかった大きな理由の一つに、当のルクセンブルク人に外国に出ていくべきだと考えるメンタリティがあったこと、逆にいえば、国内における大学の需要がなかったことが挙げられる。国土面積が２５８６平方キロメートル、人口が５７万６千人（２０１６年現在）の同国は、国境を接するドイツやフランスなどと比べると規模の小さい国といえる。小さな国に閉じこもっているのではなく、若い時分に外国で見聞を広めることが重要だという考えが、長らくルクセンブルクの人々の中にあった。母語であるルクセンブルク語に加え、ドイツ語やフランス語を高いレベルで使いこなし、英語やその他の言語の語学力も高いルクセンブルク人にとって、外国の大学に進学するハードルは、日本人が留学するのと比べてはるかに低い。

ルクセンブルク大学は同国の特徴を活かして、多言語併用や国際性、学際性をうたっている。現在キルヒベルク、リンペルツベルクおよびベルヴァルという三つの街にキャンパスが点在しており、それぞれに科学技術コミュニケーション学部、法経済学部、人文教育学部の三つの学部が置かれている。各学部は、ヨーロッパ共通の大学制度を定めたボローニャシステムに準拠した3～6の学科から構成されているが、興味深いのは各学科ごとに使用言語が異なる点である。たとえば同じ科学技術コミュニケーション学部でも、エンジニアリング学科での使用言語はフランス語とドイツ語、情報科学科は英語とフランス語、コンピューター科学科では英独仏の3言語が使用される。法経済学部で必要となるのは英語とフランス語であり、人文教育学部教育学科では英独仏に加えてルクセンブルク語も必要となる。

学部や修士課程では、続々と新たな学科が設立されている。学部では科学技術コミュニケーション学部の情報科学科、修士課程では法経済学研究科のロジスティクス・マネジメント学科、人文教育学研究科の建築学科や境界研究学科などの設立が新たに予定されている。博士課程に進学したうえで指導教員につく日本とは異なり、ルクセンブルクで博士号を取得するには、指導教員に直接受け入れてもらって研究指導を受けるシステムになっている。

国語国文学科に相当するルクセンブルク学を研究する学科や講座が、2003年の大学創立時にはなかった。2006年に学術的な研究が中心のルクセンブルク言語文学研究所が設立されたのを皮切りに、2007年にルクセンブルク語語学教師養成のための特別講座が、2009年には修士課程が開設された。ただし、現在も、人文教育学部にルクセンブルク学科はない。このことからルクセンブルク大学は、ルクセンブルク独自の言語や文化を研究する、いわば内向きの大学ではなく、やはり本

ルクセンブルク大学ベルヴァルキャンパス
閉鎖された鉄鋼工場を改装して、2015年に新しくオープンした。

来、言語や文化のハイブリット性やＥＵなど国際社会における役割と地位を意識した、外向きの大学であったといえそうである。

ルクセンブルクでは若者の間でも、依然として外国の大学に出ていきたいと考えが根強く、ルクセンブルク大学にはむしろＥＵやヨーロッパ経済などに関心を持つ留学生が多い。修士課程に進学する学生も、ルクセンブルク大学出身者ではなく、ドイツやフランスなど国外の大学で得た専門知識を活かして、再度自国の言語や文化を見直そうとする者が多い。

筆者は２００９年から２０１１年まで、この修士課程に在籍していた。同講座では講義のほとんどがルクセンブルク語によって進められるため、ルクセンブルク語を話せない外国人には少しハードルが高い。在学当時、筆者以外の外国籍の大学院生は、ルクセンブルク在住のベトナム系移民でフランス語を母語とする院生だけで、それ以外はルクセンブルク語を母語とするルクセンブルク人の院生ばかりであった。同講座の教員に話をうかがったところ、やはり母語話者以外は授業の単位を取ることに困難を覚えることが多いそうで、母語話者以外の院生はあまり受け入れていないとのことである。これはおそらく、ルクセンブルク語の語学力だけの問題ではない。同大学院の授業では、フランス語、ドイツ語、ルクセンブルク語、そして場合によっては英語で書かれた文献を読みこなし、それについて各授業における使用言語で議論することが求められる。レポートなどは自分の得意な言語を選んで執筆することが認められる場合もあるが、前記のいずれかの言語の語学力が低く、読解に時間がかかったり議論に加われなかったりすると、単位の取得は困難になる。

各授業における言語の使用状況も複雑である。多くの授業はルクセンブルク語で行われ、議論もルクセンブルク語で交わされることが多いが、授業中に参照する論文や資料等は英独仏の3言語であることが多い。ドイツ人の教員が担当する授業ではドイツ語が使用されるなど、教員の使用言語に合わせる場合もあれば、ルクセンブルク人が執筆したフランス語文学を扱う授業などでは、教員がルクセンブルク人であってもフランス語で授業が行われるなど、授業の内容に合わせる場合もある。授業では院生どうしの議論も、教員が使用する言語で行われる。

多言語性が反映されたルクセンブルク学講座における言語使用は非常に興味深い。しかしながら、それゆえに母語話者以外にとってハードルの高い講座になっているのなら、それは残念なことである。授業における多言語併用をどう解決するかという問題はあるものの、留学生を積極的に受け入れてルクセンブルク独自の文化を他国に発信するという観点も、今後は重視されてよいのではないかと思われる。

（西出佳代）

ルクセンブルク人の名前

田村建一

コラム8

ルクセンブルク人の名前のうち、名の部分には一般にフランス語系の名前が用いられ、姓にはドイツ語系あるいはフランス語系の名前が用いられることが多い。それぞれの種類の例を挙げてみよう。

ドイツ語系の姓をもつ名前――キャロル・シュレーダー（女性）、ジャック・シュテッフェン（男性）、フェルナン・ホフマン（男性）
フランス語系の姓をもつ名前――クロディーヌ・ムラン（女性）、カティー・クレマン（女性）、ピエール・デュポン（男性）

フランス語系の姓の多くは、綴りがフランス語とまったく同じであっても、後ろの方にアクセントを置くフランス語とは異なり、前の方にアクセントが置かれる。たとえば右記のデュポン（Dupont）では、「デュ」の部分にアクセントが置かれる。また、ローラン（Lorang）のように、フランス語（この場合Laurent）に由来する姓であっても、綴りがルクセンブルク語化されたものもある。この現象は名においてもみられ、ルクセンブルク人男性に非常に多い名であるジャンは、フランス語式のJeanとともに、ルクセンブルク語化したJangもよくみられる。

ドイツ語系の姓に関して注意すべきは、Jで始まる姓の場合、ヤ行で発音されるドイツ語とは異なり、この子音をジュと読ませるものが多いという点である。日本のメディアでジャン＝クロード・ユンカーと表記される著名な政治家（→コラム5）の姓は、ユンカーではなくジュンカーと記すのが実際の発音に最も忠実である。

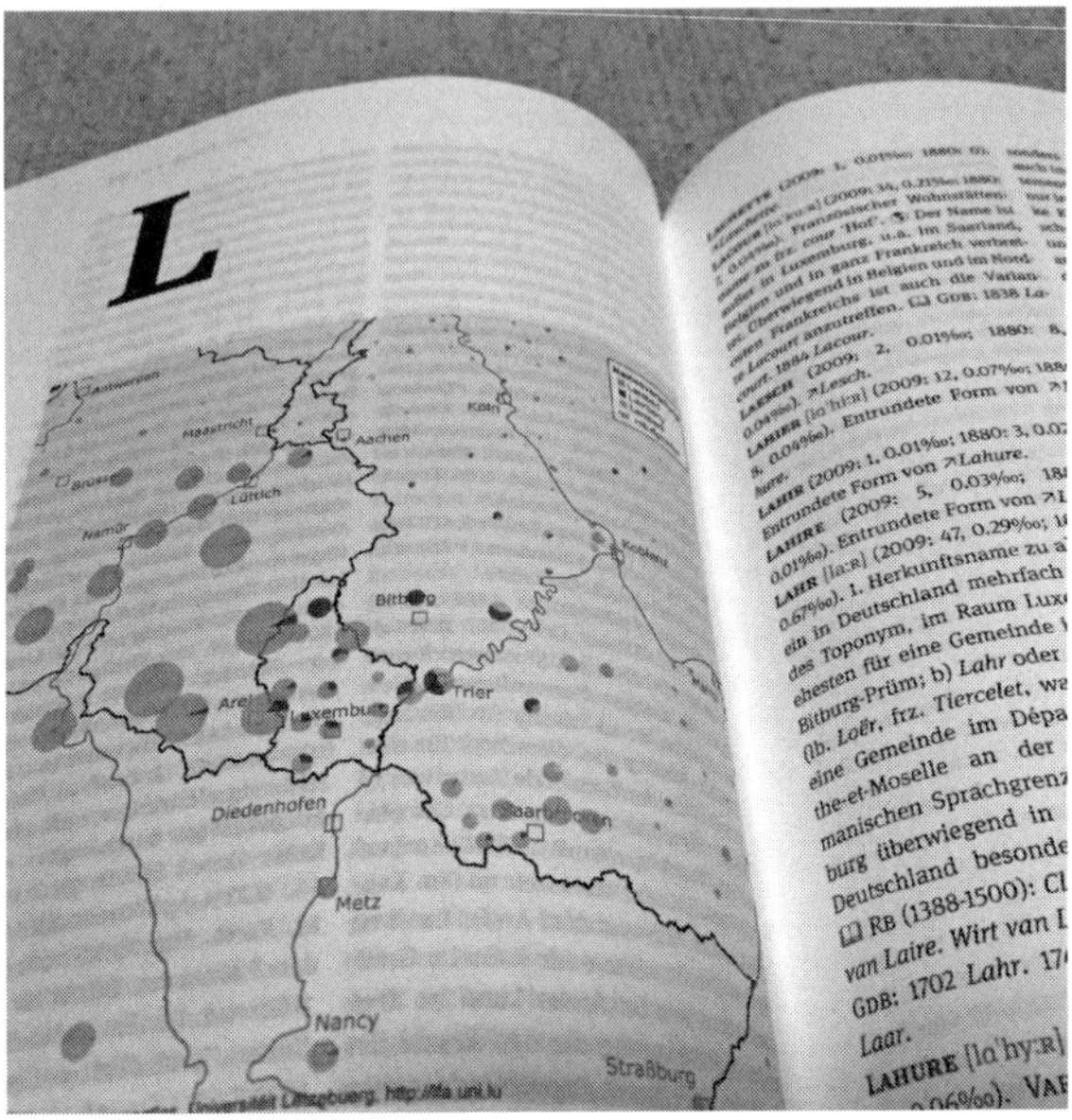

『ルクセンブルク人の姓の本』

2016年にルクセンブルク大学のペーター・ギレス教授を中心とする研究チームによって、『ルクセンブルク人の姓の本』という著書が刊行された。この本では、ABC順に記載された2600あまりの姓について、1880年と2009年におけるその姓をもつ人の数と全体の中での比率が示されるとともに、語源や語形の派生、国外も含めた地理的な分布状況が説明されている。発音記号も付けられているので、外国人にとってもたいへん便利である。

この本の巻末には、2009年時点での姓のトップ50が掲げられているが、その中のトップ10は以下のとおりである。1位シュミット、2位ミュラー、3位ヴェーバー、4位ホフマン、5位ヴァーグナー、6位ティル、7位シュミッツ、8位シュレーダー、9位ロイター、10位クライン。人数としては、ドイツ語系の姓の方が圧倒的に多いようである。

コラム8
ルクセンブルク人の名前

名に関しては、前述のクロディーヌやピエール、あるいはレイニ、ケティ（以上女性）、ポール、ピート（以上男性）などが、かつては多くみられる名であった。では、最近の名付けの傾向はどうかというと、ウェブ版の日刊新聞である『ダイエスツァイトゥング』の記事（２０１４年12月31日付）によると、２０１４年に生まれた子どもへの名付けで最も多かったのは、女の子ではエマ、ララ、ゾエ、アミ、サラ、シャルロットであり、男の子ではガブリエル、レオ、ルカ、ダヴィード、トム、ベンであった。

ルクセンブルク人の名前は、法的には生涯不変であり、女性が結婚を機に夫の姓に替えたり、あるいはたとえばルネー・エスチェン＝メルテンスのように、本来の姓（メルテンス）に夫の姓（エスチェン）を付け加えたりするのは、あくまでも慣習である。２００６年以来、パートナー間の関係が何であれ、生まれた子の名前には、父、母、または両方の姓を付けることができるようになった。ただし、兄弟姉妹間で姓は同じでなければならない。また、姓は最大二つまでしか付けられない。

31

カトリック教会

★トリーアの周辺都市から大司教区へ★

ルクセンブルクにおけるキリスト教の歴史は、3～4世紀ごろのローマ帝国時代に始まる。まず、近隣の街トリーア（ドイツ）が布教活動の中心地となり、ルクセンブルクはその影響下に置かれた。4世紀にはフランスの守護聖人でもあるトゥールのマルティヌス（聖マルタン）がトリーアで布教活動を行い、さらに7世紀末にはノーサンブリア（現イギリス、ノーサンバーランド）出身の聖ウィリブロードがトリーアを訪れる。彼はフリースラントで伝道を行い、ユトレヒトの司教に任じられた人物として知られているが、実は698年ルクセンブルクのエヒタナハにベネディクト会修道院を建てて布教と人材育成に努め、793年にこの地で生涯を閉じた。ルクセンブルクにおけるウィリブロードの功績はたいへん大きく、この修道院を精神活動や芸術活動の拠点としただけでなく、エヒタナハの町全体を重要な巡礼地の一つにした。今でも毎年、聖霊降臨祭の火曜日には聖ウィリブロードを記念する祭りが行われ、独特のステップで知られる踊りの行進を見ようと、多くの観光客が町を訪れる（→49章）。

トリーアの修道院は、ルクセンブルクの建国にも関わっている。963年、アルデンヌのジークフリート伯爵がトリーアの聖マクシミン修道院から、「リュシリンブルフク」と呼ばれる土地を譲り受けた。これがルクセンブルクの始まりである（↓12章）。ジークフリートは、トリーア司教と友好関係を築きつつ神聖ローマ皇帝にも忠誠を誓うという、聖俗両方に配慮した二重政策をとっていた。そのため、950年にエヒタナハ修道院の権利代行者となり、981年には聖マクシミン修道院からも同様の権利を得ている。修道院からの収入は大きく、領土拡大を目指す歴代領主たちにとって重要な権力の基盤となった（ただし、聖マクシミン修道院は1139年に皇帝の命令で大司教の管轄下に入り、伯爵家は修道院に対する権利を失う）。

一方で、その他の司教区は領土拡大の障害であった。建国以前のルクセンブルクは、西側がリエージュ司教区、残った部分の南部がトリーア司教区、北部がケルン司教区にまたがっていたと考えられる。歴代領主はこれらの司教区の隙間を縫うようにして、領地の獲得を模索した。結局、ルクセンブルクがフランスの支配下に入るまで、この国はおおむねトリーア司教区とリエージュ司教区の二つにまたがっているような状態であった。見方を変えれば、この二つの強大なカトリック勢力が、ルクセンブルクにプロテスタントの影響が及ぶのを防いでいたともいえる。これにより、今日に至るまでルクセンブルクはカトリック国であり、16世紀の反宗教改革の時代には重要な拠点の一つとなっていた。

加えて、オランダの動向にも注目すべきだろう。ルクセンブルクと同君連合の関係にあったオランダの諸王はプロテスタントであったが、それにもかかわらずルクセンブルクのカトリック信仰は尊重され、宗教における対立は生じなかった。その後、1814年にフランス軍が撤退し、ウィーン会議によってルクセンブルクが大公国へ格上げされたことから、教区としても1870年に独立した司教

ホレリッヒ大司教の紋章

区となり、さらに１９８８年には大司教区となって今日に至っている。ちなみに、現在のホレリッヒ大司教は３代目にあたる。日本の大学で学び、その後も教鞭をとるなど日本に縁のある方で、その紋章には日の丸がモチーフとして取り入れられている。

　ルクセンブルクでは古くから聖母崇拝が盛んだ。１６６６年、ペストや戦争からの庇護を求める人々によって聖母マリアがルクセンブルク市の守護者に選ばれ、さらに１６７８年には公国（当時は公爵領）全体の守護者となった。今日、国内すべての教会を統括するのは、首都ルクセンブルク市にあるノートルダム大聖堂（ノートルダムとは聖母のこと）である。そもそもこの教会は、イエズス会によって建てられた。イエズス会とは、１５３４年イグナチウス・デ・ロヨラによって創設された修道会で、当時ヨーロッパ各地や世界中に宣教師を派遣していた。ルクセンブルクにも１５９４年にはイエズス会士が定住していたと記録されている。彼らによって１６０３年には学校が、１６２１年には教会が建設され、とくにこの教会は、トリーアのゲオルグ・フォン・ヘルフェンシュタイン補佐司教によって聖母マリアに捧げられた。その後、幾度となく増築が行われたが、１７７３年にイエズス会が解散し会士が街を去ると、当時の主権者であったマリア・テレジアによって教会はルクセンブルク市の所有となり、「聖ニコラウス・聖テレジア教区教会」と命名される。1794年には城壁の外の礼拝堂に置かれていたマリア像が教会内に移されて、多くの巡礼者が訪れるようになり、1844年には新たに「聖母教会」と命名された。

今日のような大聖堂へ格上げされたのは、1870年に独立した司教区となったことによる。近年、街の景観を特徴づけている2本の尖塔が整備されたほか、美術的、建築的価値を高めるための改装工事が行われている。今日、大聖堂は中心部のランドマークとなっていて、多くの観光客が訪れるほか、大公家の結婚式など国の重要行事も行われている。

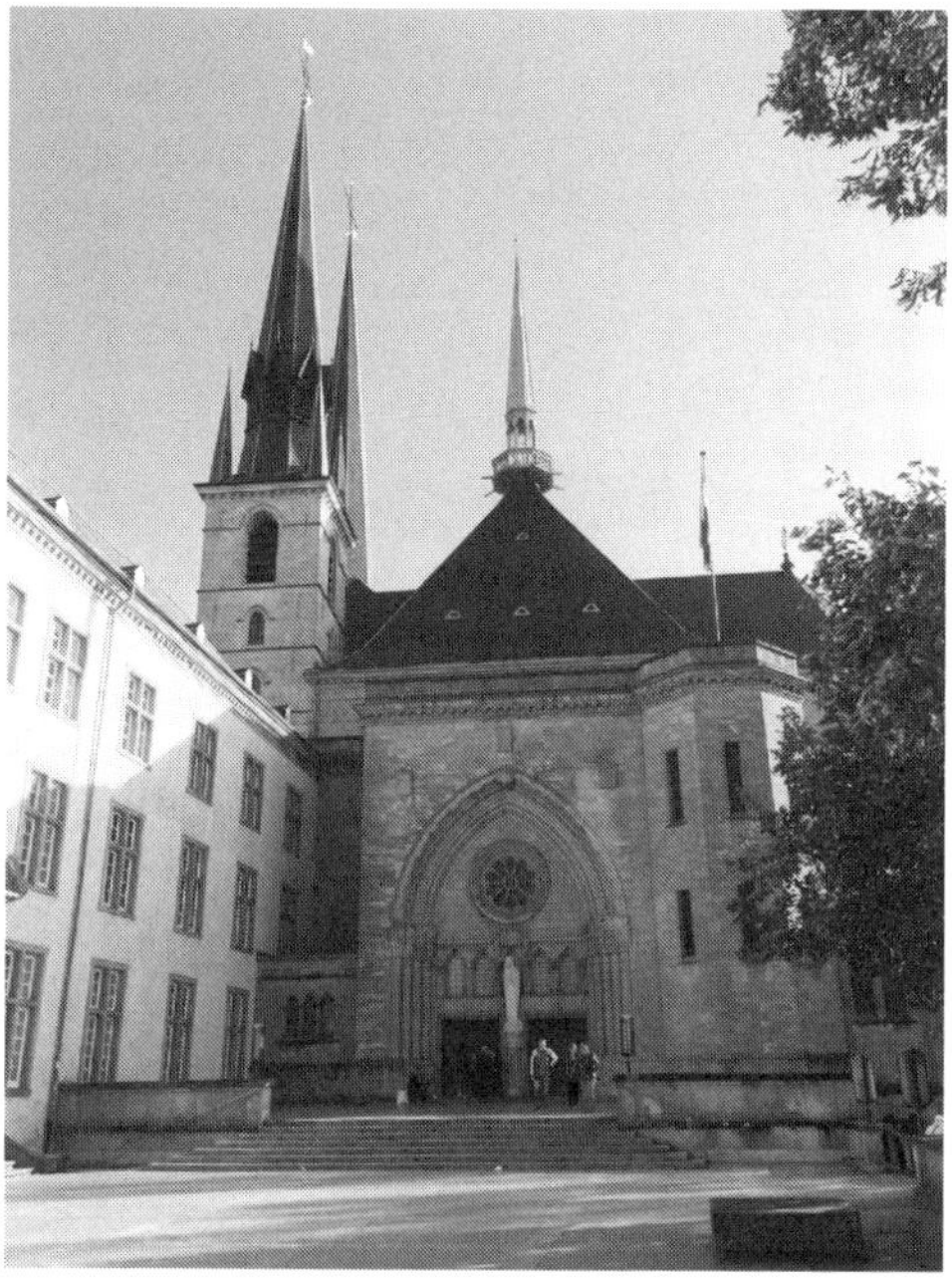
ノートルダム大聖堂
［撮影：田原憲和］

およそ3百年にわたって増改築が行われてきたこの大聖堂には、後期ロマネスク、ゴシック、バロックと、さまざまな建築様式の特徴を見出すことができる。白く明るい堂内に古い2枚のタペストリー、柱に施された帯状の装飾、2階席に施された彫刻の天使たち。色鮮やかなステンドグラスには、マリアの一生が描かれているほか、ルクセンブルクを建国したジークフリートの姿もある。この大聖堂では毎日ミサが行われているが、これは筆者にとって衝撃的な体験であった。というのも、ミサの中でいくつもの言語が使われるからだ。たとえばルクセンブルク語でのあいさつの後、フランス語で歌を歌い、ドイツ語で朗読するといったように、ミサの進行に合わせて次々と言語が変わってゆく。このようなスタイルはおそらく、ほかの多言語地域でもなかなかみられないだろう。教会に集った人々が、ドイツ語で聖書を読みルクセンブルク語の説教を聞きフランス語で歌う様子をみていると、どの言語も人々の内面に深く根差しているのだということに気づく。

ところで、実際にどれくらいの信者がいるのかというと、公式の調査は行われていないため正確なことはわからない。とはいえ、国内の信者数は減少していると言われている。これはルクセンブルクに限ったことではなく、多くの国でみられる現象であり、いかに減少に歯止めをかけるかは各国のカトリック教会にとって喫緊の課題だ。ルクセンブルクでも、若者向けのミサやウェブサイトでの情報提供など、さまざまな取り組みを行っている。とりわけ興味深いのは、言語に関する取り組みであろう。聖書のルクセンブルク語訳を行ったり、外国語を取り入れて外国人が参加しやすい環境をつくったり――カトリック教会の取り組みにも、ルクセンブルクの多言語性が垣間見える。

（木戸紗織）

32

ルクセンブルク語の聖書

――★母語による聖書の獲得か、ナショナリズムの促進か★――

聖書、すなわちキリスト教の聖典は、おそらく世界で最も多くの人に読まれている書物であろう。旧約聖書と新約聖書からなり、「旧約」とは神がモーセを通して人類に与えた契約、「新約」とは神がイエス＝キリストをもって新たに人類に与えた契約を意味する。聖書はいうまでもなく信者にとっての信仰の手引きだが、言語の成立を考えるうえでも興味深い資料である。

マルティン・ルターによる聖書のドイツ語訳は、その最たるものだ。これはまさに、歴史的転換点の一つといっても過言ではないだろう。かつて聖書はラテン語で書かれ、民衆は聖職者を通してしか「神のことば」を知ることができなかった。そこでルターは、人々が聖職者の介在なしに直接「神のことば」を理解できるようにと聖書のドイツ語訳に着手する。1522年から数年をかけて出版されたこれらの本は、当時の最新技術であった活版印刷によって大量に印刷され、急速にドイツ全土に広まった。実のところ、すでに当時ドイツ語訳はいくつか存在していたのだが、ルターは次の2点でほかと大きく異なっていた。第1に底本の選択、第2に言語の選択である。既存のドイツ語訳はラテン語訳からの重訳であったが、ルターは旧約聖書をヘブライ語原典から、新約聖書をギリシャ語原典から直接訳出した。さらに、比較的どの方言地域でも通用していた官庁語を用いつつ、民衆の会話からも多くの表現を取り入れたのである。このように、原典に忠実でありながら、ある程度普及した官庁語を使用し、さらに民衆の言葉を巧みに織り込んだことで、ルターのドイツ語訳聖書は人々の支持を得てかつてない勢いで普及し、結果としてドイツ語の発展に大きな影響を及ぼした。

では、ルクセンブルク語の場合はどうか。聖書がルクセンブルク語に翻訳されたのは、ようやく２００９年になってからである。それまでは（そして、もちろん今も）ドイツ語、フランス語など他国で翻訳されたさまざまな言語のものを使用していた。何ともルクセンブルクらしい。しかも現在のところ、ルクセンブルク語に訳されているのは新約聖書しかない。このルクセンブルク語訳新約聖書『エヴァンゲリア』は、当時の大司教の委託を受けてギリシャ語原典から翻訳が行われた。しかし、収録されているのは全体の3分の2にすぎず、残りの部分は今なお翻訳中である。したがって、ルクセンブルクの人々はまずドイツ語やフランス語で聖書を読み、それらと比較しながらルクセ

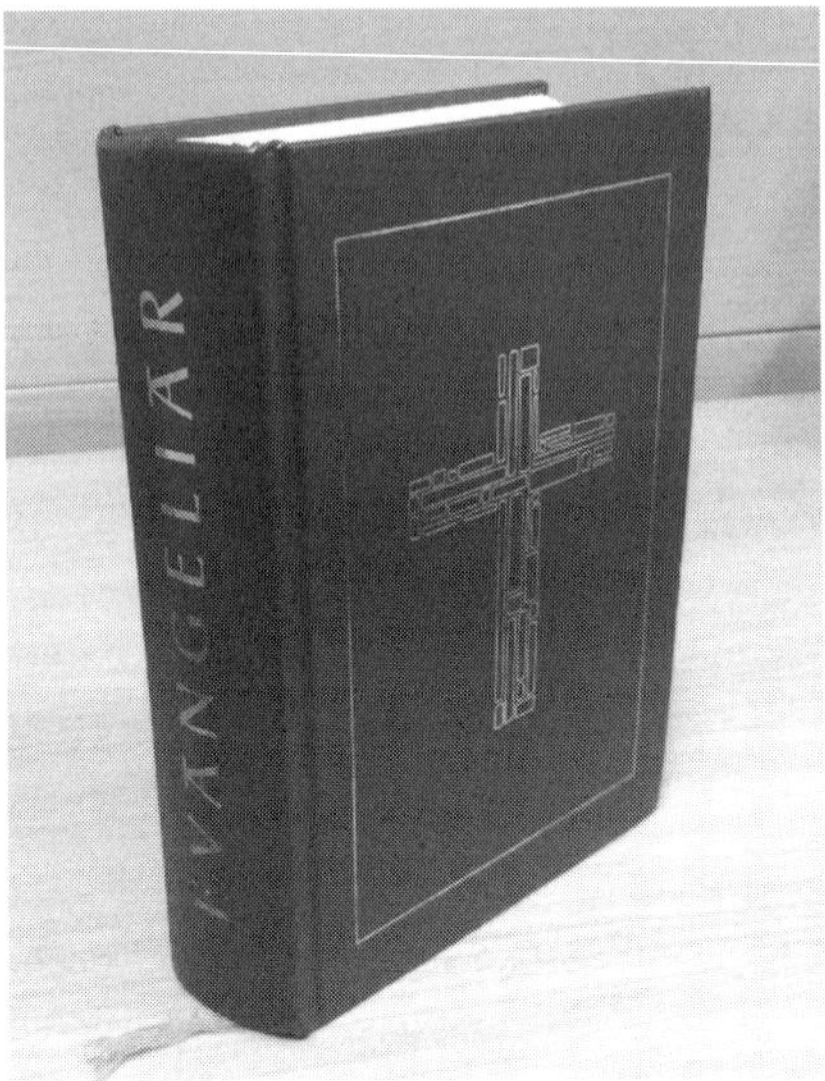
ルクセンブルク語訳聖書の表紙

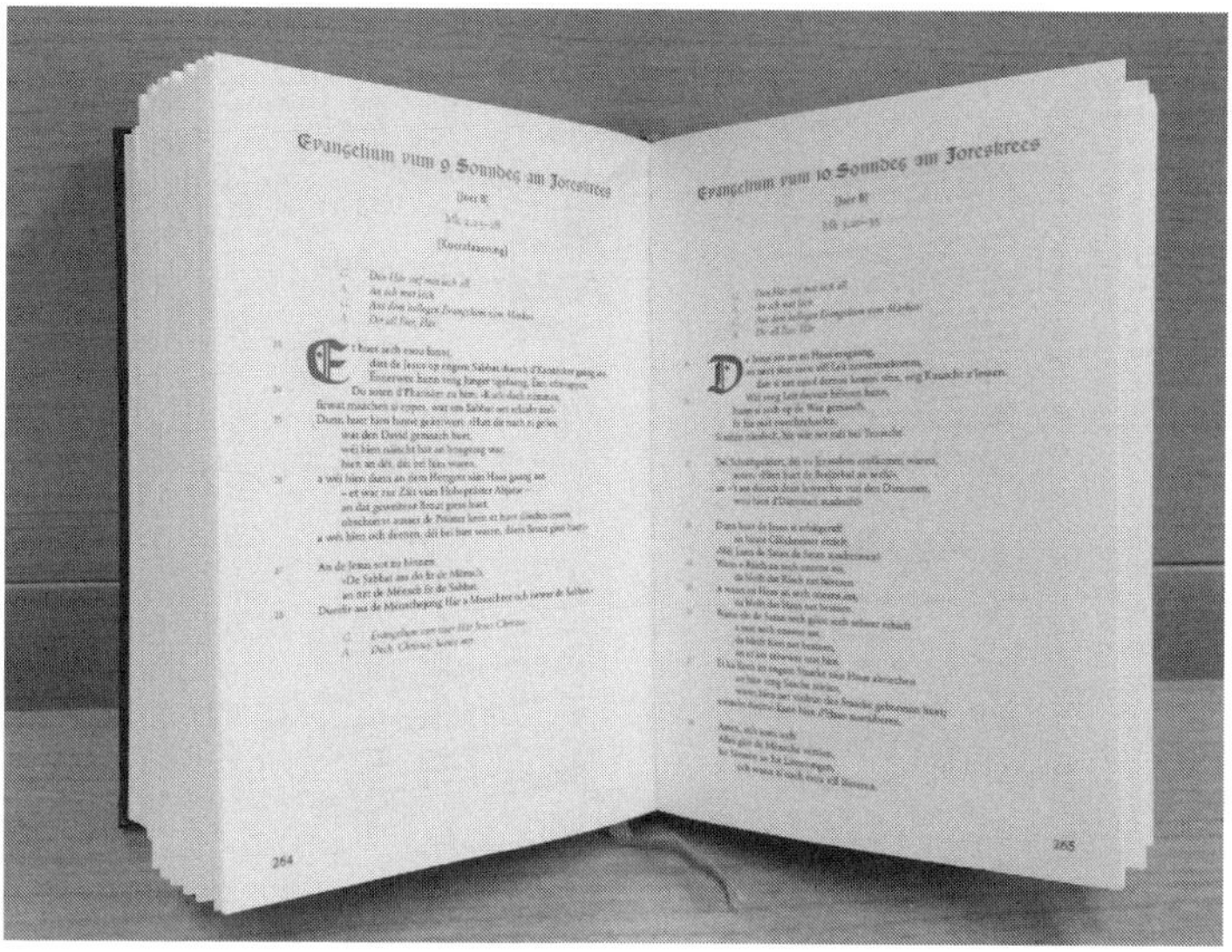

ルクセンブルク語訳聖書

ンブルク語訳を読むことになる。先に外国語で聖書を読み、次に母語で読むというわけだ。

　この新約聖書には翻訳者による序文が付されているのだが、これがなかなか興味深い。ここで翻訳者は、この試みを「突拍子もないことである。一部の人々は、きっとこの翻訳を不快に思うだろう」と述べているのだ。聖書はすでに多くの言語に翻訳されているが、ルクセンブルク語に訳すことがなぜ突拍子もないことなのだろうか。

　序文によると、この翻訳は次のような方針で行われた。「当初は、『できるだけギリシャ語の文章に沿う』という原則に従っていた。ところが、ざっと目を通したときに、おそらくこの翻訳は研究の際には役立つだろうが、読んだり聞いたりするには適さないことが明らかとなった。この最初の草稿は、たしかにギリシャ語の文章の通りだったが、そのせいでたどたどしく、文章は長くて入り組み、我々にとってなじみのない位置に句読点を打ったものであった。そのため、この草稿は全面的に改訂された」。また、「作業に際し、我々は文章を慎重に調査し、部分的には先駆的な作業を行わねばならなかった。たとえば、福音書が書かれた当時は一般的であった諸々の使われ方や翻訳が、ルクセンブルク語にとっては奇妙なものであるから、あるいは、我々の神学的な語彙が限られているからである」。たとえば「処女マリア」という表現。ドイツ語では、処女あるいは未婚の女性を指す Jungfrau が用いられるが、これに相当するルクセンブルク語の Joffer は、女子生徒や女教師をも意味し、読者は日頃こちらの意味に親しんでいる。そこで誤解を避けるため、翻訳に際しては Jongfra という新たな表現が模索された。翻訳者たちは、読者の視点に立って読みやすさ、親しみやすさに配慮しつつ、研究者として個々の語彙や文法を検討し、文法の相違や語彙の不足に関しては、必要に応じて新しい語彙を定義するか適宜書き換えを行うなどして、ギリシャ語の原典に忠実であろうとしている。

このようにみていくと、ルクセンブルク語訳の試みはルターのドイツ語訳と通じるところがある。だが、ルター訳とは違って爆発的な売れ行きとはならなかった。出版社は販売実績を公表していないが、初版千部が発売されて以来、増刷されていないのだ。

司祭の反応も賛否両論である。本来この翻訳は、「キリスト教信仰の基本である書物にルクセンブルク語で取り組み、その文言を自身の言語で覚えることができるように」と願って行われた。信仰と母語のつながりは密接であり、いかにドイツ語、フランス語の能力が高くとも、ルクセンブルク語に勝るものではないからだ。翻訳者が意図したとおり、一部の司祭はこの母語による聖書を歓迎している。しかしその一方で、反対の声も聞かれる。ある司祭は、教会におけるルクセンブルク語の使用が、ナショナリズムを過度に刺激するのではないかと懸念する。また別の司祭は、聖書は書き言葉として不十分な言語によって書かれるべきではないと述べている。このあたりが、翻訳者がいうところの「突拍子もないこと」、「不快に思われること」なのだろう。実際のところ、大多数の司祭は人口の約半数を占める外国人の存在を念頭に、その言語的背景に配慮した柔軟な対応をとっている。つまり、どの言語を用いるかはその場にいる人々の言語能力によって決められ、ルクセンブルク語の出番はそう多くないということである。翻訳者は十分にその可能性を考慮していて、ただ新たな選択肢の一つとして既存の翻訳に加わることが目的だと、序文で明言している。ルクセンブルク語に訳された聖書が存在する、それが重要なのだ。

今後このルクセンブルク語訳聖書が人々に受け入れられるかどうか、そしてルター訳のようにルクセンブルク語のさらなる発展の基礎となるかは、目下のところ未知数である。ラテン語で書かれていた聖書がルターによって民衆にも読めるようになったように、聖書は世界各地でさまざまな言語に訳され、多くの人が母語で聖書を読む機会を得てきた。いよいよルクセンブルク語にもその順番が回ってきた、ということなのだが、長い慣習を破って刊行されたこの新しい聖書は、神学的な論争以外の場で議論を巻き起こしている。

（木戸紗織）

33

安楽死法

―★ヨーロッパで３番目の先進的な法律★―

近年、医療現場では、患者の「生活の質」（クオリティ・オブ・ライフ、ＱＯＬ）の向上が重視されつつある。副作用の大きな治療やいたずらな延命治療を行うよりも、仕事や日常生活を継続しながら治療を行い、患者が理想とする生き方、そして人生の終え方を尊重するという方針である。しかし、そのために患者（家族）および医師がなすべきことを法制化している国は少ない。

そんな中、ルクセンブルクは２００８年に、議会で終末期の医療に関する法案を可決した。これはオランダ、ベルギーに続き、ヨーロッパで３番目であった。そして２００９年、「安楽死および自殺幇助に関する法律」（安楽死法）が発効した。これにより、安楽死（医師が、患者の明白かつ自発的な要求に基づいて、意図的にその生命を終わらせる行為）と自殺幇助（本人の明白かつ自発的な要請に基づき、医師が、意図的に他者の自殺を助けるか、そのような効果を持つ手段を提供する行為）が、罪に問われないこととなった。この安楽死法の成立経緯と内容、そして安楽死をめぐるヨーロッパの動向をみてみよう。

安楽死をめぐる議論は１９７０年代に始まり、１９８０年代の終わりに二つの団体「尊厳死の権利のための協会」と「オメガ90」が設立されたことで一気に拡大した。前者は患者の尊厳と死に対する自己決定権を主張し、後者は医師たちの支持を得て緩和医療の拡充を主張し、安楽死や自殺幇助の合法化に反対した。議論の高まりを受けて、1996年に国会に倫理委員会が設置され、審議が始まる。だが、医学、倫理、宗教などのさまざまな立場から意見が出されたため審議は難航し、治療を拒否する権利を患者に認めるなどの進展はあったが、結局立法化には至らなかった。大きく事態が動いたのは2001年で、ユンカー首相（当時）がこの問題への取り組みを表明したことから翌年法案が提出され、ようやく可決に至る。2008年のことであった。

次に、安楽死法の内容についてみていこう。本法律は、安楽死、自殺幇助ともに「医師が行う行為」と定めている。したがって、医師以外の者がこれらの行為を行った場合は罪に問われる。また、四つの要件と七つの手続きが定められており、これらに違反した場合は、医師であっても処罰される可能性がある。四つの要件とは、次のとおりである。

・能力のある成人が、意識のある状態で安楽死を要請していること
・安楽死の要請が、自発的かつ十分熟慮されていて、外部からの圧力を受けていないこと
・治癒の見込みがなく、患者が肉体的または精神的に耐えがたい苦痛に苛まれていること
・安楽死の要請が、患者によって文書化されていること

したがって、患者が未成年である場合や、本人の意識がない状態で家族が安楽死を希望している場合

は、対象とならない。ただし、後で詳しく述べるが、意識がなくなったときに備え意向書という形であらかじめ安楽死を指示しておくことができる。

これらの条件を満たしていても、医師は必ずしも安楽死や自殺幇助を行わなければならないわけではない。医師は患者の意思を尊重しなければならないが、自身の信条や職業倫理に基づいて安楽死を行うことができない場合、別の医師と担当を代わることが認められている。さらに、医師は七つの手続き、

①病状や余命について、十分な情報を提供する
②患者が苦痛を訴えており、安楽死を要求していることを確認する
③患者の苦痛について、別の医師の意見を聞く
④（患者の同意を得たうえで）患者を担当する看護師らと協議する
⑤（患者の同意を得たうえで）患者が信頼する人物と協議する
⑥患者が自身の信頼する人物に相談していることを確認する
⑦意向書が存在するか委員会に照会する

を経て、最終的に安楽死または自殺幇助の可否を判断する。

最後の７点目にある「委員会」とは、安楽死法の運用を監督するために設置された国の機関を指す。委員会の主な役割は二つあり、一つ目が前述した意向書の管理である。患者は安楽死の意志を文書で

示す必要があるが、意識がなくなった場合に備えてあらかじめ安楽死に関する条件を文書化し、意向書として委員会に登録しておくことができる。医師は意向書の有無を照会することで、患者が安楽死について熟考を重ねていることを確認する。委員会のもう一つの役割は、実施された安楽死および自殺幇助を事後的に審査することである。医師は安楽死または自殺幇助を実施した場合、8日以内に委員会に届け出なければならない。これを受けて、委員会はこれらの行為が適切に行われたかを検証する。委員会が2年ごとに公表している報告書によると、法律の施行から2014年までに実施された安楽死は34件、一方自殺幇助はまだ行われておらず、違法と判断されたケースはなかった。安楽死を求める原因で最も多いのはがんで、2011年以降は神経変性疾患も増えているという。

患者の尊厳に関する議論は世界各地で盛んに行われているが、法整備に至った国は限られている。ルクセンブルクの人々は、この一歩踏み込んだ法律をどのように捉えているのだろうか。

真っ先に意見を表明したのはアンリ大公だった。当時、議会で可決された法案は大公の署名を得て発効することになっていたが、アンリ大公は良心を理由に署名を拒否したのである。議会はこの議論が20年以上にわたって行われてきたことを重くみて、審議のやり直しではなく、憲法の規定を改正して――つまり大公の署名を法案の発効要件とする制度自体を撤廃して――解決を図った。議会によって可決された法案に大公が反対の意を示したのは、憲法史上これが初めてであった。

一方、国民の動向をみてみると、2015年の段階で1948件の意向書が委員会に登録されており、これは人口の約0・3%にあたる。この数字が多いか少ないかは一概には判断できないが、ブリュッセル大学のリュック・デリエンス教授の調査によると、ルクセンブルクの世論は安楽死に対して比較的高い容認度を示しており、調査対象であるヨーロッパ47か国の中で、5つの集団のうち上から2番目に位置している。本調査で最も上の集団、すなわち安楽死に対する容認度が高い国は、オランダ、ベルギー、デンマーク、フランス、スウェーデンの5か国で、逆に安楽死に対する容認度が低い（安楽死を強く拒否する）国は、トルコ、コソボ、マルタ、ジョージア、キプロスであった。オランダやベルギーのように安楽死が合法化されている国はあるものの、たいていのヨーロッパ諸国では安楽死に対する容認度が中程度以下であると、デリエンス教授は分析する。そして、安楽死を容認するか否かは、信心深さと大いに関係があると指摘している。

ルクセンブルクは反宗教改革の拠点といわれるほど、カトリック信仰の盛んな国であった。そのルクセンブルクでこの先進的な法律が制定されたというのは、注目すべきことであろう。医療技術が日々進歩する中で、「自分らしい最期」をめぐって、伝統的な価値観は転換点を迎えているのかもしれない。

（木戸紗織）

34

国民的スポーツ、自転車ロードレース

★マイヨ・ジョーヌへの挑戦と蹉跌★

2017年7月3日、ルクセンブルク領内を通過したツール・ド・フランスの集団に大声援が送られた。自転車ロードレースはヨーロッパでは、サッカーと並ぶ人気スポーツである。ルクセンブルクにおいては最も国際競争力の高いスポーツであることもあり、最大の人気スポーツである。かつてツール・ド・フランスが国別対抗であった時代、ルクセンブルク代表のシャルリ・ゴールが1958年に優勝している。歴代優勝者の名前の中には、4名のルクセンブルク出身者を見つけることもできる。

自転車ロードレースの勝者は個人だが、厳然としたチーム競技であり、5名から8名（レースごとに異なる）のメンバーは、エースとそれ以外のアシストで構成される。アシストは自分の成績を犠牲にして風よけやチーム戦術を分担し、エースの成績のために走る。アシストは自身を犠牲にしてエースに尽くし、エースは結果を出してアシストに報いるという、主従関係にあるのだ。

直近のルクセンブルク出身のツール・ド・フランス優勝者は、2010年の公式優勝者、アンディ・シュレクである。彼のツール・ド・フランスにおける栄光と蹉跌を通して、ルクセンブルクにおける自転車ロードレースを紹介する。

彼の父ジョニー・シュレクも、ツール・ド・フランス出場9回のプロロード選手であった。長男のスティーブはルクセンブルクの政治家となったが、次男のフランクは1996年のツール・ド・フランス優勝者、ビヒャルネ・リース監督率いる強豪CSCと2003年にプロ契約した。アンディも兄と同じチームに2004年に加わり、二人はプロ生活を通じて同じチームで走り続けた。ルクセンブルクの新星シュレク兄弟は、兄フランクが2006年にアムステルゴールドレース優勝、弟アンディも2007年ジロ・デ・イタリア新人賞、2008〜2010年ツール・ド・フランス新人賞と順調に成長し、ツール・ド・フランス総合優勝は現実的な目標となっていた。

2011年、父ジョニーの友人でもあるルクセンブルクの実業家フラーヴィオ・ベッカ氏は130万ユーロのスポンサー料を投じ、新規チームのレオパード・トレックを立ち上げた。通常はスポンサー名が飾るチーム名の先頭部分を、氏の趣味の狩猟からレオパードとし、自転車メーカーのトレックが第2スポンサーとしてチームに参画した。シュレク兄弟はプロ入り以来師事していたリース監督から離れ、CSCの主要メンバーとともに移籍した。ツール・ド・フランス優勝を狙うチームが、一夜にしてルクセンブルクに誕生した。

背景には度重なるチームとの不和があった。まずは2008年のツール・ド・フランス、個人総合1位を示すマイヨ・ジョーヌを最終盤の山岳ステージまで着用していた兄フランクに対し、同じCSCチームのサストレがアタックし、ツール優勝をさらってしまった。当初はチームとしての優勝を確実にするために監督からの指示でアタックしたと伝えられていたが、後にサストレの裏切りであったことが発覚した。続く２０１０年、弟アンディは優勝したコンタドールと39秒差で２位に終わった。このタイム差は、山岳ステージでの機材トラブルで失った39秒と同じであった。

迎えた２０１１年、アンディのために結成されたレオパード・トレックチームにとって、彼のツー

アンディ・シュレク
©EPA/YOAN VALAT＝時事

ル・ド・フランス優勝は最大の目標であった。しかし前所属CSCより平地に強いアシスト選手を移籍させたものの、チームの総合力を測る序盤のチームタイムトライアル（1チームずつ時間差でスタートし、着順でなくタイムを競うステージ）でその優位を示せず、準備不足を露呈してしまう。ツール開催委員長のプリュドム氏からは、「今年のツール・ド・フランスに勝ちたいなら、クリテリウム・デュ・ドフィネ（同年のツールのアルプス地方のコースで行うレース）を戦うべきであった」と批判された。アンディは、ツール中盤では「マイヨ・ジョーヌをとれなければ、二人で総合表彰台に上がることになんて興味がない」と語っていたが、勝負所の山岳ステージでのさしたるアタックもないまま、「兄と表彰台に上がることが夢だった。父と母は僕らがすごく誇らしいに違いない」と、2位に甘んじることをほのめかすコメントを出した。このことに対しては記者からは、「マイヨ・ジョーヌをとるためには、成熟した大人として首尾一貫した発言が求められる」と厳しく批判された。

２０１１年のレオパードの不振は、自転車を提供していた第2スポンサーのトレックの不興を買った。監督としてツール7勝を飾ったブリュイネールが率いるレディオシャックと、有力選手を抱えるレオパードは、トレック側の主導で合併することとなった。新たな指導者と心機一転、２０１２年のツールこそ優勝が唯一の目標となるはずだった。ところが２０１２年4月、アンディ・シュレクは思わぬ形でツール優勝者となってしまう。２０１０年の優勝者コンタドールより微量の違反薬物の陽性反応が検出され、さかのぼっての2年の出場停止とその期間のレース成績の抹消という裁定が下ったのである。

アンディ・シュレクは「２０１２年のツールこそ、本当の初優勝になるだろう」とコメントしていたが、準備レース中の落車によるけがで欠場となる。その後のツールでも、2013年はエースとして参加したもののまったく見せ場をつくれず、総合20位に終わる。2014年は第4ステージ未出走でリタイヤと、精彩を欠くものとなってしまった。

あまりに唐突な目標喪失と真のエースとなる準備不足が、プロ選手としてのモチベーションを失わせてしまったのだろう。ツール・ド・フランス優勝者に求められるものと自身の実力との差を埋めることができず、2014年アンディはひっそりと自転車ロードレースの世界を去った。しかし彼が自らの名を冠した自転車店、「アンディ・シュレクサイクルズ」のオーナーとして自転車に関わり続けていることには少し驚かされる。ロードレース界からは離れたが自転車とは関わるというアンディの態度は、ルクセンブルクの人々にとってロードレースというスポーツが、生活の一部となっていることの証明なのかもしれない。

アンディ・シュレクはルクセンブルクの自転車の歴史に、ツール・ド・フランス優勝者として刻まれている。

（浦和俊介）

35

食文化

★郷土料理「豆のスープ」と星付きレストラン★

ルクセンブルクは国土が小さく、また海を持たないが、しかし侮ってはならない。美食の国フランスとマイスターの国ドイツに挟まれていることから、その料理は「フランスの質とドイツの量」を兼ね備えているといわれる。洗練された料理をたらふく食べられる、というわけだ。特に首都ルクセンブルク市にはミシュランの星付きレストランが多数軒を連ねており、なんと国民一人あたりの星の数は世界第1位というから驚きである。食事のために国境を越えてやってくる美食家も少なくないのだとか。ルクセンブルクを訪れた際は、ぜひガイドブックを片手にレストランへ出かけてほしい。料理もサービスも一流の星付きレストランから、毎日ランチに通いたくなる気さくなお店まで、いろんな選択肢がそろっている。

ところで、なぜこの小国にそれほど多くのおいしいレストランがあるのだろうか。その答えは、スーパーに行くとわかるだろう。外国人労働者の多さを反映して、スーパーの陳列棚にはさまざまな国の食材が並んでいる。たとえば百年以上前に製鋼所の労働者としてイタリアからやってきた人々は、数々のパスタ料理を持ち込んだ。パスタコーナーをのぞいてみると、スパゲッティだけでなく、ブカティーニ、タリアテッレ、リングイーネ、ペンネにファルファッレにマニケなどなど、本場イタリアに負けないラインナップである。もちろんニョッキやラヴィオリもある。ソースも充実していて、種類が豊富なのはもちろんのこと、温めるだけの完成品からアレンジしやすい半製品、そして本格派のための選び抜かれた材料まで、あらゆる人のニーズに応える品ぞろえとなっている。

油売り場を通ると、今度はフライドポテト専用油が一角を占めていることに気が付くだろう。これはフライドポテト発祥の地ベルギーから来たもので、家庭でポテトを揚げる際、カッターやフライヤーと並んで欠かせないものだ。隣国ベルギーのソウルフードが、ルクセンブルクの家庭にも定着しているのである。ほかにも、肉製品とチーズが独立して対面販売になっているのはもちろんのこと、大きなスーパーでは鮮魚コーナーまである。海に面していないルクセンブルクに魚料理が広まり、新鮮な魚が流通するようになったのは、スペインやポルトガルからやってきた労働者の影響と、隣接するフランスやベネルクスの流通網のおかげだろう。人の移動とともに、生活を彩る豊かな食文化と新鮮な食材が集まり、ルクセンブルクの料理ができあがったのである。

では、ルクセンブルクの郷土料理は何かと聞かれると、これがなかなか難しい。かつて伯爵が城塞を築いたこの土地は、防衛にはうってつけだった分、農業には向いていない。寒さが厳しく土地がやせていて、農作物には恵まれなかった。

そこで筆者の友人に聞いてみると、昔ながらの家庭料理として豆のスープを教えてくれた。このやせた土地で唯一育ったのが豆だったということで、家庭では昔から食べられていたとか。「豆は暑い時期にしか育たないから、ルクセンブルクでは暑い時期に熱いスープを食べるしかなかったの」と彼女は笑う。とはいえ、具だくさんで食べごたえがあり、十分お腹いっぱいになった。たくさんの野菜をよく煮込んで塩で味付けしたシンプルなスープは、暑さに疲れた体にやさしく、栄養満点だった。

もう一つ、ルクセンブルクに縁の深い食べ物がある。さくっとした触感ととろけるような口どけ、一口サイズのカラフルなお菓子、そうマカロンだ。「マカロンはフランスのお菓子では？」と思った方も多いだろうが、いやいや、マカロンとルクセンブルクは実はとても深い関係にある。

そもそもマカロンの起源は中世にまでさかのぼる。名前の語源はイタリア語で、ヨーロッパ、特にフランス各地で、さまざまな種類のマカロンがつくられてきた。あるとき、ルクセンブルクの老舗洋菓子店ナミュール（↓コラム9）で修行していたルクセンブルク人カミーユ・シュテューダーが、スイスのチューリヒにある洋菓子店シュプルングリにあるレシピを持ち込んだ。名店の味を参考に、独自に考案した新しいマカロンだ。このマカロン、発売当初から爆発的な売れ行き……というわけにはいかなかったが、徐々に人気を博し、今ではスイスを代表するお菓子となっている。この新しいお菓子「ルクセンブルゲリ」は、カミーユがルクセンブルク人であったことにちなんで、彼の同僚により名付けられた。今日ルクセンブルゲリは、シュプルングリ社の商品名であるだけでなく、スイスでマカロンを指す言葉にもなっている。

最後に、食事に欠かせないお酒について述べておこう。ルクセンブルクのアルコール事情はドイツと似ていて、ビールと白ワインが主流である。本書ではビールとワインそれぞれに詳しい解説（↓36、50章）があるので詳細はそちらに譲るとして、ここではレストラン探しのヒントをお教えしよう。

街を歩いていると、あらゆるところで「ボッファーディンク」や「ディーキルヒ」といった看板に出くわす。これらはビールの銘柄で、各レストランが提供しているビールの種類を示している。ほかにも「バティン」と「シモン」があり、この小さな国に主要な銘柄が4種類もあるというから驚きである。レストランを探すとき、手がかりの一つになるだろう。

一方、ワインに関しては比較的シンプルである。ルクセンブルクのワインは、ドイツとの国境にもなっているモーゼル川河岸でつくられている。つまり、モーゼル川の東岸で育つブドウがドイツ・ワインになり、西岸で育つブドウがルクセンブルク・ワインになる。しかし、ルクセンブルク人に言わせると、西岸の方が日照に恵まれており、ドイツ側よりもいいブドウが採れるのだとか。真偽のほどはさておき、同じ川沿いでありながら、確かに両者はさまざまな点で異なっている。街中のレストランはもちろん、少し足を延ばしてモーゼル川沿いの醸造所が経営するレストランへ行くと、ワインに合わせた食事が楽しめる。

ビールにせよワインにせよ、日本ではなかなかお目にかかることのできないものなので、現地に行ったらぜひ味わっていただきたい。

（木戸紗織）

チョコレート文化の伝統と今

コラム9

木戸紗織

近年、バレンタインデーが近づくと、日本の大手百貨店などでは世界中の有名メーカーのチョコレートが店頭に並ぶようになった。本命チョコや義理チョコだけでなく、最近ではひと手間かけたものを贈る友チョコや、高級ブランドのチョコレートを自分へのご褒美として買う自分チョコなどもあり、毎年さまざまなチョコレートメーカーが日本へやってくる。

さて、その中に、数年前からオーバーヴァイスという名前を見かけるようになった。ピット・オーバーヴァイスが１９６４年に始めたこの店は、ルクセンブルク市内に本店があり、現在二人の息子ジェフとトムが店をとり仕切っている。１９９９年以来、大公家御用達の店として大変な人気を誇り、チョコレートのほかにもケーキやお総菜、パンなどを販売し、ケータリングも行っている。本店を含め国内に5店舗あり、とくにルクセンブルク駅構内の支店は、軽食やちょっとした手土産を買い求める鉄道利用者でいつもごった返している。本店は1階がテイクアウト用の販売店、2、3階がレストランになっている。ランチメニューは日替わりで約13ユーロと手ごろであり、観光客も多いが、仕事やショッピングの合間に休憩する地元の人々も多く見かける。それだけではない。創業者のピット氏がルレ・デセールの名誉会長であり、いくつもの製菓コンクールで審査員を務めていることから、日本を含め世界中の若き職人たちがここへ修行にやって来る。

このオーバーヴァイスと人気を二分するのが、ナミュールである。こちらは１８６３年創業、初代ニコラ・ナミュールから数えて現在は6代目という老舗である。ピット・オーバーヴァイスもここで修行していた。大公家御用達になったのは1904年、2代目ジョルジュのときだ

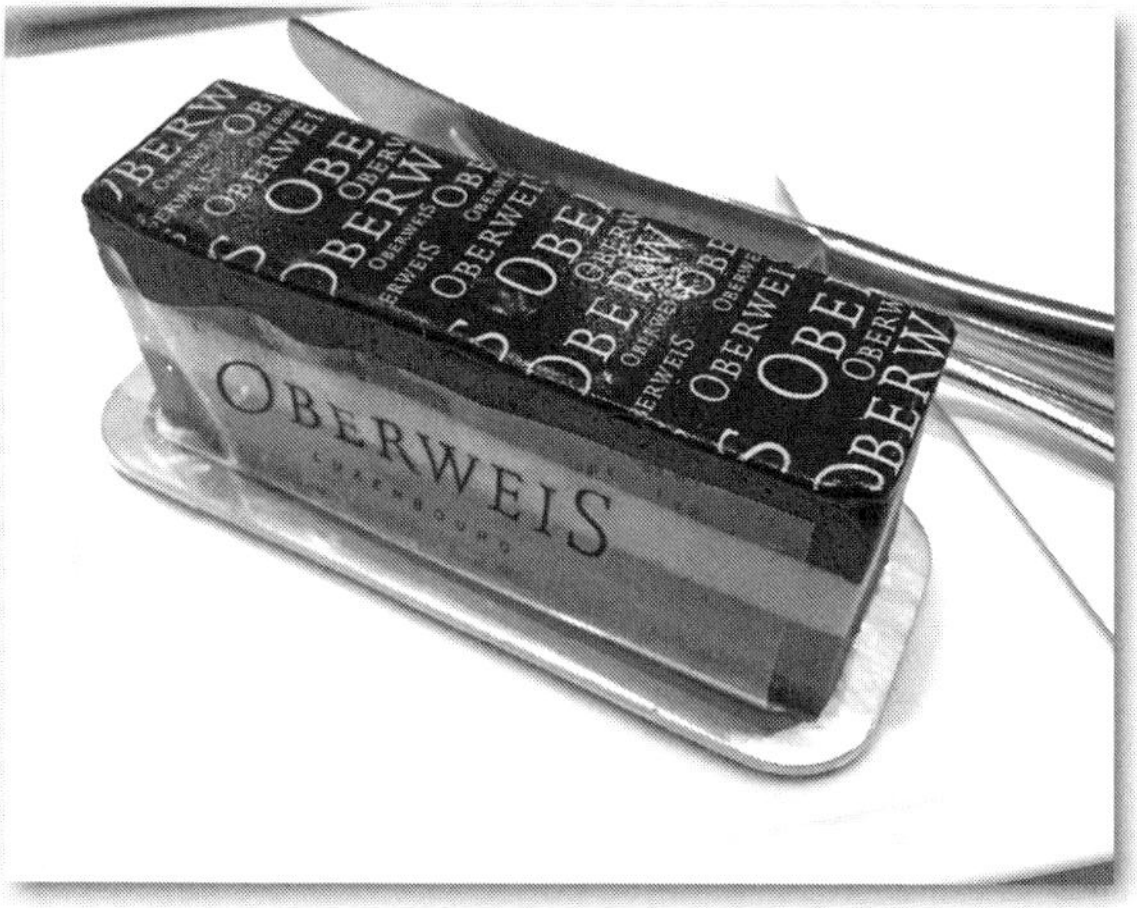

オーバーヴァイスのチョコレートケーキ［撮影：小川 敦］

（ちなみに、2017年時点で大公家御用達の称号を有する団体は44ある）。国内6店舗のほか、フランスのメスにも支店がある。こちらもチョコレートだけでなくケーキや焼き菓子、パンなどを扱っており、レストランでは日替わりのランチメニューも提供されている。店内にはキッシュにエクレア、アイスといろいろあって迷うところだが、やはり一押しはマカロン、そしてバウムクーヘンだろう。150年という長きにわたって、地元に愛されている名店である。チョコレートやクッキーは、代理店を通じて日本国内でも購入できる。

大公家は、オーバーヴァイスとナミュールの両者に対して交互に公式行事のケーキを注文しているそうで、前者は2012年に行われたギョーム皇太子の結婚式にて、後者は2006年の大公夫妻の銀婚式にてそれぞれ腕をふるっている。どちらもルクセンブルクが誇るブラン

ドである。

最後に、地理的にはもっとも大公家に近い人気店を挙げておこう。大公宮殿の向かいにあるカフェ、チョコレート・ハウスである。立地のよさもあって店先のテーブルはいつも多くの人で混みあっているが、そのほとんどがマグカップの中をのぞき込みながら熱心に何かをかき混ぜている。その正体はホット・チョコレート・スプーン、この店いちばんの人気商品だ。その名の通り木製のスプーンの先に四角いチョコレートがついていて、見た目はまるでアイスバーのようになっている。これをホットミルクに浸して、溶かしながら食べる。味の変化を楽しみながら、自分好みのチョコレートドリンクをつくれるというわけである。店のロゴにあしらわれているNBは、経営者ナタリー・ボンの頭文字だ。「絶対に忘れられないチョコレートをつくりたい」という彼女の言葉通り、国内の3店舗に加え、フランス、サウジアラビア、クウェート、中国にも出店し、国内外でホットチョコレートという新しいムーブメントを巻き起こしている。もちろんひと通りのカフェメニューもあり、店内にはさまざまな形のチョコレート菓子が並ぶ。思わず写真を撮りたくなるそのポップなデザインも人気の一因であろう。ルクセンブルクのチョコレート史に加わった、新しい1ページである。

ルクセンブルクはかつて、複数の国々の間で次々と帰属が変わった。その中には、ショコラティエが技を競い合うフランス、有名店が軒を連ねるベルギー、ココア発祥の地オランダがある。ルクセンブルクのチョコレート文化はこういった国々の伝統を吸収しながら育ち、今では独自の道を歩んでいる。

36

ルクセンブルクワインに魅せられて

★知られざる極上ワインの産地★

ソムリエなどワインのプロフェッショナルとして活躍している方でさえも、ルクセンブルクを偉大なワイン産地として認識していることはまれだ。

ルクセンブルクはブドウ栽培の北限ともいうべき場所だが、実は古代ローマ時代にさかのぼる、2千年以上の長い歴史をもつ伝統的なワイン産地である。地理的にはフランスのアルザス・ロレーヌ地方の北に接し、対岸は世界最高峰の白ワイン産地として名高いドイツ、モーゼル地方。ルクセンブルクの国の位置とフランスやドイツのワイン産地を照らし合わせれば、いかに優れたワインを生み出す産地かが容易に想像できる。

それではなぜ、ワイン産地としての認知度は非常に低いのだろうか？　人口57万人、国土は神奈川県ほどしかない国。ワインの生産量は非常に少なく、自国内とベルギーなど近隣諸国でほとんどすべて消費され、他へ輸出されることはめったにない。ワインの輸入を営む私は、世界中のワイナリーを自分の足で訪れて、目を皿のようにしてワインを探している身ではあるが、ルクセンブルクはまったくノーマークの産地だった。

冷涼な気候の産地でつくられたワインは日本人の味覚に合う

とつねづね感じており、フランス北東部アルザス地方、特に北部アルザスの引き締まった酸、ミネラル感に魅了される。素晴らしい産地はないかとドイツ方面に目を向けたところ、私は幸運にもルクセンブルクにめぐり合うことができた。

ブドウ畑が広がるのは、世界一の傾斜を誇る白ワインの銘醸地、モーゼルである。モーゼル川沿いの南北42キロメートルの国道はワイン街道と呼ばれ、急斜面に沿ってブドウが植えられていて絵のように美しい。ブドウ農家は３４０軒あるが、ほとんどは醸造を行っておらず、組合でワインをつくっている。60のワイナリーがブドウ栽培からワイン醸造まで一貫してつくる小規模生産者で、これが全生産量の３割程度になる。

傾斜は最大で60度にも及び、畑に立っているのがやっとという有様である。はうようにしないと登れないほどの斜面で、畑に手を入れ、手間のかかるブドウを育てている。ほとんどの場所では機械が入らず、昔ながらの手作業が中心のため、生産者は大変な苦労をしながらブドウ栽培を行っている。しかし、この傾斜のおかげで、北の産地でありながら十分な日照を得ることができ、果実はよく熟す。また水はけや風通しもよく、ブドウ栽培に最適な条件を満たしている。この生産者泣かせの傾斜とミネラルを豊富に含む川沿いの土壌が、素晴らしく品質の高いワインを生み出しているのだ。

伝統的にルクセンブルクでつくられるのはアルザス・ドイツ系品種の白ワインで、しっかりした酸味が印象的な辛口の軽やかなワインに仕上がる。またシャンパーニュと同じ製法でつくられるスパークリングワイン、「クレマン・ド・ルクセンブルク」も繊細な味わいで、非常にクオリティが高い。そして注目すべきは、この10年ほど前から造られているピノ・ノワール種の赤ワインだ。ピノ・

ノワールはフランスのブルゴーニュ地方が有名だが、ルクセンブルクのピノ・ノワールのポテンシャルの高さには驚くべきものがある。ブルゴーニュ同様、長期熟成させれば素晴らしい味わいになると予想される。

ルクセンブルクはワイン生産国としては無名だが、国民一人あたりのワイン消費量が世界一を争う国として、ソムリエ資格の受験経験者にとっては有名な国だ。それではどれだけワインを飲んでいるのか？　国民一人あたりのワイン消費量は、年間約77本にも及ぶ。日本でもワイン消費量が伸びているとはいえ、一人あたりの平均では年間わずか4・3本。ルクセンブルクの19分の1である。

ルクセンブルクにはＥＵの主要な政府機関や世界各国の金融機関の支店がおかれ、平均所得が非常に高く、人々がワインを飲む機会が多いと想像できる。そのうえ消費税が安いため、近隣のドイツ、フランス、ベルギー人がルクセンブルクでワインを購入するケースも多い。

ワインに料理は欠かせないが、国民一人あたりのミシュランの星付きレストラン軒数は世界一で、小国ではあるが世界トップレベルの美食の国といえる（↓35章）。首都には素敵なレストランが建ち並び、「フランス料理の質とドイツ料理の量」を実現した美味しい料理を堪能することができる。

ルクセンブルクではブドウをブレンドせず、品種ごと別々のワインをつくっているため、各ワイナリーで数多くの味と香りを楽しむことができる。旅行好き、ワイン好きにはたまらない、魅力あふれる国だ。近隣の国の人々が、週末にドライブがてらルクセンブルクを訪れ、美食とワインを楽しみ、お土産にワインを購入して帰るのは最高の贅沢だろう。実際に訪れてみて、ワインの消費でも美食でも世界一の座に君臨するルクセンブルクという国を、丸ごと堪能してはいかがだろうか。（今野有子）

ルクセンブルクワインのブドウ「オーセロワ」

今野有子　コラム10

オーセロワというブドウをご存知だろうか？　ルクセンブルクワインのセミナーを行うと、参加者はたいていかなりのワイン通なのだが、聞いたことがないという方が9割だ。ソムリエレベルになると、「マルベック（赤ワイン用ブドウでアルゼンチン産が有名）の別名」という答えがたまに挙がる。これも正解なのでさらにまぎらわしいのだが、白ワイン用ブドウの「オーセロワ」があるということを知っている方はほとんどいない。

ルクセンブルクはドイツやアルザスと同じように、ブドウの品種ごとにワインをつくり、基本的にはブレンドしない。ワインボトルもドイツやアルザスのような細長い形だ。スパークリングワイン、赤ワインも非常に素晴らしいのではあるが、辛口の白ワインが生産量の9割近い産地である。その中でも、ルクセンブルクのワイン生産者が「ルクセンブルクのアイデンティティー」として大切にしている白ワインの品種がオーセロワである。

オーセロワはフランスのロレーヌ地方原産で、アルザス地方でも栽培されているが、主要品種ではないため知名度が低い。そのマイナー品種がルクセンブルクでは花形の品種として扱われており、ほぼ全ての生産者がオーセロワ100％で辛口の白ワインをつくっている。フランスやドイツでは補助品種とされることが大半であり、たとえばピノブランとして売られているワインにブレンドされていることがある。もちろん、ルクセンブルクではオーセロワ以外にも、国際的に知名度の高いリースリング、ピノ・グリ、ピノ・ブラン、ゲヴェルツ・トラミネール、リヴァーナー（ミュラー・トゥルガウ）などドイツ、アルザス系品種を豊富に栽培しており、非常にレベルの高い辛口の白ワインをつくっている。それでもやはり、ルクセンブルクのテロワール（土壌や気候も含めた産地の個性）を表現するブドウといえばオーセロワといわれている。

オーセロワはほかの地域では、非常に軽やかで個性があまり感じられない品種とされているため、補助的な役割を担っている。しかし、ルクセンブルクの急傾斜の畑は石灰質土壌でミネラルが非常に豊富であり、そこで育ったブドウ

オーセロワ
wikimedia commons/Rosenzweig

は複雑味のあるワインを生み出す。またブドウ栽培の北限ではあるが、斜面が南向きのため日照は豊かで、香り豊かなワインとなる。そのため、ルクセンブルク産のオーセロワは白い花のような香りが印象的で、すっきりとした酸味の中に果実味が豊かに広がる、洗練された華やかなワインに仕上がるのだ。

世界で最も権威あるワイン評論家として名高く、英国王室のワインアドバイザーでもあるジャンシス・ロビンソン氏も、著作 *The World Atlas of Wine*（1971年に第1版が出版され、14の言語で計4百万部の売上を記録しているワイン図鑑であり、今日の世界でもっとも重要なワイン関連出版物とされている）の中で、「オーセロワはルクセンブルクで大成功したブドウ」と高く評価している。

香りも味わいも全面主張というより、寄り添ってくるようなワインで余韻が長く、さまざまな料理と合わせやすいのも大きな魅力だ。柑橘のような上品な酸味は日本食と非常に相性がいい。

ルクセンブルクワインは生産量が少なく、日本ではあまり流通していないが、飲む機会に恵まれればぜひオーセロワを試してほしい。南北42キロメートルのモーゼル川に沿った非常に狭いワイン産地ではあるが、オーセロワを使って産地を比較していくと、北部ではよりミネラル感が強く、南部ではより華やかで果実味が豊かというように、テロワールの個性をはっきりと理解することができるだろう。

37

世界を代表する陶磁器ブランド、ビレロイ&ボッホ

★二つの家系の運命的な出会いと融合★

ルクセンブルクに陶磁器？　あまりピンとこないかもしれない。ヨーロッパの陶磁器といえば、マイセンのように地名がブランドになっているものや、ロイヤルコペンハーゲン、ウェッジウッドなどのような個別の陶磁器メーカーが思い起こされるだろう。ビレロイ&ボッホもそのような、世界を代表する陶磁器ブランドの一つである。

ビレロイ&ボッホは1748年にロレーヌ公国（現在のフランス・ロレーヌ地方）で創業され、現在はドイツのメトラッハに本社が置かれている。ルクセンブルクにもビレロイ&ボッホの工場があったが、2010年に閉鎖され、現在はルクセンブルク国内にビレロイ&ボッホ製品の一般的な生産ラインはない。このような事実を連ねてしまうと、ルクセンブルクとビレロイ&ボッホの関係性がよくみえてこない。しかし、ビレロイ&ボッホはまぎれもなく、ルクセンブルクとともに成長してきた陶磁器ブランドである。そのことを探るために、少し歴史をたどってみよう。

ビレロイ&ボッホの歴史は、1748年、ロレーヌ公国にあるオーダン・ル・ティッシュに始まる。創始者であるドイツ人

オーダン・ル・ティッシュの工場
［提供：ビレロイ＆ボッホ社］

のフランソワ・ボッホはこの地で名の知れた鋳鉄工であり、自らをボンバルディエ・ド・ロワ（爆弾の王様）と称するほどであった。

1754年に創業者のフランソワが没した後も、彼の息子たちが陶磁器生産を続け、ルクセンブルク最大の祭りであるシューバーファウアで毎年のように商品を展示していた。オーダン・ル・ティッシュでの商業活動に限界を感じていたフランソワの息子たちは、この頃からルクセンブルクへの進出を考えていたようである。しかし、これに積極的だったのはむしろ、当時ハプスブルク家の支配下にあったルクセンブルク公国である。最終的にはオーストリア大公マリア・テレジアやルクセンブルク公国からその実力と業績を評価され、これが実現する。しかも、輸出入税や地代、橋の通行税や海運税の免除という特権を獲得し、「王室御用達」として王室の紋章を商品に付する許可も得た。こうして1767年、ボッホ家は新たにルクセンブルクのセットフォン

セットフォンテーヌの工場跡
［提供：ビレロイ＆ボッホ社］

テーヌに工場を設立した。これがビレロイ&ボッホとルクセンブルクの直接的なつながりの始まりである。

このとき、創業者のフランソワはすでに他界している。ルクセンブルク新工場の設立時には、フランソワの息子たちは「ジャン・フランソワ・ボッホと兄弟たち」という名の会社を立ち上げた。フランソワには3人の息子がおり、長男がジャン・フランソワ、双子の次男がドミニク、三男がピエール・ジョゼフである。会社名になっているのは長男の名前であるが、以降の経営の実権は三男のピエール・ジョゼフが握ることとなる。

セットフォンテーヌ工場設立の翌年、ビレロイ&ボッホの絵柄シリーズの中でも最も古いオールド・ルクセンブルクの前身、ブランディーユが発表される。フランス語で「小枝」を意味するブランディーユは、白地の陶器にピエール・ジョゼフ・ボッホ自身の手による薄い青のラインで描か

ブランディーユのポット［提供：ビレロイ&ボッホ社］

れた小枝のデザインが特徴であった。ビレロイ&ボッホのほかのシリーズと比較するとかなり質素でシンプルなデザインであるが、落ち着いた色彩で飽きが来ないということで、現在でも定番の一つとなっている。

ビレロイ&ボッホの主役であるもう一方の家系、ビレロイ家の陶磁器参入は、ボッホ家より少し後の1789年のことである。この年、ニコラ・ビレロイが、フランス・モーゼル地方に位置するフラウエンベルクの陶器工場の共同経営者となった。ニコラ・ビレロイ自身は商業教育を受けており、むしろ炻器工場を営んでいた共同経営者のジャン・ティポールの方が技術面を担っていた。

ニコラ・ビレロイは1759年、現在のドイツ・ラインラントプファルツ州に位置するトラーベン・トラーバッハに生まれる。1784年からフランスのサンタヴォールにある製塩所に勤務していた時期に、後に経営統合するボッホ家のジャン・フランソワ（フランソワ・ボッホの長男）との運命の出

メトラッハの本社
［提供：ビレロイ＆ボッホ社］

会いを果たす。しかしながら、当初から経営統合を目指していたわけではなく、両者がそれぞれの事業を展開することに邁進していた。

ニコラ・ビレロイが陶器工場の経営に乗り出してからわずか2年後の1791年、現在のドイツ・ザールラント州に位置するヴァラーファンゲンという小さな村に移転した。ヴァラーファンゲンはフラウエンベルクの北西約50キロメートルに位置し、ザール川の豊富な水資源と鉄鉱石の入手が容易であった。ニコラ・ビレロイはここに、ファイアンス焼きの工場を設立したのである。ファイアンス焼きでは陶器の表面に塗る釉薬に錫を用いる。錫釉は明るい色の土をより鮮やかにする効果があり、淡黄色の土の上にかけると鮮やかな白い陶器に仕上げることができる。ボッホ家と同様、ビレロイ家でも当初から、白い陶器の生産に力を入れていたのである。

有能な経営者としてボッホ家の事業を継承していたピエール・ジョゼフ（フランソワの三男）の息子

ジャン・フランソワ（フランソワの長男ジャン・フランソワと同名の別人）も、やはり経営の才能に恵まれていた。ジャン・フランソワは27歳にして独立し、ドイツ・ザールラント州のメトラッハにあるベネディクト寺院（現在の本社）を買い取り、工場を設立する。

この当時、陶磁器業界はイギリスのメーカーが高いシェアを有しており、業界をリードしていた。そうしたイギリス勢に対抗するため、１８３６年にビレロイ家とボッホ家は経営統合し、新たにビレロイ＆ボッホとして生まれ変わった。後にはジャン・フランソワの息子ユージン・ボッホとニコラ・ビレロイの孫娘オクタヴィーが結婚し、姻戚関係をも結ぶに至ったのである。

こうして生まれたビレロイ＆ボッホは、現在に至るまでプレミアムテーブルウェアとして知られている。当時、白い陶磁器は高級品で、王侯貴族が使用するようなものだった。低温焼き上げ法を開発したことにより、庶民にも手の届く安価な白い陶器をつくり出すことができた。また、装飾も手描きではなく、銅板印刷やスチール版印刷で行うことで、安価に仕上げることができた。さらに１８５１年からは、牛の骨灰を原料に用いるボーンチャイナの製法を導入したことにより、さらに安価に白い磁器をつくれるようになった。こうして、２６０年以上にわたって庶民に愛され続ける陶磁器ブランドが生まれたのである。

（田原憲和）

VII

文化と芸術

38

ルクセンブルク語文学1 19世紀

★話し言葉の「見える化」から娯楽メディアへ★

ルクセンブルク語は元来ドイツ語の方言であり、話し言葉である。ルクセンブルク人はルクセンブルク語（あるいはドイツ語ルクセンブルク方言）で会話しつつ、読み書きの言語としてはドイツ語を使用していた。21世紀に入り、社会事情に一定の変化はみられるものの、ルクセンブルク人の庶民層が主としてドイツ語で書かれた新聞を読むことからもわかるように、書き言葉としてのドイツ語の地位はゆるぎない。

19世紀以降、ルクセンブルク語が初めて文字になって庶民の目に触れたのは1821年のことである。ルクセンブルク週刊新聞における、ある架空の家族と周囲の人の対話形式の記事の一部に、ルクセンブルク語が用いられた。いわばある登場人物の発言として、かぎかっこの中にルクセンブルク語が入っているという形であり、読者としてはさほど違和感なく受け入れられただろうと推測できる。一般的に、我々は話し言葉と書き言葉を無意識的に切り替えているので、もし仮にこれがたとえば政府からの通達文であるとか、国際問題を扱う記事といったような場面で用いられていたとすると、その違和感は甚大だったことであろう。

初のルクセンブルク語による文芸作品は１８２９年に出版された。数学者でもあるアントワーヌ・マイヤーによる詩集である。これ以降、マイヤー自身によるものも含め、ルクセンブルク語によるいくつかの詩が発表されている。しかしながら、書き言葉としてのルクセンブルク語が娯楽メディアとして浸透し始めたのは１８５０年代以降、ディックスが登場してからのことである。

ディックスはミシェル・レンツ、ミシェル・ロダンジュとともに、ルクセンブルク３大詩人の一人に数えられる人物である。このうち、ミシェル・レンツはルクセンブルク国歌である《我らが祖国》の作詞でも知られている（↓41章）。ミシェル・ロダンジュの１８７２年の代表作《レナート》は、今でも演劇として上演されるなど、ルクセンブルク人に人気の風刺詩である。一方、ディックスの詩のほぼ全ては、彼の死後に発見されたものである。

マイヤーの生家に掲げられた銘板

このディックスという人物は、本名をエドモン・ド・ラ・フォンテーヌという。１８５５年に『ルクセンブルク語正書法集』を出版する際には本名を名乗っていたものの、以降の作品は全てディックスとして発表している。ディックスが生前に発表した唯一の詩は匿名であったことから、当時その詩の作者はミシェル・レンツだと思われていた。なお、この詩は当時の国会議員を風刺した内容である。当時の首相がディックスの実父、

ディックス（エドモン・ド・ラ・フォンテーヌ）
wikimedia commons

ガスパー・テオドール・イグナス・ド・ラ・フォンテーヌであったことと、詩が匿名で出されたことは無関係ではないだろう。

当時のディックスは、詩人としてではなく劇作家として有名であった。また、ディックスは「ジム」と呼ばれる体育協会のメンバーでもあった。劇作家と体育協会。一見すると全く関連性を感じさせる要素のないこの両者が、しかしながらルクセンブルクの歴史においては重要な要因となっていた。この体育協会は、国民の健康と体力の向上のみを目指していたわけではない。真に目指していたのは心身ともに健康な国民を生み出すことであり、そのために心の部分、すなわち精神的活動にも注力していたのである。豊かな文芸活動を深い愛国心へと結びつけるためのさまざまな活動の一環として、ディックスの演劇も各地で上演されたのである。毎年のように新作を書き下ろし、それを同志である体育協会のメンバーとともに公演し、広めていくという、両者にとっても互いに有益な関係を構築していた。

ところで、なぜこのような活動が必要だったのか。それを探るために少し時代をさかのぼってみよう。ルクセンブルクが独立したのは1839年のことである（↓13章）。しかしながら、これは国民が望んだものではなかった。それ以前は独立国とは名ばかりでオランダ支配下に置かれており、1830年にともにオランダ支配下にあったベルギーが革命により事実上独立を果たした際に、ルクセンブルクの大半の地域もこれに同調してベルギー傘下に入った。しかし、1839年のロンドン条約により、ルクセンブルクのフランス語圏はベルギーに割譲し、残りのドイツ語圏の地域で新たにルクセンブルク大公国として独立することが決定された。新ルクセンブルク大公国の多くの国民にとってはベルギーから引き戻された格好であり、しかも独立国とされたのはひとえにプロイセンとフランスの緩衝国としてであり、当時のヨーロッパ列強諸国の駆け引きによるものであった。

不本意な独立に加え、オランダ国王がルクセンブルク大公を兼ねるという体制は以前と変わらず、経済的にはドイツ関税同盟により半ばドイツに組み込まれたような状態であった。当時のルクセンブルクには、国民のつながりを象徴するものは言語をおいてほかになかった（これについてはフランス語圏をベルギーに割譲したことが、ある意味では幸いとなったといえよう）。こうした時代背景から、愛国心の高揚は急務であった。体育協会はこれを実現するために、ルクセンブルク語による演劇のような娯楽性を持ち込み、ルクセンブルク人が自然にルクセンブルク語コミュニティとしての意識を持つようにした。また、ディックスの演劇のシナリオや歌詞も販売されていた。それは当然ルクセンブルク語である。こうして、文字化されたルクセンブルク語を庶民が目にする機会も増えていった。

元来は意識せずに使用していた話し言葉であるルクセンブルク語、それをマイヤーらが文字によって表現することで、ドイツ語とは異なるものとして可視化されたことにより、人々はルクセンブルク語を「発見」した。さらにディックスらの文芸活動により、ルクセンブルク語共同体というものが人々の意識下に確立されていくというプロセスを生んだ。この時代の文芸活動は、ルクセンブルク語による娯楽を通じて、ルクセンブルク人という集団を「形成」する重要な役割を担っていたといえるだろう。

（田原憲和）

コラム11

ルクセンブルク語による文芸活動の停滞期

田原憲和

ルクセンブルク語の文芸活動は、19世紀のディックスやレンツの活躍により、民衆の娯楽として広まりつつあった。しかしながら、20世紀初頭から1970年代頃にかけて、停滞期を迎えることになる。これは日常会話以外でルクセンブルク語を使用すること、具体的にはルクセンブルク語を書き言葉として使用することや、公的な場でルクセンブルク語を話し言葉として使用することが、政治的様相を帯びてきたことと無関係ではないだろう。

たとえば、この停滞期にルクセンブルク語で創作活動を行っていた作家として、1890年頃から1940年頃まで活動した詩人で劇作家のニコラウス・ヴァルカー、1918年頃から1944年頃まで活動した劇作家のマックス・ゲルゲン、そしてルシアン・ケーニヒが挙げられよう。とりわけケーニヒの活動は顕著であり、1909年から1950年頃にかけて、多くのルクセンブルク語による作品を発表している。また、ケーニヒが1910年に創設した国民主義団体「国民同盟」は急進的な活動で知られ、1945年から1948年にかけては『ウニオウン』（同盟）というルクセンブルク語新聞の発行も行っていた。しかしながら、こうした「国民同盟」の先鋭的な活動が、民衆に受け入れられたとはいいがたい。

具体的な数字でみてみると、当時の状況がよくわかるだろう。1919年から1945年までの間にルクセンブルク語による出版物は432件と、同じ期間の全出版物の43%を占めている。ところがケーニヒらの時代を経て、

1960年代にはついにルクセンブルク語出版物が57件（全体の17％）、1970年代には63件（全体の13％）にまで減少する。ディックスやレンツの時代とは打って変わって、当時ルクセンブルク語は創作の言語ではなかったのである。

　ちなみに、1919～1945年のルクセンブルク語の出版物のうち、80％以上が戯曲であった。これはこの期間のルクセンブルク語による出版物の特徴で、現代の市場と比較するとよくわかる。2010年から2018年の期間におけるルクセンブルク語出版物（424件）のうち、80％以上が青少年向けに分類される。たとえば絵本や漫画、児童文学などであり、各地の書店で気軽に手に入れることが可能である。

ギ・レーヴェニシ
wikimedia commons

現在ではルクセンブルク語の書籍が身近なものとなっているといえよう。

一時はこのまま衰退するかにみえたルクセンブルク語の文芸活動だが、１９７５年にはルクセンブルク語辞典が完成し、１９７８年には文化省が国民文学コンクールを創設するなど、徐々に復活の兆しが現れる。

また、世界的に最も高く評価されているルクセンブルク人作家、アニーゼ・コルツなどの創作活動が本格化する。コルツは１９５３年から創作活動を開始し、１９８０年以降に花開いた作家である。コルツはルクセンブルク国内のみならず、フランスやドイツなど国外でもさまざまな賞を授与されている。ただし、コルツの創作活動はドイツ語とフランス語によるものが中心であり、ルクセンブルク語による作品は２点のみである。ドイツ語、フランス語、ルクセンブルク語の３言語で創作活動を行い、現在のルクセンブルク国内で最も高く評価されているギ・レーヴェニシもまた、世間に名を知られ始めたのは１９８０年以降のことである（↓39章）。レーヴェニシはなかでもルクセンブルク語による創作活動が盛んであった。レーヴェニシがルクセンブルク語での児童文学や長編小説の創作活動を開始したのと時を同じくして、公的な支援も広がり、ルクセンブルク語文芸活動が復興したのである。

39

ルクセンブルク語文学 2 現代

★ 1980年代以降の隆盛★

ルクセンブルクの作家たちには、主としてドイツ語あるいはフランス語で著作を発表する人たちもいるが、ここではルクセンブルク語による現代文学の状況を紹介しよう。

19世紀後半に花開いたルクセンブルク語文学は、20世紀前半になると停滞期を迎える（↓コラム11）。たしかに抒情詩や通俗的な演劇作品が数多く書かれ、また初めての長編小説の試みもあったが、有能な作家たちは当時のヨーロッパの新しい文学潮流（象徴主義、表現主義、ダダイズム、新即物主義）を追うことに専心し、まだ話し言葉としての側面が強かったルクセンブルク語よりも、ドイツ語やフランス語を表現手段に選んだのである。

１９６０年代後半から若い作家たちがルクセンブルク語に目を向けるようになり、１９８０年代に至って本格的な現代ルクセンブルク語文学が確立し、世間にも認知されるようになる。その背景には、以下のような文学活動そのものを支える社会的基盤の整備があった。第1に、作家の組合が結成され、原稿料など労働条件に関する規定が明確化されるようになった。第2に、文学作品を主として扱う出版社がいくつも設立された。第3に、雑誌や新聞などでの文学批評が行われるようになった。第4に、国民文学コンクールなど文学関係のコンテストや賞がいくつか創設された。それに加え、1984年に成立した言語法に関連して、ルクセンブルク語の地位をめぐる議論が国民的関心を呼び起こしたことも、この言語での文学活動を後押しする要因になったであろう。

現代社会が抱える諸問題をテーマとする長編小説によって、1980年代にルクセンブルク語文学の歴史に新たな時代をもたらしたのは、ギ・レーヴェニシ（1947〜）とロジェール・マンダーシャイト（1933〜2010）という二人の男性作家である。以下、彼らの文学活動を紹介する。

レーヴェニシは、すでに10歳代後半から新聞や雑誌に寄稿していたが、教育大学を卒業して小学校教師をしていた1970年頃から劇作家として活躍した。彼の作品には移民など、社会的弱者の視点から硬直化したルクセンブルク社会を風刺するものが多く、作品を通しての政治批判が論争を引き起こしたこともある。初めのうち彼は主としてドイツ語で作品を書いたが、これは当時、多くの若者がドイツの左翼運動に共感を覚えていたこと、またルクセンブルク語で執筆することが政治的に保守的な姿勢を喚起したためと思われる。後に創作の言語をルクセンブルク語へと転換するきっかけになったのは、劇団「遊戯工場」を設立して、子どものための演劇作品を書くようになったことである。彼はアウトサイダー的な父親と二人で暮らしている女児を主人公とする物語『ムシュキルシュ』（1990）の刊行以降、ルクセンブルク語による児童文学を代表する作家でもある。

1985年に刊行されたレーヴェニシの長編小説『大西洋の向こう側』は、ルクセンブルク語による文学のレベルを一気に押し上げた画期的な作品であった。この作品は、地方の役場で掃除夫として働くある男の日常生活を通して、社会に潜む権威的な構造をえぐり出した。そうしたテーマの

レーヴェニシの長編小説『大西洋の向こう側』（1985）

斬新性のみならず、言語の面、特に個々の語の実験的な使用法や意識の流れを用いた叙述法という点でも、それまでのルクセンブルク語文学には見られない手法を駆使したものであった。レーヴェニシはその後も多くの長編小説を書いているが、『3人の男によるミサ』（1989）や『野生の女』（1993）のように、フランス語に翻訳された作品もある。

『大西洋の向こう側』の3年後、マンダーシャイトの長編小説『シャコ・クラーク』（1988）が刊行されて、世間の注目を浴びた（シャコ・クラークはナチス・ドイツ軍兵士の軍帽を指す）。この作品は、長らくベルリンに住む56歳の男性がルクセンブルクに住む子ども時代の女友達に宛てた手紙の中で、第二次大戦前と戦時期の地方の村での出来事を、子どもの目を通して語る形式をとっている。この小説は、戦時中の思い出を自らのアイデンティティと重ねる世代の人々の共感を得て、1990年には映画化もされた。マンダーシャイトはその後、続編にあたる二つの長編小説『栗の木のオウム』（1991）と『火と炎』（1995）を書き、主人公が成人するまでの過程を描いている。これらの3部作は、後に本人と別の作家によってドイツ語に翻訳された。

マンダーシャイトもレーヴェニシ同様、若いときからドイツ語でさまざまな作品を発表していたが、『シャコ・クラーク』以降、主としてルクセンブルク語で執筆するようになった。そのきっかけは次のような体験である。彼は初めのうち、この作品をドイツ語で書き進めていたのであるが、あるときドイツ軍占領下の生活に異質性を感じる子どもの視点からの叙述が、もはやドイツ語ではできないことを悟った。外の疎遠な表向きの世界とは断絶された内的で親密な世界の描写に、ルクセンブルク語が不可欠だったのである。

この二人の作家の作品は商業的にも成功を収め、１９９０年代以降は彼らに続く作家たちが、ルクセンブルク語で次々に作品を発表するようになる。その代表的な作家としては、ジョジー・ブラウン（１９３８〜２０１２）、ジェンプ・ホシャイト（１９５１〜）、ニコ・ヘルミンガー（１９５３〜）、ジョルジュ・ハウゼマー（１９５７〜２０１８）、ジョルジュ・キエファー（１９６２〜）が、また若手の女流作家としてクロディーヌ・ムーノ（１９７９〜）が挙げられる。

ルクセンブルク国立文学センターのウェブサイトに掲載されている年間の文学作品リストに基づいて数えると、２００９年から5年間の、著書として刊行されたルクセンブルク語の文学作品の数（同一の著書にいくつかの作品が含まれることもある。また翻訳作品は含まれない）は以下のとおりである。２００９年45編、２０１０年27編、２０１１年37編、２０１２年39編、２０１３年59編。ルクセンブルク語話者が約30万人であることを考えるなら、この作品数の多さは驚嘆に値する。ルクセンブルク語による文学は、すでに現代ルクセンブルク文化を構成する重要な要素になっているといえる。

（田村建一）

40

ルクセンブルク語による児童文学

★異文化との出会い★

ルクセンブルクの子どもたちは、学校でまずドイツ語の読み書きを習うので（↓8章）、世界の名作にはドイツ語を通じて触れることになる。その一方で近年、ルクセンブルク語に翻訳された児童文学作品も増えている。すでに1960年代には作家のジョジー・ブラウンにより『星の王子さま』が翻訳されていたが、特に2000年以降、児童文学の名作の翻訳が相次ぎ、現在では『長くつ下のピッピ』、『くまのプーさん』、『グリム童話集』、『ピノッキオ』、『不思議の国のアリス』などがルクセンブルク語で読めるようになっている。

ルクセンブルク語によるオリジナルの児童文学作品に関しては、現代ルクセンブルク語文学が確立された直後の1990年代以降、刊行が相次ぎ活況を呈している。現代文学と同様、この分野でも突破口を開いたのはギ・レーヴェニシである。彼の『ムシュキルシュ』（1990）は、少し変わり者の父親と二人で暮らしているケティと呼ばれる小学生の女の子（本名はカトリーヌ・ムシュ）を主人公とする物語であるが、これまでにないほどの売れ行きを見せた。ムシュキルシュという語は、学校の同級生たちがケティに付けたあだ名に由来するが、これはフランス語で「斜視のハエ」を意味する。この作品では、ユーモラスな言葉遊びがくり広げられながら、ハエと友達になったケティのファンタジーの世界が描かれている。

同じケティが主人公であるレーヴェニシ『シマウマのチェリ』（1992）の最初の場面では、ケティの家のとなりに引っ越してきた人たちがどこの国から来たのか、彼らにフランス語が通じるのか、ということが話題になっているが、ルクセンブルクの児童文学には、こうした多言語・多文化的な状況を反映した場面が多く描かれている。以下、外国人あるいは異文化との出会いが描かれている作品を二つ紹介する。

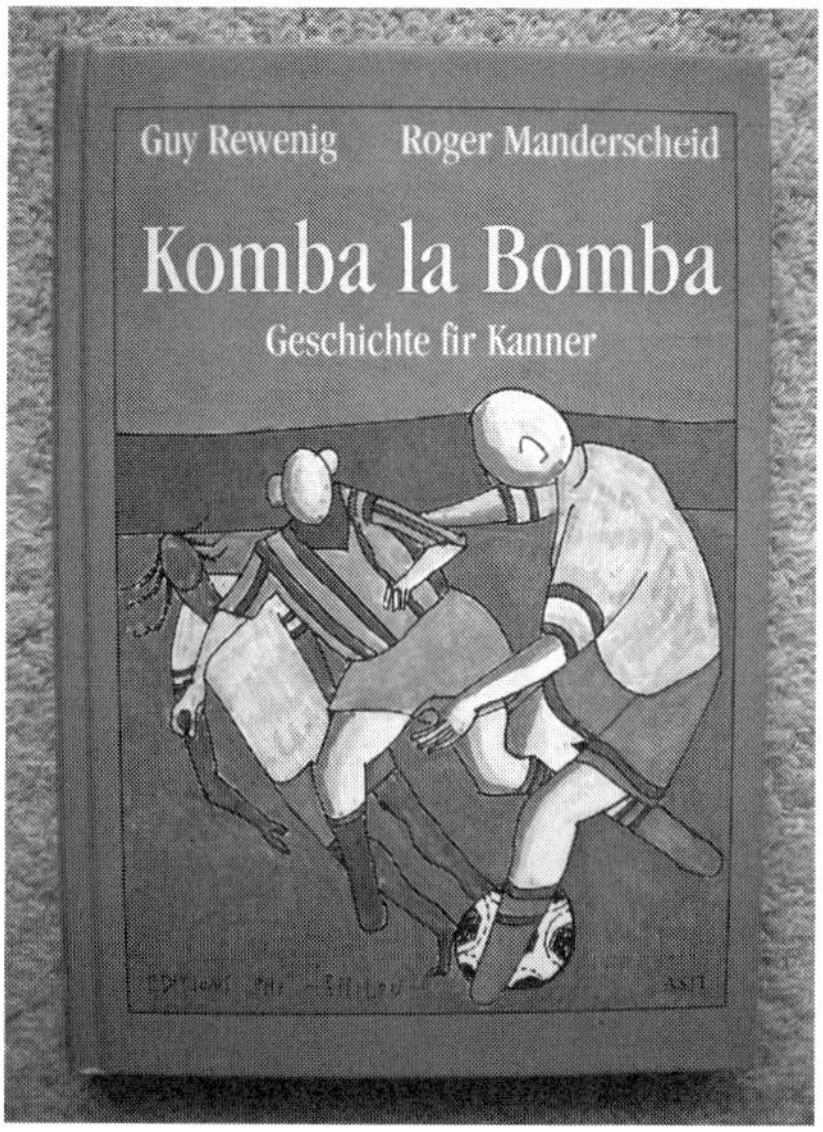

レーヴェニシ『コンバ・ラ・ボンバ』
挿絵はロジェール・マンダーシャイト。

レーヴェニシの『コンバ・ラ・ボンバ』（1999）は、カーボ・ベルデ出身で肌の真っ黒な9歳の女の子コンバが主人公である。彼女は学校の成績が悪く、靴ひもが結べないほど不器用だが、常に明るく、またサッカーボールを空中高く、雲の上まで蹴り上げることができるという特殊な能力を持っている。そのため彼女が所属するサッカーチームが試合をする日には、試合後の彼女のボール蹴りを見るために大勢の人がやって来る。しかし、雲の中に消えたボールが再び地上に落ちてくるまで何時間も待つことに、人々はだんだん飽きてしまう。やがて20両の列車を自分の歯で引っ張ることができるニッキー・カワナゴという日本人の男の子が登場するや、今度はそちらの方に殺到する。彼女のサッカーチームはルクセンブルクで最も弱いチームであるが、さまざまな国の出身者で構成されている（ハカムリという名の日本人もいる）。試合に勝つことには誰も興味がなく、どんなプレーにも笑いが起きる。このチームをめぐり、サッカー場の地下に住むネズミが試合の邪魔をすることや、リンゴの木が林立する中での試合の話など、奇想天外な話が次々と展開する。

コンバの家のとなりにはクローディという男の子が住んでいて、コンバとはお互いに相手を気に入っている。クローディはたいへん優秀で、時計の時刻を読むこと以外は何でもできる。ただ、彼は生まれてからこれまで一度も笑ったことがなく、心配した父親が「笑いの学校」に通わせるなど、あらゆる努力をするのだが徒労に終わる。しかし最後に、息子を笑わせようと頭に鍋を被ったまま取れなくなった父親の頼みで、コンバがサッカーボールをぶつけて鍋を吹っ飛ばしたとき、クローディは初めて笑うのである。

この作品は、けっして異文化との出会いに起因する葛藤や問題を取り上げたものではない。むしろ異文化の存在が当然のことのように描かれている。そうした文化的な多様性をもつ社会こそが、西ヨーロッパ社会の生活の中に潜む、硬直した何かを変える可能性をもつことを示唆しているように思われる。

１９９０年代に旧ユーゴスラビアで起こった内戦により、西ヨーロッパ諸国は多くの難民を受け入れたが、ルクセンブルクでもこの時期から旧ユーゴスラビア出身の居住者が増えている。１９９０年

シャンタル・シェンテン＝ケラー『キラと友人フェルナンド』（フランス語版）

代の難民受け入れを反映しているのが、ロラン・マイヤーの『（こん棒）戦争の写真』（２０００）である。表題にある「こん棒戦争」とは、この作品の主人公（語り手）である小学6年生の少年が演じる学校演劇の背景をなす、18世紀末のフランス革命軍とルクセンブルク北部住民との間の戦いを指す。ルクセンブルクの小学校生活の様子とともに、転校してきたコソボ・アルバニア人の少年ブヤルとの交流を通して、主人公が戦争とは何かを考えていく様子が描かれている。作中劇の中で、こん棒戦争で殺されたフランス軍憲兵の霊が登場して、理念のために死ぬことの愚かしさについて語るが、これが現代の戦争の無意味さと結びつけられている。マイヤーはこのほかにも、少年少女向けの作品を多く書いている。

１９９０年代以降、絵本もたくさん刊行されているが、多言語社会を反映して、同じ作品がルクセンブルク語とそれ以外の言語で刊行されることもある。シャンタル・シェンテン＝ケラーの『キラと友人

ルネー・ヴェーバー『ムーナ・リザ』

フェルナンド』（1993）は、小学校低学年向けに書かれた絵本であるが、ルクセンブルク語、ドイツ語、フランス語で刊行されている。学校のクラスに新しく入ってきたポルトガル人のフェルナンドに対するほかの男の子の差別的な発言をきっかけに起こった喧嘩とその後の仲直りが描かれ、最後に「一緒に遊ぶのに、肌の色や出身国の違いは重要ではない」ことが説かれている。

ルネー・ヴェーバーは『ムシュキルシュ』の挿絵を担当するなど、有名な挿絵画家であるが、自ら書いた絵本もたくさん刊行している。その中で幼児向けに書かれた『ムーナ・リザ』（2010）は、ルクセンブルク語のほかにドイツ語、フランス語、ポルトガル語でも刊行されている。日々の生活に退屈した雌牛のムーナ・リザ（モナ・リザに引っ掛けたか？）が、人間が手放した気球に乗り込んで空を飛び、途中で嵐に遭って落ちてしまうが、何とか木の枝に引っかかって無事地上に戻るという話である。

このほか、小学生の友人グループが周囲で起こる事件や謎を解決していくシリーズ物の探偵小説を、アンリ・ロシュ（高学年向け）やヴィヴィアーヌ・ダマン（低中学年向け）が書いている。このように現代のルクセンブルクでは、あらゆる年齢層に向けて文学作品が数多く刊行されている。（田村建一）

41

クラシック音楽とオーケストラ

★ヨーロッパの「音」の交差点★

「国」と「音楽」というテーマを語るのであれば、まずはその土地の人々の心に深く根づいている国歌の存在は外せないだろう。ルクセンブルクの国歌が正式に認められたのは比較的最近の1993年となっているが、元となった詩と曲がつくられたのはその100年以上も前、1800年代後半のことである（→38章）。歌詞の内容はとても牧歌的であり、平和と自由を主題に、昔も今も変わらぬであろうルクセンブルクの風景そのものを歌い上げている。冒頭では「アルゼット川が草地を流れるところに、シュール川が岩を通り抜ける。ブドウが薫り高く育つモーゼル川のほとりでは、空がワインを約束してくれる」というような内容が描かれている。この国歌を知った当時まだ若かった筆者は、まさか国歌にアルコールが登場するとは思わず、衝撃を受けつつもなんだか素敵な国に来たなと嬉しく思ったものである。

小国といわれるルクセンブルクにも、音楽学校やコンサートホールはもちろん存在する。国立音楽学校であるコンセルヴァトワールは門戸を広く開放しており、6歳頃から入学可能なクラスもある。ジャンルもクラシック音楽に限らず、ジャズ、舞踊、演劇などさまざまなクラスが用意されている。日本のピアノ・デュオ、レ・フレールの斎藤兄弟も、この学校に留学していた。600席強ほどの小規模ながらも素晴らしいホールを併設しており、国際的に著名なオーケストラやソリストによる演奏会が数多く開かれている。

2005年には、1500席のシューボックス型の大ホールと300席の室内楽用ホールを有した国内最大のコンサートホール、フィルハーモニー・ルクセンブルクが建設され、国内外の一流オーケストラや演奏家に触れる機会もますます多くなった（ちなみに2005年前半はルクセンブルクがEUの議長国で、それに合わせてコンサートホール以外にも大きな国際会議場などが建設された）。ほかにも、ヨーロッパらしく地方の古城の一室で開かれるコンサートや、季節によってはヴィルツ音楽祭のように、地方都市の自然あふれる中での野外コンサートなどが、地元の人々や観光客を楽しませている。どんな小さな町の演奏会でも「え、こんな大御所が来てくれるの？」と思わせるような名演奏家がひょっこり出演しているのも、ルクセンブルクがヨーロッパの中心部に位置しているからこそなのかもしれない。

なお、これはこの国に限った話ではないが、平日夜の演奏会は日本よりも1時間ほど遅い、午後8時開演が多い。仕事の後にほどよくお腹を満たしてから演奏を楽しみ、その幸せな余韻に浸りながら眠りにつくという具合に、非常に効率的かつ健全に1日を締めくくることができる。演奏中にお腹が鳴るのを堪えることに集中してしまい、終演後にダラダラと食事とお酒に興じがちな人には（耳が痛い）うってつけのシステムだとつくづく思う。

ルクセンブルクには、ルクセンブルク・フィルハーモニー管弦楽団や室内楽専門のレ・ミュージシャンなど、いくつかのプロの演奏家集団がある。ルクセンブルク・フィルハーモニー管弦楽団は歴史も長く、前身であるルクセンブルク放送管弦楽団は1933年に発足し、その後1996年より政府の支援を受けて現在の名称で活動している。なかでも非常に興味深いのは、ルクセンブルクを拠点に西欧・東欧のさまざまな老舗オーケストラの奏者たちが集まって定期的に活動している、ソロイスツ・ヨーロピアン・ルクセンブルクというオーケストラである。「ソロイスツ」という名称が物語るように、各地の有名オーケストラの首席奏者をはじめとする、一流の中の一流の演奏家たちが一堂に会する団体なので、オーケストラ愛好家にとってはまさに垂涎ものである（第1ヴァイオリンに至っては、ほぼ全員がどこかのオーケストラのコンサートマスターであることもあるらしい）。一度、幸運なことにリハーサルを聞かせていただく機会に恵まれたが、演奏者ひとりひとりがあまりに素晴らしすぎて、どの瞬間を切り取っても息が止まりそうなほどに圧倒された。同行したアマチュア・ホルン吹きの同僚である永窪方明氏は、ホルン界の神様のような存在である故ズデニェク・ティルシャル氏とリハーサル後に語り合っていて、幸せそうだなと思っていたら、何やら氏のホルンを譲り受けるという話になっていた（しかも驚くほど良心的な値段！）。演奏会を終えておのおの帰国する際は、自国の税金が高いからなのか、ワインをこれでもかというほど買い込んで嬉々として帰っていくというような可愛らしい一面も垣間見えた。このように名高い演奏家との距離が比較的近いのも、ルクセンブルクがヨーロッパにおいてさまざまな意味での交差点であることを意味しているのかもしれない。

さて、筆者はアマチュアのチェロ弾きで、ルクセンブルクへは仕事で滞在していたものの、それ以外の時間はほぼ音楽に明け暮れていたといっても過言ではない。ルクセンブルクにもアマチュアのオーケストラやアンサンブルが複数存在しており、その中の一つであるルクセンブルク・フィルハーモニアという管弦楽団に所属していた。当時、20以上もの国籍の人々が在籍しており、しかもEU機関の関係者が大半で、そのような趣味の場でもルクセンブルクの特徴が色濃く反映されているのが新鮮で楽しかった。それゆえ、楽譜の表記がどんな言語で書いてあっても誰かしらの母語なのでとても便利だった。指揮者はドイツ語とイタリア語が話せるデンマーク人で、練習はドイツ語だったので、フランス語と英語がやっとの筆者には意味がわからないことも多々あったが、そこは周囲が必要に応じて助けてくれたし、音楽の場合はたとえ言葉がわからなくても指揮者のやりたいことは伝わってくるものである。筆者が日本で弾いた経験のある曲を演奏したときは、突然「前の席に来なさい」と、首席奏者のとなりの席を指定されたこともあった。

ソロイスツ・ヨーロピアン・ルクセンブルク
（オーボエ奏者の渡辺克也氏提供）

日本のアマチュア・オーケストラはストイックに練習をするところが多い印象だが、欧米のそれは、上手な人も発展途上の人も、まずは「楽しむ」というのが何よりも最優先であるような気がする。本番で目立つソロのパートが1小節間違えたまま音楽が進もうとも気にしない（さすがに指揮者の目は今にもクロールしそうなほど泳いでいたが）。本番の休憩中にシャンパンを飲む。その会場は実は、かつてリヒャルト・シュトラウスが指揮棒を振ったことで有名だったりする。細かいことひとつひとつが新鮮で、肩ひじ張らずに楽しんでいると、団員ともどんどん交流が増えていった。コンセルヴァトワールの学生オーケストラのチェロが足りないといって出演させてもらったり、国境を越えてフランスの教会での演奏に参加させてもらったりと、本当に充実した日々を送ることができた。……もちろん、仕事も頑張った、はず。

ルクセンブルクで音楽を聴いてみようと思ったら、オーケストラが好きであれば一度は前述のソロイスツ・ヨーロピアン・ルクセンブルクの演奏会に足を運び、ヨーロッパ中の一流の「音」の交差点をじっくりと味わってみることをお勧めする。また、地方都市をめぐって日本ではなかなか知る機会のない土地の食を味わいつつ、小さな国の中の大きな自然に囲まれた野外コンサートや、古城での音の響きを楽しむとよいだろう。

（我妻礼子）

42

伝統音楽と舞踊の文化

★アイデンティティの形成と復興★

ルクセンブルク人が彼らのアイデンティティやルーツを求める文化の一つに、音楽や舞踊がある。ルクセンブルクの伝統舞踊でもっとも有名なのは、《エヒタナハの踊りの行進》だろう。エヒタナハは、698年にアイルランドの宣教師ウィリブロートが修道院を建立したことを機に、中世のキリスト教の中心地となった街である（↓31、49章）。「踊りの行進」は、毎年聖霊降臨祭の火曜日に人びとが白いハンカチを手に列をつくり、独特のステップを踏みながらウィリブロートが埋葬される聖堂を終着点として街中を練り歩くもので、ユネスコ世界遺産にも指定されている。

18世紀後半から19世紀初頭にかけて、伝統的な民族音楽や舞踊の伝承という点で大きな役割を果たしたのは、「盲目のタイス」の呼び名で親しまれるマティアス・ショウである。彼は、ルクセンブルクの民族音楽・民謡を体系的に収集した重要人物の一人である。彼が路上でバイオリンを弾き、妻がその横で踊ってみせながら、夫婦でルクセンブルクのさまざまな街をめぐって歩いた。ショウは《アルロンの丘の上で》、《ゲッツェンの娘》など、多くの作品を後世に残している。ルクセンブルク

マティアアス・ショウ

の伝統的なメロディもさることながら、ルクセンブルク語で歌われる民謡は、国民アイデンティティ形成期のルクセンブルク人にとって、重要な意味を持っていた。音楽を演奏しながら諸国をめぐる彼の姿は、19世紀を代表する古典作家ミシェル・ロダンジュの作品中で描かれたり、まさに「盲目のタイス」というタイトルの詩がエドモン・ド・ラ・フォンテーヌ（雅号はディックス）によって書かれたりした（↓38章）。

19世紀のルクセンブルクを代表する作曲家としては、国歌《我らが祖国》を作曲したジャン・アントワーヌ・ツィネンや、国民的な作曲家と称されるロラン・ムナジェなどがいる。ムナジェは、教会音楽や交響曲を作曲するほか、ルクセンブルク語の歌曲や合唱曲、オペラなども作曲している。

20世紀に入ると、徐々に民族音楽が演奏される場が失われていく。だが第二次世界大戦後、ユースホステルが中心となって、ルクセンブルク民族文化の復興運動が始まる。1948年から、ユースホステルの夜の集いで民族音楽や民謡が演奏され、民族舞踊（フォークダンス）が踊られるようになった。1953年にオランダで行われた民族文化フェスティバルでこれらの文化を紹介し、大きな反響を得たのをきっかけに、1955年にジョルジュ・シュミットを代表者とする民族文化の会、「夜の集い」が結成された。この団体は2005年、結成50周年を記念して大判のハンドブック『ルクセンブ

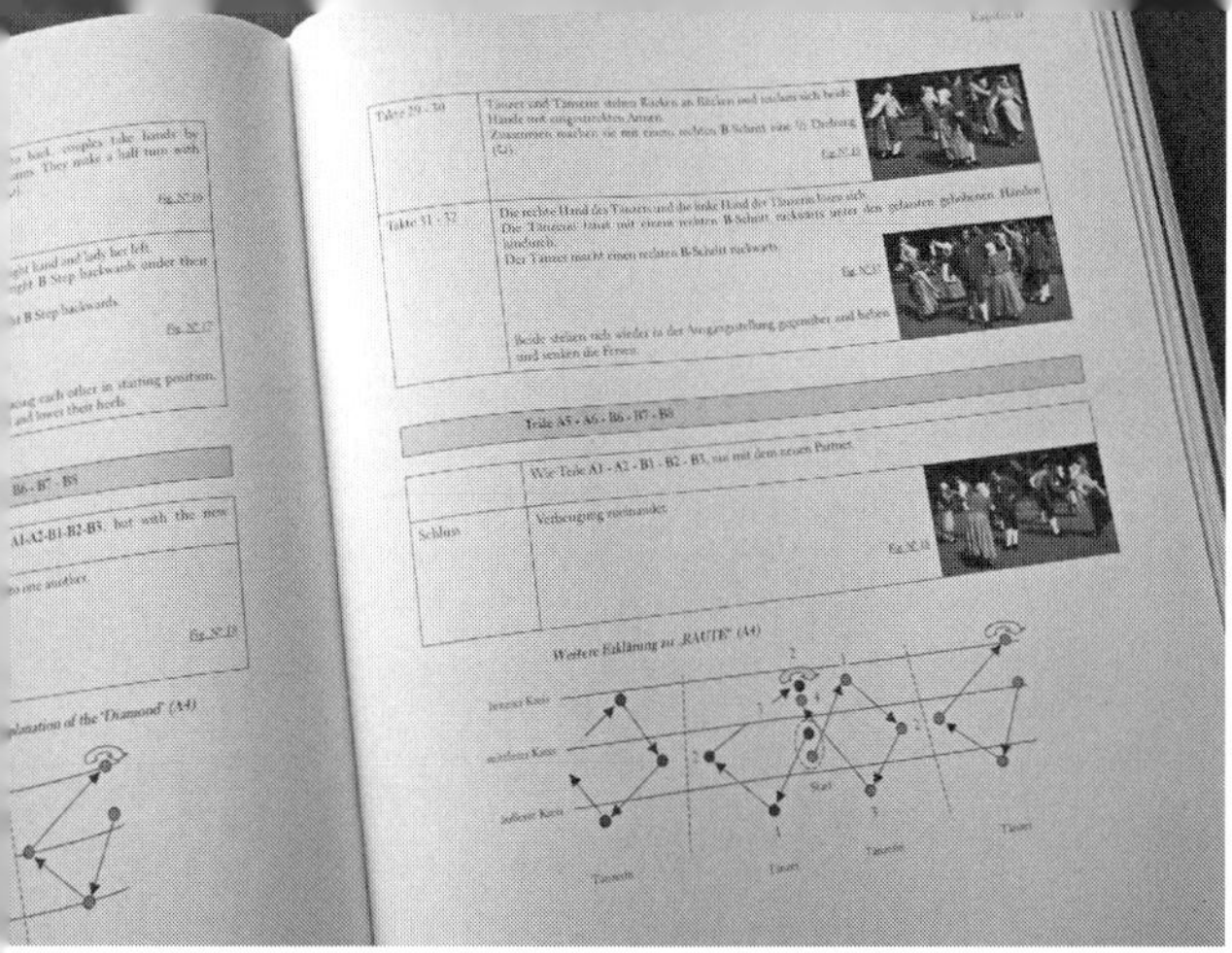

「夜の集い」が編纂したハンドブック、『ルクセンブルクの民族舞踊』

ルクの民族舞踊』を編纂した。この本では、ルクセンブルクの伝統的な舞踊の振り付けが詳細な図解や写真付きで紹介されるほか、民謡の楽譜や18世紀ごろの民族衣装なども紹介されている。

現代のルクセンブルクにおいて民族音楽や民謡の伝承に大きく貢献するのは、ギィ・ションスである。彼は、自身も弾き語りのギタリストとして民族音楽を中心に演奏活動を行うかたわら、民族音楽研究家としても活躍する。彼が1975年に結成した「ドゥレマジク」は、ルクセンブルクの伝統的な弦楽器の名前を冠した民族音楽アンサンブルグループで、曲によってドゥレマジク、ギター、バイオリン、リコーダー、アコーディオンなどを使って演奏する。基本的にライブで演奏活動を行うが、CDも何枚か出している。たとえば『ザ・ベスト!』というCDには、マティアス・ショウの

18世紀の衣装を着た人々
『ルクセンブルクの民族舞踊』より

残した《アルロンの丘の上で》や《鍛冶屋》など、多くの伝統的な作品が収録されている。陽気な民衆のお祭りを思わせるにぎやかな曲から、哀愁漂う静かな曲まで、表情豊かなルクセンブルク伝統音楽を楽しむことができる、ぜひ一度聴いておきたい一枚である。

《エヒタナハの踊りの行進》など、ルクセンブルクの歴史に深く根ざした伝統舞踊が今に伝えられているほか、ツィネンやムナジェの作品など、近現代のルクセンブルク・クラシック音楽の伝統も、ルクセンブルク音楽を知るうえで欠かすことはできない。また、コンサートホールで聴くクラシック音楽とはまた違った、民衆の日常生活に根ざした民族音楽や民族舞踊からは、さらに生き生きとしたルクセンブルク人の文化を身近に感じることができるだろう。

（西出佳代）

43

近現代美術

――★芸術家サークルから、EU の文化都市へ★――

それぞれに独自の文化を開花させたフランス、ドイツ、ベルギーという芸術大国に囲まれたルクセンブルクには、古くから多様な美術様式がもたらされていた。この地を訪れる芸術家も多く、たとえばイギリスを代表する風景画家ターナーが描いたルクセンブルク市の渓谷が国立歴史美術博物館に、フランスの文豪ユーゴーが描いたシェンゲン城のスケッチがフィアンデンのヴィクトル・ユーゴー記念館に残されている（↓47章）。ルクセンブルクが所蔵する美術品には、西ヨーロッパの美術史の縮図をみることができるのである。

そのようなある意味で恵まれた環境にあったためか、ルクセンブルクの芸術家を育み、芸術活動を推進しようという動きは他国より遅れ、19世紀末になってようやく芽生えた。フランツ・ヘルデンステインとミシェル・エンジェルスという画家たちが中心となって、1893年に「ルクセンブルク美術サークル」が設立されたのである。画家や彫刻家を志すルクセンブルクの若者の多くはパリやミュンヘンやブリュッセルで学んだが、そこでは古典やルネサンスの芸術を模範とすることに背を向けた未来志向の近代美術が産声をあげていた。この美術サークル

ドミニク・ラング《春の使者》（1904）
ルクセンブルク国立歴史美術博物館

でもドミニク・ラングのように、ラファエル前派的な作風を経て、鮮やかな陽光と空気感を表現する印象主義の風景画を完成させた画家もいたが、伝統的な風景画や静物画なども依然として好まれていたようだ。１８９４年に開催された最初の展覧会には、ルクセンブルク大公妃アデライド＝マリー・ダナル＝デソーも花の絵を出品しており、さらに１９０２年からは最優秀作品にアドルフ公の名を冠した賞の授与も始まった。やがて美術サークルは新しい芸術を模索することよりも、大公家を後ろ盾とした美術団体として権威を誇るようになっていった。

　そんな美術サークルに反旗をひるがえす「分離派」が結成されたのは、第一次世界大戦後の１９２６年であった。ジョゼフ・クター、ニコ・クロップ、ジャン・シャーク、ハリー・ラビンガーらの若く気骨ある画家たちは、新しい絵画表現を求めると同時に、美術サークルの権威主義を否定したのである。１９２３年に創刊された文芸雑誌『カイエ・ルクセンブルジョワ』の後押しを受けた彼らは、セザンヌやファン・ゴッホの影響を受けつつ、より大胆な色彩と構図で画家の主観性を表出する表現主義へと挑んでいった。主要メンバーの一人であるクロップは、故郷モーゼルの河畔に広がる澄んだ風景を鮮烈なタッチで描いて頭角を現した。だが、彼が１９３０年に夭逝すると、グループの結束は崩れ、メンバーたちは再び美術サークルへと舞い戻っていった。

分離派の中でもひときわ重厚なマチエールを生み出していたクターは、今でこそルクセンブルクを代表する画家として知られているが、美術サークルに戻って参加したサロン展で酷評を受け、それ以後はフランスやベルギーで作品を発表していた。やがてナチズムが台頭すると、時代の不安感や閉塞感を反映するように、彼の風景画や人物画の色調はしだいに暗くなり、重苦しい緊張感を宿していった。古典主義の美術を信奉する一方で多くの近代美術を「退廃芸術」と呼んで排斥したナチスは、１９４０年にルクセンブルクを占領すると、美術もその管理下に置いた。クターに「退廃芸術」の烙印は押されなかったものの、道化師として描いた自画像などは封印せざるをえなくなり、彼は翌年、失意のなかで病に没した。クターの再評価は、戦後間もない１９４６年からブリュッセル、アムステルダム、そしてパリと、国外で相次いで開かれた回顧

ジョゼフ・クター《クレルヴォー》（1937）
ルクセンブルク国立歴史美術博物館

MUDAMの空間に置かれたスーメイ・ツェの作品《語られた多くの言葉》（2009）
西洋の噴水に真っ黒な墨がなみなみと満たされ、西洋においても東洋においてもあふれるように生み出されてきた過去の文学へのオマージュが静かに表現されている。

展から始まったのであった。

第二次世界大戦後は、世界的な抽象絵画ブームに呼応するように、ルクセンブルクでも１９５０年代から１９７０年代にかけて抽象絵画が主流となった。ミシェル・シュトッフェルは、１９３０年代に美術サークルで活躍していた頃の表現主義的絵画から、明快な線と色面で画面を構成した幾何学的抽象絵画へと変貌を遂げ、１９５４年には抽象絵画グループ「イコノマク」を結成した。彼は画家としての活動と並行して、『カイエ・ルクセンブルジョワ』誌上で評論を発表し、芸術理論家としてもルクセンブルクの美術史に名を留めている。

１９８０年代後半以降、ルクセンブルクの美術には目を見張る変化が起こった。製鉄業から金融業への主力産業の変化がもたらした経済発展と、ＥＵの政治および経済の中核都市としての存在感の高まりから、ルクセンブルクに固有の美術を創造することよりも、美術館や現代芸術センターのコレクションを充実させることによって、ＥＵの文化都市としても国際的評価を高める文化政策に力を入れるようになったのである。１９８８年に国立博物館を自然史博物館と歴史美術博物館に分け、後者に近代までのルクセンブルクの絵画や彫刻、工芸をまとめて展示するようになった。そこにはクター・コレクションも国家遺産として展示されている。1989年に映像と写真のための国立オーディオ・ビジュアル・センターが、1995年には現代芸術センターのカジノ・ルクセンブルクが開館した。同時期に計画された現代美術館は、ルーヴル美術館のガラスのピラミッドで知られる建築家イオ・ミン・ペイが設計した。彼の現代建築は周辺の歴史的建造物と調和しないのではないかという物議を醸したが、2006年にジャン大公現代美術館（MUDAM）として開館した。

それと並行して、ルクセンブルク政府は国外の国際美術展への参加も後援し、2003年には最も権威のある国際美術展ヴェネツィア・ビエンナーレでルクセンブルクのパビリオンが金獅子賞を受賞した。そのアーティストは、中国人とイギリス人の音楽家である両親のもと、1973年にルクセンブルクで生まれたスーメイ・ツェである。彼女の作品は、映像やインスタレーションなど多様なメディアと素材を用いて、西洋と東洋、双方の文化や自然への思想を融合させた独特の世界観をみせる。その世界観には、自国の独自性を大切に守りつつも、やみくもに主張せず、外国人や異なる文化も寛容に受け入れるルクセンブルクの気風と共鳴するところがあるようだ。

現在、現代芸術の発信地となっている先述のカジノ・ルクセンブルクは、19世紀に流行の発信地であった「カジノ・ブルジョワ」をリノベートしたものだ。そこはフランツ・リストが生涯最後のコンサートを行い、ルクセンブルク美術サークルがサロン展を開いた場所である。ルクセンブルクの近代芸術の幕開けを告げたこの美術サークルもその場所も、歴史を積み重ねながら今を生きている。

（竹中悠美）

コラム12

歴史的建造物と美術

竹中悠美

ルクセンブルクで1990年代から起こっている博物館や美術館の建設ラッシュに特徴的なのは、古い建造物のリノベーションである。ジャン大公現代美術館（MUDAM）と背中合わせのチュンゲン博物館は18世紀の要塞をリノベートしているし、ルクセンブルク国立貯蓄銀行（BCEE）は本店のホールを銀行博物館として公開するだけでなく、その地下にあるトンネルをアートギャラリーにしている。アムトンネルと名付けられたこのスペースは、近接する建物を結ぶ地下通路としてつくられていたものだそうだが、深さ15メートルもの地中に迷路のように広がる銀行の通路には、なにやら訳ありな気配が漂っている。このようなリノベーションは、展示作品だけでなく、個性的な建築とその場所の歴史も一度に体験できるところが面白い。

ルクセンブルク市以外にも注目すべきリノベーションがある。一つはクレルヴォーにあるファミリー・オブ・マン、もう一つはデュドランジュにあるヴァーサートゥエルムだ。どちらもエドワード・スタイケン・コレクションと呼ばれる写真群を展示している。1879年にビヴァンジュで生まれたスタイケンは、2歳でアメリカに移住し、長じて世界的な写真家となる。さらにニューヨーク近代美術館の写真部ディレクターとして、多くの写真展を企画した。なかでも1955年の「ファミリー・オブ・マン」展は、500点以上のドキュメンタリー写真が世界中を巡回し、1千万人の観客を集めたことで写真史上の金字塔となった。スタイケンから寄贈されたその写真群は、1994年からクレルヴォー城で展示され、ユネスコの世界記憶遺

クレルヴォー城内の「ファミリー・オブ・マン」展示風景

産にも登録されている。12世紀に建てられたこの城（→48章）は、ジョゼフ・クターをはじめ多くの画家によって描かれてきたが、第二次世界大戦中に甚大な被害を受けた。そのモニュメントとして、城を守るためにナチス・ドイツと戦った戦車が城壁内に展示されている。一方、「ファミリー・オブ・マン」展は、世界中で撮影された写真を、結婚、誕生、親子、諍い、死などの普遍的なテーマに分けて展示し、生活の場所や文化は違っても、人間は地球に住む一つの家族なのだというヒューマニズムを訴えている。戦争の記憶を宿す古城が、平和を求める大きなファミリーの家になったのだ。

国立オーディオ・ビジュアル・センターの分館として２０１２年に開館したヴァーサートゥエルムは、ルクセンブルク語で「給水塔」を意味する。その場所はルクセンブルクの近代産業を担った巨大な製鉄工場の跡地で、そこに唯一残された給水塔のタンク内部を展示室として使うこのような施設は他に類をみない。展示されているのはスタイケンが最後に企画した「ビター・イヤーズ」で、大恐慌のアメリカで苦難を堪え忍ぶ農民たちの姿を記録した写真展である。移民の国アメリカ、そこにはスタイケン一家のように、大勢のルクセンブルク人が移住していった。その一方で、製鉄工場のあったこの地にも、イタリアなどから大勢の外国人がやってきて過酷な労働に従事していたのだ。

ヴァーサートゥエルム、デュドランジュ

　新天地で苦労しながら懸命に生きる人々の写真をタンクの中で見つめた後、塔の上から眼下に広がる景色を眺めると、彼方にそびえるデュドランジュの聖マルタン教会が目に入る。その教会には、若き日のドミニク・ラング（→43章）がキリストの受難を描いた14枚の《十字架の道行き》がある。人々の苦しみに寄り添い、慰めてきた美術が教会にあるように、そもそも美術作品を見る場所は「美術館」として設計された建物の中ではなかった。個性的な歴史的建造物と美術の組み合わせは、そのことを思い起こさせる。

VIII

都市

44

首都・ルクセンブルク市１

★城塞都市の面影を残す緑豊かな首都★

ルクセンブルク市は、国土の中央よりやや南に位置する、大公国の首都である。国の政治、経済、文化の中心であり、国内で最大の人口を抱える。とはいっても11万人強なので、日本の首都と比較すると、東京23区で最も人口の少ない千代田区が約６万人、その次に少ない中央区が約15万人、23区全体では９百万人を超えることからも、ルクセンブルク市のコンパクトさがわかるだろう。

この街の最大の特徴は、崖がつくり出す高低差のある地形だ。崖の上はサントルと呼ばれ、大公宮殿や政府機関があるほか、数々の銀行や有名ブランドが軒を連ねるショッピングストリートなどがあり、いつも多くの人でにぎわっている。一方、崖の下はグルントと呼ばれ、川沿いの遊歩道に隠れ家のようなレストランやおしゃれな家々が点在する、緑豊かな憩いの空間である。古いレンガ橋を渡って川の向こう岸へ行ったり、木陰のベンチに座って一息ついたりしているうちに、ついつい時間を忘れてしまいそうだ。新しさと古さ、にぎわいと静けさ、暮らしと自然……崖によって隔てられた二つの世界を行き来すると、あまりの違いに何とも奇妙な感覚に襲われる。なぜ、このよう

ルクセンブルク市の崖
上がサントル、下がグルントと呼ばれる。遠くにキルヒベルクの高層ビルが見える。

な不思議な街並みが形成されたのか、少し歴史をひも解いてみよう。
　市名と国名が同じであるところからわかるように、首都ルクセンブルク市の歴史は大公国の歴史といっても過言ではない。この国の始まりは、963年にアルデンヌ伯ジークフリートが、トリーアの聖マクシミン修道院から土地を譲り受けたことであった（↓12章）。ここはアルゼット川に削られてできた、いわゆる天然の要塞で、彼はそこにボック城を築いた。今に残るボックの城跡は、その一部である。断崖絶壁につくられた城跡に立ってみると、なるほど、たいへん見通しがよく、この地が軍事的にどれほど優れていたかを確認することができる。アルゼット川と並んでもう一つ、街の形成に関して重要な役割を果たした川がある。ペトリュス川である。ボック城は北、東、南を川に囲まれているため、自然と西側に街が伸び、そこでもまたペトリュス川によって削られてできた崖に守られていた。つまり、アルゼット川とペトリュス川が合流する台地に築かれた城塞都市、それがル

ボックの砲台［撮影：田原憲和］

クセンブルク市なのである。

国の支配者が変わっても、この街はつねに重要な軍事拠点であった。各国の熟練技師たちが城壁を強化したため、ここは世界で最も守りの堅い要塞の一つとして、いつしか「北のジブラルタル」と呼ばれるようになる。観光地の一つであるボックの砲台は、オーストリア・ハプスブルク家領時代に対フランスの最前線としてつくられた地下要塞だ。崖の中に23キロメートルにもわたって坑道が掘られ、大砲が配備された。今でも坑道の一部を歩くことができ、崖の上から入ってグルントへ抜ける構造になっている。

ところが、城塞都市としての歴史は1867年に幕を閉じる。永世中立国となったことで、城壁が解体されたのだ。城壁の取り壊しには実に16年もかかったというから、いかにこの城塞が強固だったかがうかがえよう。最終的に、坑道を爆破すると街に損害を与える危険性があると判断され、主要な入り口や通路を封鎖するだけにとどめられた。こうして、ルクセンブルク市は城塞都市としての役割を終えたのである。これらの遺跡は1994年に「ルクセンブルク市／その古い街並みと要塞群」として、ユネスコの世界文化遺産に登録されている。ユネスコのウェブサイトでは、「首都ルクセンブルク市に残る歴史的な城壁。ヨーロッパの中央に位置するため、要衝の地として強固な要塞が築かれた。16世紀から中立国になった1867年まで、ブルゴーニュ公国、ハプスブルク家、スペイン、フランスなど、列強による支配が及び、そのたびに城壁に手が加えられ、軍事的な史跡の縮図となった」と紹介されている。現在、城壁はほとんど残っていないが、グルントから見上げた崖やボックの城跡などに、城塞都市としての面影を見出すことができるだろう。

世界遺産の銘板
©Exclusief.be/LFT

「ヨーロッパの中央に位置する要衝の地」としてのルクセンブルクは、今なお健在である。市の南側にあるルクセンブルク駅は、ルクセンブルク国鉄（CFL）が運営する国内路線の拠点であり、同時に周辺国の鉄道路線の結節点でもある。たとえば、ルクセンブルク駅から隣接するドイツのトリーアまでは在来線で1時間、フランスのパリまでTGV（高速鉄道）で2時間、ベルギーのブリュッセルまでIC（特急列車）で3時間、いずれも乗り換えなしで行ける。欧州統合が進む

ルクセンブルク駅
［撮影：田原憲和］

今、ルクセンブルク市は交通の要衝として、ますますその重要性を増している。

一方、首都から地方都市へのアクセスにはバスが適している。本書で紹介しているキルヒベルク、フィアンデン、エヒタナハなどを訪れる際には、バスを利用することになるだろう。ただし、ルクセンブルクは首都一極集中のため、交通渋滞と駐車場不足が年々深刻化している。そこで旧市街のバスターミナルを一新し、地下駐車場を備えたオープンスペースにつくり替える工事が進んでいる。歩行者専用区画にはレストラン、商店、劇場が建ち並び、環境に配慮した機能的なオフィスと、大聖堂の尖塔を望む集合住宅まで計画されている。完成すれば、中心部の交通渋滞が解消されるだけでなく、新たな街のランドマークとなるだろう。

そのほか、空の玄関口としてはルクセンブルク・フィンデル空港がある。国内唯一の空港のため、発着路線は国際線のみとなっている。

最後に、ルクセンブルク市の年中行事について触れておきたい。ある時期になると、多くの国民がこぞって首都のノートルダム大聖堂を訪れる。彼らの目的は大聖堂に祀られたマリア像で、この巡礼祭をオクターフという。現在はイースター期間中の第3日曜日から第5日曜日の15日間と定められているが、当初は8日間だったことからオクターフの名がついた（オクタはギリシャ語で8の意味）。記録によると1639年に始まったとされ、度重なる戦いや疫病に苦しむ人々が、城壁の外の礼拝堂に安置されていたマリア像を城壁内の教会に移して祈りを捧げ、再び盛大な行列を組んで元の礼拝堂へ運んだというエピソードが基になっている。1794年以降マリア像はノートルダム大聖堂に移され、こちらが巡礼の中心となった（→31章）。期間中、高さ73センチメートルのマリア像は壮麗な衣装で飾られ、巡礼者を出迎える。人々は、国内各地から車や徒歩で大聖堂を訪れるほか、トリーアやケルンなどからもやって来て、祈りを捧げたり、ミサに参加したりする。

遠方からの巡礼者をもてなすための出店が元になったといわれる、ギョーム2世広場のオクターフ・マーケットも巡礼者のお目当てだ。首都がお祭りムードに包まれるこのオクターフは、カトリック教会が行う最も重要な宗教行事であると同時に、新緑の季節に欠かせないルクセンブルク市の年中行事ともなっている。起源となったエピソードに因み、最終日には各地から集まった人々がマリア像を担いで市中を行進する。

（木戸紗織）

45

首都・ルクセンブルク市2

―――★サントルからグルントへ、世界遺産の街を歩く★―――

前章でルクセンブルク市の成り立ちを概観したので、いよいよ世界遺産地区を中心に、首都の街並みを歩いてみよう。

旅の始めは鉄道駅である。ヨーロッパ各地から陸路でルクセンブルク市を訪れる際は、ここが玄関口となる。まずは駅のインフォメーションで情報を手に入れよう。正面入り口のわきに、観光案内所がある。ここでは地図やレストランガイドなどのパンフレットのほか、イベントやコンサートの情報なども入手できる。英語のパンフレットだけでなく、フランス語やドイツ語などたくさんの言語がそろっていて、多言語国家ルクセンブルクに足を踏み入れたという実感がわいてくるだろう。

この鉄道駅は中心部から少し離れているので、まず旧市街サントルまで歩くことになる。バスも走っているが、ゆっくり歩いても20分程度なので、街並みを見ながら徒歩で行くことをおすすめする。リベルテ通りは左右にレストランや店舗が建ち並ぶ、にぎやかな通りだ。銀行も多く、金融都市としての側面が垣間見える。北へ北へとまっすぐ進むと、やがて橋が見えてくる。このアドルフ橋は1903年に完成した歴史ある橋で、旧市街と鉄道駅のある区画を結んでいる。谷にかかる橋の雄姿は、

アドルフ橋（旧）
［提供：ルクセンブルク大公国大使館］

ルクセンブルクを代表する景観の一つだ。

　橋を渡ると、行く手に高い尖塔が見えてくる。これがノートルダム大聖堂だ。ミサなどの特別な時間を除いて誰でも入れるので、ぜひ中に入って古いタペストリーや色鮮やかなステンドグラスをじっくりと見よう。ただし神聖な場なので、マナーを守った行動を心がけたい。隣接する建物は国立図書館で、開架書架は少ないが、郷土史や写真集といったルクセンブルク関連の本を見ることができる。

　そこから道路をはさんで南側には憲法広場があり、「ゲレ・フラ」と呼ばれる金色の像が乗った高い碑（戦没者慰霊碑）が建っている。ここはちょっとした展望台になっていて、グルントが一望できる。ここもルクセンブルクを代表する景観の一つで、観光情報誌などでよく目にする。首都とは思えない深い渓谷と豊かな緑をバックに、記念写真を撮りたいところだ。

　反対に教会の北側へ行くと、ギョーム２世広場が

ギョーム2世騎馬像
［撮影：田原憲和］

ある。名前の通りギョーム2世の騎馬像があり、日によってはここに市が立つ。規模は大きくないが、手作りのジャムやせっけん、ソーセージや革製品などいろいろなものが売られていて、見ているだけでも楽しめる。売り手と買い手の会話に耳をそばだてて、どの言語が使われているのか当ててみるのも楽しいだろう。広場に面して市庁舎と観光案内所が建っているので、ここでも観光情報を手に入れることができる。さらに案内所で申し出ると、記念スタンプを押してもらうことができる。ルクセンブルクはシェンゲン協定に加盟しているため、陸路で入国するとルクセンブルクの入国印をもらうことができない。その代わり、この観光案内所で記念スタンプをもらうことができるので、入国の記念がほしいという方にはおすすめだ。

広場から東に向かってレーヌ通りを行くと、大公宮殿がある。周囲の建物とあまり変わりがなく一見しただけでは宮殿には見えないが、ベランダには大公家の紋章があり、入り口には衛兵が立っている。通常中に入ることはできないが、夏季限定で内部を見学できるツアーがある。また、大公一家が滞在しているときは旗が掲げられるので、屋上を確認してみよう。となりは議会になっている。

少し戻って、広場東側のフォセ通りを北上して2本目のグラン・リュを西に入ると、すぐ右手にオーバーヴァイスがある（↓コラム9）。1階はケーキ売り場になっていて、色とりどりのケーキが並んでいる。さらに、奥の階段を上がって2階に上がるとイートインになっており、日替わりで昼の定食が提供されている。広場の周辺にはほかにも多くの飲食店があるので、このあたりでレストランに入ってもいいし、テイクアウトしてグルントのベンチで食べるのもおすすめだ。

また、宮殿を左手に見ながらマルシェ＝オ＝エルブ通りを進むと、ガラス張りのモダンな建物が見えてくる。これはルクセンブルク市歴史博物館で、その名の通り市の歴史に関する資料を展示しているのだが、定期的に企画展も行っていて、これが非常に興味深い。たとえば2016年秋から翌春までは、「サッカー・ハレルヤ！」と題して、サッカーに関するユニークな展示が行われていた。「世界で最も人気のあるスポーツ『サッカー』は、21世紀の一種の宗教なのか？」という刺激的な問いかけのもと、一見まったく共通性などないようにみえるサッカーと宗教の歴史が対比されている。感動体験を周囲と共有したり、シンボルが重要な役割を果たしたりといった、サッカーと信仰の共通点を指摘しながら、「チームの救世主」、「サッカーの神たち」といった比喩的な表現を挙げて、サッカー

旧市街から見たグルント
［撮影：田原憲和］

と宗教と私たちの社会の関係を浮き彫りにしてゆく。また、名だたるレジェンドたちと並んで、ルクセンブルクのサッカー文化が展示されているのも興味深い。展示物だけでなく豊富な写真や映像、音楽を使って構成されているので、言葉に自信がない人も楽しめるはずだ。ほかにもユニークで意欲的な展示が企画されているので、ふだん博物館には行かないという方も、開放的なガラス張りのエントランスの向こうに何か面白そうな展示が見えたら、ぜひ立ち寄ってみてほしい。

さて、アートに浸った後は、街歩きを再開しよう。広場から大公宮殿を越えてさらに東、狭い路地を抜けて旧市街から出ると、急に視界が開ける。ここが大公国始まりの地、ボック城跡だ。通りに立って右側を見ると、緑豊かなグルントの街並みの中に点々と城壁の名残が見え、城塞都市だった頃の面影をしのぶことができる。一方、左側に目を向けると、遠くに赤い橋とキルヒベルクの高層ビル

グルントの街並み
崖の上には旧市街が広がっている。［撮影：田原憲和］

群が見える。このシャルロット女大公橋は旧市街とキルヒベルクを結ぶ重要な橋であり、その赤い色と近代的なフォルムは、副都心へつながる橋としてたいへん印象的である。前述のアドルフ橋と好対照をなすこの景観は、ヨーロッパの金融センター、そしてEUの主要都市としてのルクセンブルクを象徴するものである。

さらに、道の中ほどにはボックの砲台の入り口がある。これこそオーストリア軍が崖地に掘った地下要塞で、中はまるでアリの巣のようになっている。ところどころ窓のように空いた穴から外の景色を眺めつつ迷路を進むと、最終的にはグルントに出る。そのまま遊歩道を歩いて旧市街へ戻れば、おおむね世界遺産地区を見て回ったことになる。上と下、街と自然に分かれた首都の魅力を味わいながら、ゆっくりと散策してみよう。

（木戸紗織）

46

近代都市キルヒベルク

★農地から欧州の中心、金融センターへ★

ルクセンブルクの旧市街地は要塞群とともに1994年にユネスコの世界遺産に登録されるほどに歴史を感じる街であるが、その旧市街からは遠くに近代的なビルが建ち並ぶ姿が見られる。これが、ルクセンブルク市の北東部に広がる、新しい市街地となったキルヒベルクの台地である。台地（プラトー）の名からもわかるように、キルヒベルク地区は自然の深い谷によって旧市街から隔てられた土地である。現在、キルヒベルクには欧州連合の諸機関、ルクセンブルクの国家機関、金融機関、文化施設、商業施設などが建ち並び、ルクセンブルク市旧市街とは全く異なった雰囲気の街が形成されている。

キルヒベルクの市街地としての歴史は新しい。1952年、ルクセンブルクは欧州石炭鉄鋼共同体（ＥＣＳＣ）の重要拠点となった。この共同体は後に、今日の欧州連合へと発展していく。当初、欧州の諸機関はルクセンブルク中央駅を含むルクセンブルク市旧市街にその業務の拠点を置いていた。しかし旧市街にある欧州機関の施設はすぐに手狭になった。そこで国はキルヒベルク台地にある365ヘクタールの広大な土地を購入、都市化と開発のための「キルヒベルク基金」を1961年に設

キルヒベルクの街並み

立し、開発に乗り出した。1966年には「赤い橋」の愛称で親しまれる全長355メートルのシャルロット女大公橋が架けられ、旧市街とキルヒベルクを結んだ。シャルロット女大公橋と同時並行でつくられたのが、22階建てのアルチーデ・デ・ガスペリ・タワーと呼ばれる建物で、2001年まで欧州議会事務局が入居した。欧州議会のキルヒベルク進出を皮切りに、今日では欧州司法裁判所、欧州会計監査院、欧州投資銀行、欧州統計局といった欧州諸機関が、キルヒベルクの西部に居を構えるようになった。シャルロット女大公橋を渡ると目に入る欧州連合の建物群に圧倒されるであろう。こうしてルクセンブルクはベルギーのブリュッセル、フランスのストラスブールと並ぶ、欧州の中心地へと発展を遂げたのであった。

1980年代に入ると、ルクセンブルクの産業の中心は鉄鋼から金融へと変化するが、ルクセンブルク内外の銀行をはじめとする金融機関がキルヒベルクの東部に進出した。この流れは1990年代以降、今日まで継続している。英国の欧州連合離脱を受け、金融機関をはじめとする企業が英国外に移転を始めているが、ルクセンブルクは移転先の一つであり、金融センターとして今後キルヒベルクにさらに企業が集まることも予想されている。

キルヒベルクにあるのは欧州関連の施設と金融業界だけではない。2000年代に入るとメイン・ストリートでもひときわ目を引くフィルハーモニー、ジャン大公近代美術館、国立スポーツ・文化センター、ルクセンブルク商工会議所、ルクセンブルク大学キルヒベルクキャンパスなどがつくられた。国立図書館も旧市街からキルヒベルクに引っ越すべく準備中だ。また、キルヒベルクには中央部を中心に公園も整備されつつある。東部には大規模な映画館、フランスのオーシャンによるショッピングセンターもある。オーシャンではレジ担当の店員の使用可能言語が国旗によって示されているが、店員によっては5つの言語を使いこなすことが見てとれ、多言語社会ルクセンブルクを象徴している。

キルヒベルクでは今日でも至るところで建築工事が行われており、後述のトラムも含め、街の発展と増大する都市機能を目の当たりにする。これらの近代的な建築物はイオ・ミン・ペイ、クリスチャン・ド・ポルザンパルク、ドミニク・ペロー、クリストフ・インゲンホーフェン、リカルド・ボフィル、クロード・ヴァスコーニらの著名な建築家によるものが多く、キルヒベルク全体が建築物の博物館のような様相を呈している。キルヒベルクの広大な大地にそびえ立つ建築物に注目しながら歩くのも、また一興である。

ところで、1964年までルクセンブルク市街には路面電車（トラム）が走っていたことが知られている。自動車の普及にともないトラムは廃止されてしまったが、ルクセンブルクの経済発展とと

路面電車ルクストラム

もに市街地がキルヒベルクに広がったこと、そして何より環境にやさしい公共交通機関をつくろうという気運もあり、鉄道を敷設する計画が長年にわたって議論された。２００７年にトラムの新規建設が決定し、リーマンショックによる計画の延期などを経て、２０１７年12月10日、ライトレール型の「ルクストラム」がついに開通した。トラムの車両にはスペインの鉄道車両メーカー、ＣＡＦ社による低床のＵｒｂｏｓ３が採用されている。本書の編著者であり、当時ルクセンブルクに滞在していた田原憲和氏より、開通したばかりのトラムの写真を送っていただいたが、乗り物好きの筆者はついにこの日が来たのかと興奮を抑えられなかった。

２０１８年現在のトラムの開通区間は、キルヒベルクの東端で展示場のあるルクスエキスポ駅から、西端のシャルロット女大公橋の別名であるロウト・ブレック駅までの約４・６キロメートルで、キルヒベルクのメイン・ストリートであるジョン・Ｆ・ケネディ通りの上をおよそ11分で走る。ロウト・ブレック駅からは旧市街へと向かうバスだけでなく、ベルギーのリエージュへと向かう国鉄10号線のプファッフェンタール駅に乗り換えることができる。

台地の上にあるトラムの駅から谷の下にある国鉄の駅へは、ケーブルカーが新たに設置された。ケーブルカーを設置する必要性は、自然の要塞といわれたルクセンブルク市街の特徴そのものである。トラムは2020年までに、旧市街の中心地、ルクセンブルク中央駅、さらに南進してリセ・ボンヌヴォワまで、2021年にはルクセンブルク・フィンデル国際空港からキルヒベルク、旧市街、ボンヌヴォワ地区、国鉄乗り換え駅になるホヴァルト、そして終点のクロシュ・ドールまで開通させるべく、現在急ピッチで工事が進められている。新しい公共交通機関であるトラムは、空港とキルヒベルク、旧市街を結ぶだけでなく、ルクセンブルク市郊外のパークアンドライドの駐車場にも接続することになっており、ルクセンブルクの経済発展と人口増加の象徴の一つとなっている。

観光でルクセンブルクを訪ねるのであれば、旧市街からキルヒベルクまで、ほんの少しだけ足を延ばしてみてほしい。多くの近代的な建築物を目にし、ショッピングセンターで買い物をすれば、日々変化し躍動を続けるルクセンブルクの姿を見てとれるだろう。


（小川　敦）

47

ヴィクトル・ユーゴーが愛した町フィアンデン

―――★ルクセンブルク随一の古城をめぐって★―――

ルクセンブルクとドイツ国境に沿って、国道10号線がルクセンブルクの東側を縁取っている。また、それと並行する形で3本の川、すなわち南から順にモーゼル川、ザウアー川、ウール川がドイツとの国境を形成している（↓2章）。しかし地図をじっくりと眺めてみると、陸上でルクセンブルクとドイツが国境を接している地点が1か所だけ存在する。ルクセンブルクとドイツの国境線はおよそ135キロメートルあるが、フィアンデンの東側のおよそ7キロメートルのみがウール川を越えて、ドイツに食い込むような形で国境線を形成している。

ウール川にかかる橋から西側を見上げると、岩山の上にそびえ立つ威風堂々たる古城が視界に飛び込んでくる。ルクセンブルク随一の観光名所、フィアンデン城である。ルクセンブルク国内には60城以上の古城があるが、その中でもフィアンデン城の存在感は群を抜いている。春から夏にかけての観光シーズンを中心に、国内外から年間およそ20万人もの観光客がフィアンデン城を目指し、人口わずか1900人程度のこの小さな町に押し寄せる。

この城の歴史は古い。その起源はローマ時代にさかのぼる。

フィアンデン城

西暦350年から450年頃に、初めてこの地に城砦が建設されていたようである。古文書の最も古いフィアンデン城に関する記録は、1090年にヴェルトルフ・フォン・フィアンデン伯が所有者となったときの記録である。しかしながら、フィアンデン城はこの当時から、現在のような立派な姿をしていたわけではない。この地を支配するフィアンデン伯は地方の小領主であり、その勢力は限定的であった。一方、963年にアルゼット川に三方を囲まれた崖地を手に入れたことに端を発するルクセンブルク伯は、徐々にその勢力を拡大する。アルロン辺境伯領を獲得するなど、ルクセンブルク拡張に貢献したエルムジンデの息子、ハインリッヒ5世の時代、ついにルクセンブルク伯の手がフィアンデン伯領に伸びる。フィアンデンも1256年にはすでに都市としてその名を知られるなど、勢力を拡大していたものの、ルクセンブルク伯の勢力には見劣りするものであった。そして1264年、フィアンデン伯フィリップ1世がルクセンブルク伯と主従関係を結び、事実上、フィアンデンはルクセンブルクの傘下に入った。こうして独立勢力としては消滅したものの、ルクセンブルク伯の臣下としてのフィアンデン伯の地位は維持され、継承された。そして巡り巡って、現在のルクセンブルク大公の家系であるナッサウ家へとつながっていくのである。

フィアンデン城が現在のような姿になったのは、17世紀初頭の頃である。これは、ハプスブルク帝国の支配下において一体的に運営されていたネーデルラント17州が、宗教改革に端を発する対立によって北部7州（現在のオランダ）と南部10州（現在のベルギー、ルクセンブルク）に分断されていた時代である（→13、31章）。この時代にフィアンデン城はルネサンス様式に改築され、ルクセンブルクを代表する名城が姿を現すことになるのである。

しかし、フィアンデン城の栄華もつかの間であった。ほどなくしてフィアンデン城の不遇の時代がやってくる。フランス革命の時期に差し押さえられていたフィアンデン城は、1815年のルクセンブルク大公国独立の際に、オランダ国王兼ルクセンブルク大公のギョーム1世に返還される。5年後の1820年、競売にかけられたフィアンデン城を3200グルデンで獲得したのは、ヴェンツェラス・コスターであった。フィアンデン出身のコスターは商人であり、市長でもあった。外国の支配者から大公を経由して、所有権が市民の手にやってきた。これはたいへん喜ばしいことだ。しかし、この人物はとんだ一杯食わせ者であった。いや、商人の才に恵まれていたとでもいえばいいのだろうか。いずれにせよ、所有権がコスターの手に渡ったのは、フィアンデン城にとって不幸なことであった。コスターはまずスレートの屋根を、そしてフィアンデン城内の調度品や備品を、窓や扉に至るまでことごとく売却したのである。こうして、コスターが多大な利益を手にしたのと引き換えに、フィアンデン城は見る影もなく荒廃した。

廃城と化したフィアンデン城は、1890年に再び大公家の手に戻る。その後、徐々に修復が進められ、現在の美しい城の姿に戻った。城は1997年に国有化されるが、今でもなお大公家とフィアンデン城の関係は深い。外国からの賓客がここに招かれることも多く、1997年に天皇皇后両陛下がルクセンブルクを訪問された際にも、ここにお立ち寄りになっている（↓コラム6）。イギリスのエリザベス女王、オランダのベアトリクス女王、欧州連合の父と称されるロベール・シューマン、西ドイツの連邦大統領グスタフ・ハイネマンなどの要人もここを訪れている。

しかし、フィアンデン城はやはり要塞である。ウール川にかかる橋から見える姿は、城の背中の部分である。入口の城門は、橋の袂から石畳の坂道をおよそ1キロメートル登った川の反対側だ。ここに到達するだけでもひと苦労である。観光シーズンには鉄道を模した通称ベニと呼ばれるミニ路線バスが、ウール川から城門までを結んでいる。これを利用しない手はない。

第47章
ヴィクトル・ユーゴーが愛した町フィアンデン

ヴィクトル・ユーゴー像

ところで、フィアンデンは首都ルクセンブルク市の北50キロメートルに位置する。車だと1時間弱の距離であるが、公共交通機関を利用しようとすればバスを乗り継いで行くしかない。意外と訪れにくい。かつてはディーキルヒからフィアンデンまで、ベニと名付けられた鉄道路線があったが、それも1948年に廃線となった。

さて、再びウール川にかかる橋に視点を戻そう。この橋の手前に、何やら難しい顔をした人物の像が設置されている。この人物こそ、『レ・ミゼラブル』を書いた有名なフランス人作家、ヴィクトル・ユーゴーである。ユーゴーは初めは旅行者として、後に亡命者としてフィアンデンに滞在している。荒廃したフィアンデン城に心を痛め、復興運動に一役買うことになるのである（↓43章）。

ユーゴーが滞在していた建物、ユーゴーハウスはユーゴー像のすぐ目の前にある。ここは現在記念館になっており、当時の書斎などを見学することができる。ユーゴーハウスの窓から外に目をやると、下にはウール川、そしてその上方には美しい城が見える。訪問者はここで、150年以上前のユーゴーと同じ景色を共有できるのだ。

（田原憲和）

ユーゴーハウス（ヴィクトル・ユーゴー記念館）からの風景

48

アルデンヌ地方の小都市をめぐる

――――★バルジの戦いの舞台ヴィルツ、クレルヴォー★――――

ベルギー、フランス、ルクセンブルクの3国にまたがって広がるアルデンヌ地方、ルクセンブルクではエスリングと呼ばれる北部地方に、ともに美しい城を持つ二つの町がある。ヴィルツとクレルヴォーである。

この二つの町はともに、第二次世界大戦末期のいわゆる「バルジの戦い」の舞台となった（↓16章）。この地域は平地の少ない丘陵地帯であり、追い詰められたドイツ軍が消耗しながらも激しく抵抗したため、町も大きな被害を受けた。それでも現在では美しい街並みが再建され、この地域に静かな時が取り戻された。この二つの町はまるでルクセンブルク北部に埋め込まれた宝石のように、多くの観光客を魅了し続けている。

ヴィルツ

ルクセンブルク中央駅から鉄道で北に向かうと、市街地はすぐに抜け、瞬く間に牧場が広がる田舎町の風景が広がってくる。そしてさらに北に向かうにつれ、風景が徐々に平原から丘陵地隊へと変化してくる。途中のカウテンバッハで支線に乗り換える。そこからはさらに大自然の中を鉄道が駆け抜け、終着駅のヴィルツへと到着する。途中に二つの駅があるが、いずれも利用客がほとんどいないため、乗客からのリクエストがない限りは停車せずに通過してしまう。

ヴィルツの人口は4800人ほどで、小さな田舎町である。それでも、ヴィルツを含む都市圏全体の人口は6500人ほどなので、この地域におけるヴィルツの存在感は大きい。

ヴィルツはケルト語で「小川のほとり」という意味の言葉が語源になっている。その名の通り、町を縫うようにしてヴィルツ川が流れている。そして川の周辺のわずかな平地と周辺の丘に、市街地が広がっている。丘陵地帯が広がっているこの地域は比較的居住に適した地形であったため、ヴィルツには早くから町が開けており、最も古い記録は764年にまでさかのぼることができる。

現在のヴィルツ駅から東の方向で、ヴィルツ川が大きく蛇行し、周囲に平地が広がっている。かつてのヴィルツの中心は川沿いのニーダーヴィルツ（低地ヴィルツ）であり、最初に城が建てられたのもこの地域であった。しかし、12世紀に領主のヴィルツ伯は第2の城として現在の位置、すなわちオーバーヴィルツ（高地ヴィルツ）に新たに城を建設した。敵兵の動きを観察することが容易であるという理由からである。

現在、ヴィルツ駅は比較的低地に近い場所にある。ここからヴィルツ城まで距離としてはさほどでもないものの、かなり急な坂を登っていかねばならない。現在の整備された道路であっても、ヴィルツ城にたどり着く頃には息が上がってしまうほどの急な坂道である。

バルジの戦いの際にも、このような地形が利用された。ここを占領していたドイツ軍はヴィルツ城に拠点を構え、アメリカ軍と対峙したのである。アメリカ軍は1944年12月30日にヴィルツ郊外にまで達し、ここを舞台にしておよそ3週間にわたり両軍の戦いが繰り広げられたのである。ヴィルツの戦いでは両軍が近距離で戦う白兵戦が中心であり、互いの死傷者も多かった。第二次世界大戦時におけるルクセンブルクを舞台とした一連の戦いの中でも、最も多くの犠牲者を出したのがここヴィルツの戦いであった。結局、年が明けた1945年1月21日に、ヴィルツはアメリカ軍によって解放されることになるのである。

ヴィルツ城
wikimedia commons/Zinneke

ヴィルツの建物のおよそ80%が損壊したとされるこの戦いの間、多くの住民の命を救ったのが、オーバーヴィルツにビールの醸造所を構えていたブラスリー・グルーバーであった。1944年12月、駐屯していたドイツ兵の動きから交戦の動きを察知した住民たちは、ブラスリー・グルーバーの地下室に避難したのである。また、地下室の下にあるかつての氷貯蔵庫がさらに堅牢であることに気づいた避難者らは、そこに溜まっていた水をはじめはポンプで、最後はバケツリレーで排出した。12月23日から24日までの1晩をかけて、より安全な避難所を確保する

クレルヴォー城
wikimedia commons

に至ったのである。結局、住民たちは最長で4週間近くもこの地下室で生活をしていた。こうして、多くの住民の命を救ったブラスリー・グルーバーであったが、戦後の1956年にほかの醸造所に買収され、1969年に生産を停止してしまった。

クレルヴォー

クレルヴォーはルクセンブルク最北部に位置する同名のカントンの中心都市である。人口としては1300人あまりの小都市であるが、ほぼ同数の人口を有するトロワヴィエルジュとならび、この地域における最大の都市でもある。ルクセンブルクは定住人口に占める外国人の割合が非常に高いが、クレルヴォーの街に限定すると外国人はわずか3割程度である（それでも一般的な感覚では、非常に外国人が多いことには違いないが）。

クレルヴォーの代名詞といえば、やはり何といってもクレルヴォー城であろう。ルクセンブルクには多くの古城があるが、美しさではクレルヴォー城が群を抜いている。この美しさを際立たせているのは、輝く白亜の壁である。

この城は12世紀頃、クレルヴォー伯によって建設された。フィアンデン伯フリードリッヒの異母兄弟、クレルヴォー伯ゲルハルトがクレルヴォーの領主となったのは1106年のことである。記録に残る最も古い城主の記録は1126年なので、クレルヴォー城が建設されたのはこの期間であろう。その後も増改築を重ね、15世紀頃にはすでに現在のような姿になっていたとされる。

ここクレルヴォーもヴィルツから少し遅れてバルジの戦いの舞台となり、大きな被害を受けた。クレルヴォー城もドイツ軍によって破壊されたが、戦後に国の所有となった後に再建が進められた。現在のクレルヴォー城内には、さまざまな戦争の記録を展示する戦争博物館がある。美しい城内において、ここを訪れる人に対して戦争の悲惨な記憶を伝えているのである（↓コラム12）。

なお、クレルヴォー城には城郭模型博物館も併設されている。ここではルクセンブルク国内にあるさまざまな城を、百分の1のスケールで忠実に再現した模型が展示されている。たかが模型と侮ることはできない。作りは非常に精巧であり、往年の姿をよく知ることができる。次々に現れる城の模型を目の当たりにし、古城の国ルクセンブルクを再確認できるのである。

（田原憲和）

49

ルクセンブルクの小スイス、エヒタナハ

★建国の足がかりとなった地★

ルクセンブルク中央駅から路線バスに揺られておよそ50分、4キロメートルほど続く森を抜けるとエヒタナハが見えてくる。この町は首都のルクセンブルク市から見て、北東にわずか35キロメートルの地点にある。それでも国土の狭いルクセンブルクにおいては国境の町でもある。この街の東を流れるザウアー川の対岸は、ドイツの町エヒタナヒャーブリュックだ。現在は互いに異なる国に属しているが、この二つの町の関係は深い。エヒタナヒャーブリュックは19世紀以降にエヒタナハの住民が入植し、開拓した新しい町なのである。

一方、エヒタナハの歴史は古い。その歴史は7世紀にまでさかのぼる（↓31章）。7世紀末、イギリスのノーサンブリア出身の聖ウィリブロードがドイツのトリーアへとやってくる。トリーアは紀元前に建設された、ドイツで最も古い都市である。ウィリブロードがやってきた当時のトリーアは、キリスト教布教の拠点として機能していた。

さて、この地でキリスト教布教に従事したウィリブロードは、フランク王国メロヴィング朝の国王であったダゴベルト1世の娘、イルミナからエプテルナクス村の修道院と教会を贈られた。

698年のことである。そして706年にはウィリブロードによりこの地に新たなカトリック大教会（バジリカ）が建設された。修道院は拡張され、エヒタナハはこの地域におけるキリスト教布教の拠点としての機能が強化された。この当時の建造物はその後の火災により焼失したが、11世紀に再建された。第二次世界大戦で再び破壊の憂き目にあったが、戦後に修復され、現在にその姿をとどめている。

さて、ルクセンブルク建国の父といえばアルデンヌ家のジークフリートである。ジークフリートはもともとエヒタナハ地方を拠点としていた。950年にエヒタナハ修道院の権利代行者となったのである。そして963年にトリーアの聖マクシミン教会との間で交わされた物々交換の契約により、アルゼット渓谷に三方を囲まれた崖地を獲得するのである。この崖地は現在のルクセンブルク旧市街であり、ここを中心に現在のルクセンブルクが形成されてきたのである。ルクセンブルク建国の源流がここエヒタナハにあったといってもいいだろう。

ふだんは静かで落ち着いた観光地であるエヒタナハが、年に一度、伝統的な巡礼団であふれかえる。これがエヒタナハの踊りの行進といわれるものである。最も古い記録では1497年にまでさかのぼるこの祭りは、毎年、初夏の聖霊降臨祭の火曜日に行われる。この日を目指してルクセンブルク国内のみならず、隣接するベルギーやドイツからも巡礼団がエヒタナハに向かってくる。なかにはドイツからエヒタナハまで、50キロメートル以上の行程を3日間かけて徒歩でやってくる巡礼団もいる。巡礼者たちの多くは、踊りの行進が行われる火曜日の早朝までにドイツのエヒタナヒャーブリュックに到着し、祭りの開始を待っている。エヒタナヒャーブリュックからエヒタナハのバジリカまでの道が、最後の巡礼道となっている。そのため、巡礼者は火曜日の夜が明けるまでにエヒタナヒャーブリュッ

エヒタナハの踊りの行進
© Peuky Barone-Wagener / LFT

クへとやってくるのである。そして朝日が昇り始める午前5時過ぎ、エヒタナハの司祭が巡礼者を迎えにエヒタナヒャーブリュックへとやってくる。司祭を先頭に、各地から集結した巡礼団がバジリカを目指す。ザウアー川にかかる橋を越えると、そこはもうエヒタナハだ。最後の巡礼道はせいぜい15分、距離は1キロメートルほどである。5時30分ごろにはすでに、巡礼者たちはバジリカに到着している。ここから最初のミサが始まるのだ。

こうしてバジリカ周辺に集まった巡礼者に向けて、ルクセンブルクのカトリック大司教が講話を行う。ここからユネスコの無形文化遺産にも登録された有名なエヒタナハの踊りの行進が始まるのだ。第1グループは十字架と旗を手にした従者、ウィリブロードの連禱《れんとう》（先唱者の唱句ごとに会衆が応答する祈禱形式やその唱句のこと）を朗読、演奏する歌い手、ロザリオの祈りを唱える巡礼者で構成される。それに続き、聖遺物匣（聖遺物を納めた容器）、ダンス部隊、音楽隊が続く。ダンス部隊は黒いズボンやスカート、白いシャツやブラウスで身を包み、5人で横1列となって行進する。白い布の両端を互いにつかみ、横1列のダンス部隊が一団となって移動する。伝統的には、前に3歩跳ね、後ろに2歩下がるというステップで行進していた。ほかにも前に5歩、後ろに2歩、あるいは前に4歩、後ろに3歩などといった別のバリエーションのステップもあったようである。しかし、このような前後のステップは行列を大きく乱す原因ともなったため、1947年に廃止された。現在は左右に1回ずつ跳ねるというステップになっている。

このように伝統的な文化の残るエヒタナハであるが、この町には別の顔もある。1975年から、バジリカを中心に市内各地を会場とした音楽祭が開催されている。ここで演奏されるのはクラシックからジャズまでの幅広いジャンルで、世代を問わず多くの人の耳を楽しませている。1983年からは8月上旬に、エヒタナハ湖畔でも音楽祭が開催される。こちらは若者向けの音楽が中心で、テクノやロックのコンサートなどが開催される。人口5千人あまりのこの小さな町に、3日間で2万人以上の観客が押し寄せる一大イベントとなっている。

しかし、何といってもエヒタナハ郊外の大自然を忘れてはならない。この町がルクセンブルクの小スイスと称される所以はここにある。エヒタナハの中心部を少し外れると、緑豊かな渓谷が広がっている。川辺や周辺には巨大な岩石がそこかしこに見られ、独特の景観を保っている。渓谷に沿って遊歩道を歩くと、大自然に優しく抱きかかえられているような不思議な感覚が湧いてくる。このエヒタナハの原風景が、多くの旅行者を魅了し続けるのである。

（田原憲和）

50

北部の中心都市 ディーキルヒ

★ビールと祭に彩られる小さな町★

ルクセンブルクの北部は、ベルギーからフランスにかけて広がるアルデンヌと呼ばれる丘陵地帯に含まれる。この地域には森林と湿地帯が広がっているが、その南東部の外縁、ルクセンブルク北部から南に向けて流れてきたザウアー川が東にほぼ直角に向きを変えたすぐ先に、ディーキルヒの町がある。

ディーキルヒの人口はわずか7千人弱であるが、この町の歴史は古い。そもそもディーキルヒという町の名前は、8世紀のカール大帝の時代にまでさかのぼる。「教会」のことをドイツ語で「キルヒェ」というが、ディーキルヒの名前の由来も教会に関連している。もともとこの地には異教徒が多く居住していた。この地方を支配下に収めていたカール大帝の時代に、異教徒をキリスト教に改宗させるために「民衆の教会」（ディエトキルヒ）と名付けられた教会をこの地に建てた。これが現在のディーキルヒの由来である。

ディーキルヒは歴史的には長くルクセンブルク家の支配下にあった。しかし、フランス革命はルクセンブルクの運命を大きく変えてしまった。革命軍に降伏し、1795年にフランスに吸収されたルクセンブルクは、その際に領土の大半の地域が

第50章
北部の中心都市ディーキルヒ

ディーキルヒの駅舎

フォレー県に組み込まれた。フォレー県に設定された四つの行政地区のうちの一つがディーキルヒ区となったことからも、この当時もディーキルヒがこの地方の中心都市に位置づけられていたことがわかる。しかしながら、ディーキルヒが行政の中心になるには大きな弱点もあった。ディーキルヒ周辺には湿地帯が広がっており、周辺地域からディーキルヒへのアクセスが非常に悪かったのである。このような事情もあって、1796年9月の初めてのディーキルヒ区評議会は、ディーキルヒではなく5キロメートルほど西に位置するエッテルブルックで開催された。ディーキルヒの裁判所をエッテルブルックに移転し、区の名称もエッテルブルック区に変更しようとする動きも少なからずあったようであるが、最終的には都市機能が充実していたディーキルヒがその座を死守する形となった。

しかしながら、こうしたディーキルヒ最大の弱点ともいえるアクセスの悪さは、1862年に鉄道が開通したことにより劇的に改善された。現在では、早朝から深夜まで30分に1本の割合で、首都ルクセンブルク市とディーキルヒを結ぶルクセンブルク国鉄の鉄道が走っている。当初はディーキルヒから北のフィアンデンまで、そして南東のエヒタナハを経由してドイツとの国境の町であるヴァッサービリヒに通じる路線も存在し、まさに交通の要衝ともいえる存在となっていた。現在はかつてほどのにぎわいこそないものの、開業当時に建設された駅舎が今でも立派な佇まいを見せている。

この町の旧市街は駅から1キロメートルほど離れた場所に位置している。中心地は1970年代から歩行者天国となっており、さまざまな飲食店が建ち並び、多くの人でにぎわっている。そして祭の時期になると、旧市街はさらに多くの人であふれかえる。なかでも最も盛り上がるのは、「カヴァルカーデ」と呼ばれるカーニバルで、「薔薇の月曜日」と呼ばれる日（おおよそ2月から3月初め頃）の前日の日曜日に開催される。カヴァルカーデの起源は1349年にまでさかのぼるが、現在のような形で開催されるようになったのは1870年からである。当初は数年に一度のペースでの開催であったが、1979年からは毎年この時期に開催されるようになった。現在ではルクセンブルクで最もにぎやかなカーニバルとされ、この日はディーキルヒ市の人口のおよそ3倍にあたる2万2千人が旧市街へとやってくるのだ。カヴァルカーデの行列は多くの人に見守られながら、旧市街の中を巡るのである。行列の長さは2キロメートル、行列の参加者は1800人ほどである。行列に参加する人、行列を見る人でごった返す旧市街のにぎわいは、寒くて暗い冬を乗り越えようやく春を迎えることのできる人々の心情があふれ出たかのようである。

ディーキルヒにはほかにも、イースター祭や聖母マリア像の行列、アル・ディクリヒ（ルクセンブルク語で「古きディーキルヒ」という意味）、秋祭り、クリスマス祭と、年間を通じて多くの祭がある。これらの祭に何といっても欠かせないのがビールである。

ルクセンブルクのほかの地域においても、そこかしこで「ディーキルヒ」の表示を目にすることができる。そう、「ディーキルヒ」は、ルクセンブルクで最も人気のあるビールブランドの一つでもあるのだ。

ディーキルヒのビール

ルクセンブルクには主要なビール製造会社が三つあり、それぞれの会社が二つの主要なブランドのビールを展開している。最大手のブラスリー・ナシオナルのボッファーディンクが40％ほどのシェアを有しており、同じくブラスリー・ナシオナルのバティンがそれに続く。そして3番目に位置するのが、1871年に創業したブラスリー・ド・リュクサンブールが生産するディーキルヒである。

ブラスリー・ド・リュクサンブール

はディーキルヒに本社を置き、「ディーキルヒ」および「ムーゼル」という二つの主要なブランドを有している。この会社は２００５年から、ベルギーのルーヴェンに本社を置く世界最大手のビールメーカー、アンハイザー・ブッシュ・インベブの傘下に入り、子会社となった。

ディーキルヒの象徴ともいえる「ディーキルヒ」の会社が外国企業の傘下に入ったことは非常に大きな衝撃であったが、その直後、ディーキルヒの町を震撼させる事態が発生する。生産の効率化を図る目的もあってか、親会社がディーキルヒでの、すなわちブラスリー・ド・リュクサンブールでのビールの生産を停止し、製造ラインをベルギーに移転しようと企図したのである。しかし、ディーキルヒで多くの従業員を抱える工場の移転は、そこで働く人々にはもちろん、政治家にも住民にもとうてい受け入れられるものではなかった。こうして官民巻き込んだ反対運動が奏功し、最終的には子会社としてのブラスリー・ド・リュクサンブールとここでのビール製造が継続されることとなった。ただし、生産工場はほかの会社に売却したうえで、それをブラスリー・ド・リュクサンブールがリースするという形になった。こうしてディーキルヒの住民は、ビールの町の象徴を守り抜いたのである。

（田原憲和）

コラム13

3国国境地域を歩く

小川　敦

本書の読者であれば、「シェンゲン」の地名を聞いたことのある人も多いだろう。シェンゲンはドイツのペルル、フランスのアパック（ドイツ語ではアパッハ）と国境を接するルクセンブルク南東部、モーゼル川沿いの村である。1985年にルクセンブルク、ベルギー、フランス、オランダ、西ドイツ（当時）の間で結ばれ、国境検査の撤廃を決めた「シェンゲン協定」でその名を知られている（↓23章）。協定締結の場にシェンゲンが選ばれたのは、この場所こそが二度と欧州で戦争を起こさないという独仏協調、欧州統合の象徴として相応しいためであろう。今日、このシェンゲン協定のおかげで、わずらわしい国境検査なしにルクセンブルク、ドイツ、フランスの3国を自由に歩いて渡れるのである。

首都ルクセンブルク市からシェンゲンまでは、路線バスを乗り継いで行く（ドイツのトリーアからペルルへ、フランスのメッスやティオンヴィルからアパックへ鉄道でアクセスすることも可能である）。シェンゲンの中心地でバスを降りたら、少し丘の上に登ってみるとよい。丘の上からは国境となっているモーゼル川とその向こうにドイツが見える。今度はモーゼル川の方向に丘を下ってみよう。モーゼル川沿いにはシェンゲン協定の記念碑やシェンゲン加盟国の国旗が並び、その向かいにはシェンゲン協定を中心にヨーロッパ統合について知ることのできる、シェンゲン・ヨーロッパ博物館がある。

モーゼル川にかかる大きな橋を渡ると、公共標示がすべてドイツ語に変わり、そこはもうドイツのペルルである。ペルルに入ると北にペル

ル駅が見える。さらに進むとラウンドアバウトがあるので北に向かうと、バーンホーフ通りや

新しい公立学校、ドイツ・ルクセンブルク・シェンゲン・リセ・ペルル

トリーラー通りがあり、スーパー、ドラッグストア、玩具店などが軒を連ねる。トリーラー通りをさらに東に15分ほど歩くと、新興の住宅と、国境線を越えてやって来る多くの買い物客でにぎわう大規模なスーパーマーケットやドラッグストアを目にすることができる。

　これらの商店から少しだけ北に歩いてみよう。「ドイツ・ルクセンブルク・シェンゲン・リセ・ペルル」という真新しい学校が存在する。この学校は、フランス語教育に力を入れるルクセンブルクの教育制度と、ドイツ・ザールラントの教育制度を混合させた全く新しいタイプの公立校で、２００７年に開校した。開校の背景には、経済が好調なルクセンブルク国内の不動産価格が高騰しているため、国外に住んで越境通勤する住民が増加したことがある。実際、筆者が初めてこの地を訪れた１９９９年よりも２０１８年現在の方が、明らかに人や車の数が多く感

じられる。統計をみてもペルル、そして次に述べるフランスのアパックともに人口は増加傾向にあるようで（ペルルは2001年637人、2014年826人、アパックは1999年813人、2017年1029人）、ルクセンブルクを中心とした国境を越えた経済圏の存在を否応なしに意識するだろう。

前述のラウンドアバウトを南に行くとフランスのアパックに入り、公共標示がすべてフランス語に変わる。アパックでもペルル同様、地元で生計を立てる人もいれば、ルクセンブルクに通勤する人もいる。ペルルと比べてさらに小規模でかわいい役場が印象的なこの村も、東には新しい住宅が並び始めている。また、ここアパックにも国境を売りにしたモニュメントがいくつかあるので、ぜひ見てほしい。

三つの国を徒歩で渡れるとはいっても、それなりに道のりはある。交通機関のことも考えて、時間に余裕をもって行かれることをおすすめしたい。目立った観光名所こそないが、国境に刻み込まれた歴史を背負いながら「国境なき欧州」を実践する場として徐々に変化を続けるシェンゲンとペルル、そしてアパックは、筆者を魅了してやまない。

最後に大切なことを。この地域は「モーゼルワイン街道」と呼ばれるように、モーゼルワインの一大産地である（→36章）。ワイン好きならばルクセンブルク、ドイツ、フランスそれぞれのモーゼルワインを堪能してみてはいかがだろうか。

もっと深く知るためのブックガイド

植田重雄『ヨーロッパの祭りと伝承』講談社学術文庫、1999年
岡林洋 編『カルチャー・ミックス』晃洋書房、2014年
小川敦『多言語社会ルクセンブルクの国民意識と言語』大阪大学出版会、2015年
小川有美 編『国際情勢ベーシックシリーズ・EU諸国』自由国民社、1999年
沖島博美『無形文化財　ウィーンのカフェハウス』近代文芸社、1997年
甲斐克則 編訳『海外の安楽死・自殺幇助と法』慶應義塾大学出版会、2015年
木戸紗織『多言語国家ルクセンブルク　教会にみる三言語の使い分けの実例』大阪公立大学共同出版会、2016年
栗原福也『ベネルクス現代史』山川出版社、1982年
ゲオルク・シュタットミュラー『ハプスブルク帝国史 中世から1918年まで』（丹後杏一訳）刀水書房、1989年
渋谷謙二郎 編『欧州諸国の言語法　欧州統合と多言語主義』三元社、2005年
下條美智彦『ベネルクス三国の行政文化』早稲田大学出版部、1998年
石井五郎、下田久則『世界の議会――ヨーロッパ〔I〕』ぎょうせい、1983年
ジョルジュ＝アンリ・ディモン『ベルギー史』（村上直久訳）文庫クセジュ、1997年
ジルベール・トラウシュ『ルクセンブルクの歴史――小さな国の大きな歴史』（岩崎允彦 訳）刀水書房、1999年
鈴本達哉『ルクセンブルク家の皇帝たち』近代文芸社、1997年
瀬原義生『ドイツ中世前期の歴史像』文理閣、2012年

建部和仁『小さな大国ルクセンブルク 美しき偉大な小国』かまくら春秋社、2010年
田中義晧『世界の小国――ミニ国家の生き残り戦略』講談社現代選書メチエ、2007年
田辺裕 監修、山本健児 訳『ベネルクス（図説大百科 世界の地理）』朝倉書店、1998年
田原憲和『ルクセンブルク語入門』大学書林、2013年
田原憲和『ルクセンブルク語分類単語集』大学書林、2018年
トッド・ブランドウ、ウィリアム・A・ユーイング編『エドワード・スタイケン写真集成』（塚田美紀 訳）岩波書店、2013年
波勝一廣『ベネルクス夢幻』三一書房、2002年
成瀬治、山田欣吾、木村靖二編『ドイツ史』山川出版社、1996年
西出佳代『ルクセンブルク語の音韻記述』北海道大学出版会、2015年
堀越孝一『ブルゴーニュ家』講談社現代新書、1996年
松尾秀哉『物語ベルギーの歴史』中公新書、2014年
モーリス・ブロール『オランダ史』（西村六郎訳）文庫クセジュ、1994年
森田安一編『スイス・ベネルクス史』山川出版社、1998年
盛永審一郎 監修『安楽死法：ベネルクス3国の比較と資料』東信堂、2016年
柳沢民雄、佐久間淳一『ニューエクスプレス・スペシャル ヨーロッパのおもしろ言語』白水社、2010年
旅名人ブックス『ルクセンブルク 華麗なる小国を歩く』日経BPコンサルティング、2002年

中條健志（ちゅうじょう・たけし）[26]
東海大学国際教育センター特任講師。大阪市立大学博士（文学）。専攻は移民研究、フランス語圏地域研究。
主要著書・訳書：『現代ベルギー政治：連邦化後の 20 年』（共著：第 9 章「移民政策」を担当）ミネルヴァ書房、2018 年。『ヨーロッパの言語』（アントワーヌ・メイエ著、共訳）岩波文庫、2017 年。

西出佳代（にしで・かよ）[6、9、11、30、42]
金沢大学人間社会学域准教授。北海道大学博士（文学）。専攻はドイツ語ゲルマン語学、ルクセンブルク語。
主要著書：『ルクセンブルクの音韻記述』北海道大学出版会、2015 年。『ゲルマン語基礎語彙集』（共著：ルクセンブルク語の項目を担当）大学書林、2015 年。

中川洋一（なかがわ・よういち）[19、20、21、27、28、コラム 4、5]
立命館大学衣笠総合研究機構国際地域研究所客員研究員・法学部講師。J.W.G. フランクフルト大学 Ph.D. 。専攻は国際政治学、政治過程論。
主要論文：「90 年連合／緑の党の安保観の変容とそのドイツ対外安保政策への主導的意味」日本ドイツ学会『ドイツ研究』第 51 号、2017 年 3 月、91 ～ 108 ページ。「2013 年ドイツ連邦議会選挙の分析と連邦政治への含意」『年報政治学』2015 年第 I 号、2015 年 6 月、235 ～ 258 ページ。

西村篤子（にしむら・あつこ）[コラム 6]
外務省参与・女性担当大使。元ルクセンブルク大公国駐箚特命全権大使。国連代表部公使、東北大学大学院法学研究科教授等を歴任。スタンフォード大学修士。東京大学卒。

松野百合子（まつの・ゆりこ）[22、24、25]
ルクセンブルク経済省・貿易投資事務所（東京）エグゼクティブ・ディレクター。立教大学文学部卒。在日ルクセンブルク大使館の経済・広報担当部長を経て、2005 年から現職。

◉ **執筆者紹介**（50 音順、［　］は担当の章・コラム、＊は編集担当）

我妻礼子（あがつま・ひろこ）［41］
駐日外国公館勤務。元在ルクセンブルク日本国大使館派遣員。白百合女子大学卒。ルクセンブルクのアマチュア・オーケストラでチェロを担当していた。

浦和俊介（うらわ・しゅんすけ）［34］
スポーツ文化ネットワークサロン 2002 メンバー。高知大学人文学部卒。

小川敦（おがわ・あつし）［1、3、4、7、16、18、29、46、コラム 13］
大阪大学大学院言語文化研究科准教授。一橋大学博士（学術）。専攻は言語社会学。
主要著書：『多言語社会ルクセンブルクの国民意識と言語―第二次世界大戦後から 1984 年の言語法、そして現代―』大阪大学出版会、2015 年。

岸本雄次郎（きしもと・ゆうじろう）［23、コラム 3、7］
立命館大学大学院法学研究科教授。筑波大学博士（法学）。専攻は信託法。元ルクセンブルク住友信託銀行副社長。
主要著書：『信託制度と預り資産の倒産隔離』日本評論社、2007 年。『大岡裁きの法律学』日本評論社、2013 年。

＊木戸紗織（きど・さおり）［31、32、33、35、44、45、コラム 9］
編著者紹介を参照。

今野有子（こんの・ゆうこ）［36、コラム 10］
株式会社アルムンド代表取締役。早稲田大学卒。ルクセンブルク産ワインなど希少なワインの輸入、販売を手がける。在日ルクセンブルク大使館などと連携し、ルクセンブルク産ワイン紹介のためのセミナーなども行う。

竹中悠美（たけなか・ゆみ）［43、コラム 12］
立命館大学大学院先端総合学術研究科教授。大阪大学博士（文学）。専攻は芸術学。
主要論文：『カルチャー・ミックス―文化交換の美学序説―』（共著、「ルクセンブルクのスタイケン・コレクションについて―パブリック・ディプロマシーとしての二つのアメリカ写真展―」を担当）晃洋書房、2014 年。

＊田原憲和（たはら・のりかず）
［2、5、10、12、13、14、15、37、38、47、48、49、50、コラム 2、11］
編著者紹介を参照。

田村建一（たむら・けんいち）［8、17、39、40、コラム 1、8］
愛知教育大学教育学部教授。上智大学文学修士。専攻はルクセンブルク語学、社会言語学。
主要著書：『ニューエクスプレス・スペシャル　ヨーロッパのおもしろ言語』（共著：V「ルクセンブルク語の世界」を担当）、白水社、2010 年。

◉ 編著者紹介

田原憲和（たはら・のりかず）
立命館大学法学部准教授。大阪市立大学博士（文学）。専攻はルクセンブルク語学、ドイツ語教育学。
主要著書:『ルクセンブルク語入門』大学書林、2013年。『ルクセンブルク語分類単語集』大学書林、2018年。

木戸紗織（きど・さおり）
東北医科薬科大学教養教育センター助教。大阪市立大学博士(文学)。専攻は社会言語学、ルクセンブルク学。
主要著書：『多言語国家ルクセンブルク—教会にみる三言語の使い分けの実例—』大阪公立大学共同出版会、2016年。

エリア・スタディーズ 171
ルクセンブルクを知るための50章

2018年12月25日　初　版第1刷発行

編著者　田原憲和
　　　　木戸紗織
発行者　大江道雅
発行所　株式会社 明石書店
〒101-0021 東京都千代田区外神田 6-9-5
電話 03（5818）1171
FAX 03（5818）1174
振替　00100-7-24505
http://www.akashi.co.jp/
装丁　明石書店デザイン室
印刷　株式会社文化カラー印刷
製本　協栄製本株式会社

（定価はカバーに表示してあります）　ISBN978-4-7503-4762-2

エリア・スタディーズ

1 **現代アメリカ社会を知るための60章**
明石紀雄、川島浩平 編著

2 **イタリアを知るための62章【第2版】**
村上義和 編著

3 **イギリスを旅する35章**
辻野功 編著

4 **モンゴルを知るための65章【第2版】**
金岡秀郎 著

5 **パリ・フランスを知るための44章**
梅本洋一、大里俊晴、木下長宏 編著

6 **現代韓国を知るための60章【第2版】**
石坂浩一、福島みのり 編著

7 **オーストラリアを知るための58章【第3版】**
越智道雄 著

8 **現代中国を知るための52章【第6版】**
藤野彰 編著

9 **ネパールを知るための60章**
日本ネパール協会 編

10 **アメリカの歴史を知るための63章【第3版】**
富田虎男、鵜月裕典、佐藤円 編著

11 **現代フィリピンを知るための61章【第2版】**
大野拓司、寺田勇文 編著

12 **ポルトガルを知るための55章【第2版】**
村上義和、池俊介 編著

13 **北欧を知るための43章**
武田龍夫 著

14 **ブラジルを知るための56章【第2版】**
アンジェロ・イシ 著

15 **ドイツを知るための60章**
早川東三、工藤幹巳 編著

16 **ポーランドを知るための60章**
渡辺克義 編著

17 **シンガポールを知るための65章【第4版】**
田村慶子 編著

18 **現代ドイツを知るための62章【第2版】**
浜本隆志、髙橋憲 編著

19 **ウィーン・オーストリアを知るための57章【第2版】**
広瀬佳一、今井顕 編著

20 **ハンガリーを知るための60章【第2版】** ドナウの宝石
羽場久美子 編著

21 **現代ロシアを知るための60章【第2版】**
下斗米伸夫、島田博 編著

22 **21世紀アメリカ社会を知るための67章**
明石紀雄 監修　赤尾千波、大類久恵、小塩和人、
落合明子、川島浩平、高野泰 編

23 **スペインを知るための60章**
野々山真輝帆 著

24 **キューバを知るための52章**
後藤政子、樋口聡 編著

25 **カナダを知るための60章**
綾部恒雄、飯野正子 編著

26 **中央アジアを知るための60章【第2版】**
宇山智彦 編著

27 **チェコとスロヴァキアを知るための56章【第2版】**
薩摩秀登 編著

28 **現代ドイツの社会・文化を知るための48章**
田村光彰、村上和光、岩淵正明 編著

29 **インドを知るための50章**
重松伸司、三田昌彦 編著

30 **タイを知るための72章【第2版】**
綾部真雄 編著

31 **パキスタンを知るための60章**
広瀬崇子、山根聡、小田尚也 編著

32 **バングラデシュを知るための66章【第3版】**
大橋正明、村山真弓、日下部尚徳、安達淳哉 編著

33 **イギリスを知るための65章【第2版】**
近藤久雄、細川祐子、阿部美春 編著

34 **現代台湾を知るための60章【第2版】**
亜洲奈みづほ 著

35 **ペルーを知るための66章【第2版】**
細谷広美 編著

エリア・スタディーズ

72 **ケベックを知るための54章**
小畑精和、竹中豊 編著

73 **アルジェリアを知るための62章**
私市正年 編著

74 **アルメニアを知るための65章**
中島偉晴、メラニア・バグダサリヤン 編著

75 **スウェーデンを知るための60章**
村井誠人 編著

76 **デンマークを知るための68章**
村井誠人 編著

77 **最新ドイツ事情を知るための50章**
浜本隆志、柳原初樹 著

78 **セネガルとカーボベルデを知るための60章**
小川了 編著

79 **南アフリカを知るための60章**
峯陽一 編著

80 **エルサルバドルを知るための55章**
細野昭雄、田中高 編著

81 **チュニジアを知るための60章**
鷹木恵子 編著

82 **南太平洋を知るための58章** メラネシア ポリネシア
吉岡政德、石森大知 編著

83 **現代カナダを知るための57章**
飯野正子、竹中豊 編著

84 **現代フランス社会を知るための62章**
三浦信孝、西山教行 編著

85 **ラオスを知るための60章**
菊池陽子、鈴木玲子、阿部健一 編著

86 **パラグアイを知るための50章**
田島久歳、武田和久 編著

87 **中国の歴史を知るための60章**
並木頼壽、杉山文彦 編著

88 **スペインのガリシアを知るための50章**
坂東省次、桑原真夫、浅香武和 編著

89 **アラブ首長国連邦（UAE）を知るための60章**
細井長 編著

90 **コロンビアを知るための60章**
二村久則 編著

91 **現代メキシコを知るための60章**
国本伊代 編著

92 **ガーナを知るための47章**
高根務、山田肖子 編著

93 **ウガンダを知るための53章**
吉田昌夫、白石壮一郎 編著

94 **ケルトを旅する52章** イギリス・アイルランド
永田喜文 著

95 **トルコを知るための53章**
大村幸弘、永田雄三、内藤正典 編著

96 **イタリアを旅する24章**
内田俊秀 編著

97 **大統領選からアメリカを知るための57章**
越智道雄 著

98 **現代バスクを知るための50章**
萩尾生、吉田浩美 編著

99 **ボツワナを知るための52章**
池谷和信 編著

100 **ロンドンを旅する60章**
川成洋、石原孝哉 編著

101 **ケニアを知るための55章**
松田素二、津田みわ 編著

102 **ニューヨークからアメリカを知るための76章**
越智道雄 著

103 **カリフォルニアからアメリカを知るための54章**
越智道雄 著

104 **イスラエルを知るための62章**【第2版】
立山良司 編著

105 **グアム・サイパン・マリアナ諸島を知るための54章**
中山京子 編著

106 **中国のムスリムを知るための60章**
中国ムスリム研究会 編

107 **現代エジプトを知るための60章**
鈴木恵美 編著

エリア・スタディーズ

108 **カーストから現代インドを知るための30章**
金基淑 編著

109 **カナダを旅する37章**
飯野正子、竹中豊 編著

110 **アンダルシアを知るための53章**
立石博高、塩見千加子 編著

111 **エストニアを知るための59章**
小森宏美 編著

112 **韓国の暮らしと文化を知るための70章**
舘野晳 編著

113 **現代インドネシアを知るための60章**
村井吉敬、佐伯奈津子、間瀬朋子 編著

114 **ハワイを知るための60章**
山本真鳥、山田亨 編著

115 **現代イラクを知るための60章**
酒井啓子、吉岡明子、山尾大 編著

116 **現代スペインを知るための60章**
坂東省次 編著

117 **スリランカを知るための58章**
杉本良男、高桑史子、鈴木晋介 編著

118 **マダガスカルを知るための62章**
飯田卓、深澤秀夫、森山工 編著

119 **新時代アメリカ社会を知るための60章**
明石紀雄 監修　大類久恵、落合明子、赤尾千波 編著

120 **現代アラブを知るための56章**
松本弘 編著

121 **クロアチアを知るための60章**
柴宜弘、石田信一 編著

122 **ドミニカ共和国を知るための60章**
国本伊代 編著

123 **シリア・レバノンを知るための64章**
黒木英充 編著

124 **EU（欧州連合）を知るための63章**
羽場久美子 編著

125 **ミャンマーを知るための60章**
田村克己、松田正彦 編著

126 **カタルーニャを知るための50章**
立石博高、奥野良知 編著

127 **ホンジュラスを知るための60章**
桜井三枝子、中原篤史 編著

128 **スイスを知るための60章**
スイス文学研究会 編

129 **東南アジアを知るための50章**
今井昭夫 編集代表　東京外国語大学東南アジア課程 編

130 **メソアメリカを知るための58章**
井上幸孝 編著

131 **マドリードとカスティーリャを知るための60章**
川成洋、下山静香 編著

132 **ノルウェーを知るための60章**
大島美穂、岡本健志 編著

133 **現代モンゴルを知るための50章**
小長谷有紀、前川愛 編著

134 **カザフスタンを知るための60章**
宇山智彦、藤本透子 編著

135 **内モンゴルを知るための60章**
ボルジギン・ブレンサイン 編著　赤坂恒明 編集協力

136 **スコットランドを知るための65章**
木村正俊 編著

137 **セルビアを知るための60章**
柴宜弘、山崎信一 編著

138 **マリを知るための58章**
竹沢尚一郎 編著

139 **ASEANを知るための50章**
黒柳米司、金子芳樹、吉野文雄 編著

140 **アイスランド・グリーンランド・北極を知るための65章**
小澤実、中丸禎子、高橋美野梨 編著

141 **ナミビアを知るための53章**
水野一晴、永原陽子 編著

142 **香港を知るための60章**
吉川雅之、倉田徹 編著

143 **タスマニアを旅する60章**
宮本忠 著

エリア・スタディーズ

144 **パレスチナを知るための60章** 臼杵陽、鈴木啓之 編著

145 **ラトヴィアを知るための47章** 志摩園子 編著

146 **ニカラグアを知るための55章** 田中高 編著

147 **台湾を知るための60章** 赤松美和子、若松大祐 編著

148 **テュルクを知るための61章** 小松久男 編著

149 **アメリカ先住民を知るための62章** 阿部珠理 編著

150 **イギリスの歴史を知るための50章** 川成洋 編著

151 **ドイツの歴史を知るための50章** 森井裕一 編著

152 **ロシアの歴史を知るための50章** 下斗米伸夫 編著

153 **スペインの歴史を知るための50章** 立石博高、内村俊太 編著

154 **フィリピンを知るための64章** 大野拓司、鈴木伸隆、日下渉 編著

155 **バルト海を旅する40章** 7つの島の物語 小柏葉子 著

156 **カナダの歴史を知るための50章** 細川道久 編著

157 **カリブ海世界を知るための70章** 国本伊代 編著

158 **ベラルーシを知るための50章** 服部倫卓、越野剛 編著

159 **スロヴェニアを知るための60章** 柴宜弘、アンドレイ・ベケシュ、山崎信一 編著

160 **北京を知るための52章** 櫻井澄夫、人見豊、森田憲司 編著

161 **イタリアの歴史を知るための50章** 高橋進、村上義和 編著

162 **ケルトを知るための65章** 木村正俊 編著

163 **オマーンを知るための55章** 松尾昌樹 編著

164 **ウズベキスタンを知るための60章** 帯谷知可 編著

165 **アゼルバイジャンを知るための67章** 廣瀬陽子 編著

166 **済州島を知るための55章** 梁聖宗、金良淑、伊地知紀子 編著

167 **イギリス文学を旅する60章** 石原孝哉、市川仁 編著

168 **フランス文学を旅する60章** 野崎歓 編著

169 **ウクライナを知るための65章** 服部倫卓、原田義也 編著

170 **クルド人を知るための55章** 山口昭彦 編著

171 **ルクセンブルクを知るための50章** 田原憲和、木戸紗織 編著

——以下続刊

◎各巻2000円
（一部1800円）

〈価格は本体価格です〉